Die Modularität von Java 9

Projekt Jigsaw und skalierbare Java-Anwendungen

Alexandru Jecan

Die Modularität von Java 9: Projekt Jigsaw und skalierbare Java-Anwendungen

Alexandru Jecan
Munich, Deutschland

ISBN 978-3-662-68876-2   ISBN 978-3-662-68877-9   (eBook)
https://doi.org/10.1007/978-3-662-68877-9

Übersetzung der englischen Ausgabe: „Java 9 Modularity Revealed" von Alexandru Jecan, © Alexandru Jecan 2017. Veröffentlicht durch Apress. Alle Rechte vorbehalten.

Die Deutsche Nationalbibliothek verzeichnet diese Publikation in der Deutschen Nationalbibliografie; detaillierte bibliografische Daten sind im Internet über http://portal.dnb.de abrufbar.

Dieses Buch ist eine Übersetzung des Originals in Englisch „Java 9 Modularity Revealed" von Alexandru Jecan, publiziert durch APress Media, LLC im Jahr 2017. Die Übersetzung erfolgte mit Hilfe von künstlicher Intelligenz (maschinelle Übersetzung). Eine anschließende Überarbeitung im Satzbetrieb erfolgte vor allem in inhaltlicher Hinsicht, so dass sich das Buch stilistisch anders lesen wird als eine herkömmliche Übersetzung. Springer Nature arbeitet kontinuierlich an der Weiterentwicklung von Werkzeugen für die Produktion von Büchern und an den damit verbundenen Technologien zur Unterstützung der Autoren.

© Der/die Herausgeber bzw. der/die Autor(en), exklusiv lizenziert an APress Media, LLC, ein Teil von Springer Nature 2024

Planung/Lektorat: Axel Garbers
Springer Vieweg ist ein Imprint der eingetragenen Gesellschaft APress Media, LLC und ist ein Teil von Springer Nature.
Die Anschrift der Gesellschaft ist: 1 New York Plaza, New York, NY 10004, U.S.A.

Wenn Sie dieses Produkt entsorgen, geben Sie das Papier bitte zum Recycling.

An meine Frau, Diana, die mich jeden Tag in all meinen Bemühungen unterstützt und ermutigt. An meine Eltern, Alexandrina und Eugen, die mir seit meiner Kindheit eine sehr gute Ausbildung ermöglicht haben. Danke, ich liebe euch.

Inhaltsverzeichnis

Über den Autor

Alexandru Jecan ist ein leitender Software-Ingenieur, Berater, Autor, Trainer, Redner und Tech-Unternehmer, der derzeit in Berlin, Deutschland, lebt. Er hat einen Abschluss in Informatik von der Technischen Universität Cluj-Napoca, Rumänien, erworben.

Alexandru bietet professionelle Inhouse-Schulungen zu verschiedenen Softwaretechnologien in ganz Deutschland an. Seine Spezialgebiete sind: Big Data, Datenanalyse, künstliche Intelligenz, maschinelles Lernen, Back-End-Softwareentwicklung, Front-End-Softwareentwicklung, Datenbankentwicklung, Mikroservices und Devops.

Er spricht auf Technologiekonferenzen und Benutzergruppen, sowohl in Europa als auch in den Vereinigten Staaten, zu verschiedenen Themen im Zusammenhang mit Softwareentwicklung und Softwaretechnologien.

In seiner Freizeit liest Alexandru gerne viel und verbringt Zeit mit seiner Familie und seinen Töchtern Melissa und Mia. Alexandru ist ein begeisterter Leser, er liest viele Bücher und Zeitschriften in den Bereichen Informationstechnologie, Wirtschaft, Geschäft und Aktienmärkte. Sie können Alexandru auf Twitter unter @alexandrujecan folgen oder ihm eine E-Mail schicken an `alexandrujecan@gmail.com`.

Über den technischen Gutachter

 **Josh Juneau** hat seit den frühen Tagen von Java EE Software und Unternehmensanwendungen entwickelt. Anwendungsentwicklung und Datenbankentwicklung waren seit Beginn seiner Karriere sein Schwerpunkt. Er wurde ein Oracle-Datenbankadministrator und übernahm die PL/SQL-Sprache für administrative Aufgaben und die Entwicklung von Anwendungen für die Oracle-Datenbank. In dem Bestreben, komplexere Lösungen zu erstellen, begann er, Java in seine PL/SQL-Anwendungen zu integrieren und entwickelte später eigenständige und Webanwendungen mit Java. Josh schrieb seine frühen Java-Webanwendungen unter Verwendung von JDBC und Servlets oder JSP, um mit Backend-Datenbanken zu arbeiten. Später begann er, Frameworks in seine Unternehmenslösungen zu integrieren, wie Java EE und JBoss Seam. Heute entwickelt er hauptsächlich Unternehmensweb-Lösungen unter Verwendung von Java EE und anderen Technologien. Er arbeitete auch mit alternativen Sprachen, wie Jython und Groovy, in einigen seiner Projekte.

Im Laufe der Jahre hat Josh mit vielen verschiedenen Programmiersprachen experimentiert, einschließlich alternativen Sprachen für die JVM. Im Jahr 2006 begann Josh, Zeit für das Jython-Projekt als Redakteur und Herausgeber des *Jython Monthly* Newsletters zu widmen. Ende 2008 startete er einen Podcast, der sich der Jython-Programmiersprache widmete. Josh war der Hauptautor von *The Definitive Guide to Jython, Oracle PL/SQL Recipes,* und *Java 7 Recipes,* und alleiniger Autor von *Java EE 7 Recipes* und *Einführung in Java EE 7* – alle veröffentlicht von Apress. Er arbeitet als Anwendungsentwickler und Systemanalyst am Fermi National Accelerator Laboratory und schreibt technische Artikel für Oracle und OTN. Er war Mitglied der Expertengruppen JSR 372 und JSR 378 und ist ein aktives Mitglied der Java-Community und hilft, die Bemühungen des Chicago Java User Group's Adopt-a-JSR zu leiten.

Wenn er nicht gerade programmiert oder schreibt, verbringt Josh gerne Zeit mit seiner wunderbaren Frau und seinen fünf Kindern, insbesondere beim Schwimmen, Angeln, Ballspielen und Filme schauen. Um mehr von Josh zu hören, folgen Sie seinem Blog unter `http://jj-blogger.blogspot.com`. Sie können ihm auch auf Twitter unter @ javajuneau folgen.

Danksagung

Ich möchte meiner Familie und meiner Frau, Diana, dafür danken, dass sie mich unterstützt, ermutigt und verstanden haben während der langen Nächte und Wochenenden, die ich damit verbracht habe, an diesem Buch zu schreiben.

Ich möchte meinen Eltern, Alexandrina und Eugen, dafür danken, dass sie mir seit meiner Kindheit eine sehr gute Ausbildung ermöglicht haben. Danke, dass ihr in meine Bildung investiert und mir seit meinen ersten Jahren Informatik- und Fremdsprachenkurse ermöglicht habt. Danke, dass ihr mich sehr gut erzogen habt.

Ich möchte dem gesamten Team von Apress für ihre sehr gute und professionelle Arbeit danken. Dank an meine koordinierende Redakteurin, Jill Balzano, und meinen Akquisitionsredakteur, Jonathan Gennick, für ihr Vertrauen in mich und ihre wertvollen Ratschläge und Unterstützung auf der schwierigen Reise des Schreibens dieses Buches. Ich danke Ihnen auch für Ihre Geduld und dafür, dass Sie mich während des gesamten Schreibprozesses ermutigt haben. Ich danke meinem technischen Gutachter, Josh Juneau, für die sehr hilfreichen und nützlichen Bewertungen. Vielen Dank, Apress-Team, für die hervorragende Arbeit!

Alexandru Jecan

Einführung

Die Programmiersprache Java, eingeführt im Jahr 1995, hat eine sehr erfolgreiche Geschichte. Sie hat sich seit ihrer Geburt ständig weiterentwickelt und ist eine der beliebtesten Programmiersprachen der Welt geworden. Jede neue Version von Java hat neue Funktionen hinzugefügt – klein, mittel und groß.

Java 9 ist endlich da! Es ist für die Veröffentlichung im September 2017 geplant, mehr als drei Jahre nach der Veröffentlichung von Java 8.

Probleme mit dem monolithischen JDK

Die Veröffentlichung von Java 8 im März 2014 brachte sehr wichtige Funktionen für die Java-Plattform wie Lambdas und die Stream-API, die von Entwicklern definitiv benötigt wurden. Dennoch wurden einige bekannte Schwächen der Plattform in Java 8 noch nicht angegangen: das riesige monolithische Java Development Kit (JDK) und der Klassenpfad. Diese Probleme werden in Java 9 durch Project Jigsaw angegangen.

Das wichtigste Merkmal von Java 9 ist mit Abstand das neue modulare System, das es eingeführt hat. Andere neue Funktionen wurden in Java 9 eingeführt, aber sie sind nicht der Schwerpunkt dieses Buches. Dieses Buch behandelt das neue modulare System, das in Java 9 eingeführt wurde. Das große, monolithische und unteilbare JDK war lange Zeit problematisch. Es ist schwierig, es auf kleinen Geräten zu installieren, weil viele dazu nicht genug Speicher haben. In vielen Fällen sind eine große Anzahl von Klassen, die das JDK bilden, nicht erforderlich, weil die Anwendung sie möglicherweise nicht benötigt. CORBA ist beispielsweise immer noch Teil des JDK, wird aber heute in realen Projekten kaum noch verwendet. Es macht keinen Sinn, das gesamte JDK zu verwenden, wenn nur ein Teil oder ein kleiner Teil davon benötigt wird. Die in Java 8 eingeführten Compact Profiles erkannten die Probleme, die durch das riesige JDK verursacht wurden, und versuchten, sie zu lösen, aber nur in geringem Maße. Die drei Compact Profiles enthalten immer noch viele Bibliotheken, die ein Entwickler tatsächlich nicht benötigen könnte. Es musste einen besseren Weg geben, das gesamte JDK aufzuteilen und ein viel kleineres benutzerdefiniertes JDK als Laufzeitbild zu erstellen, das nur die benötigten Bibliotheken und nichts mehr enthält. Project Jigsaw ist dieser Weg, wie wir im Laufe dieses Buches sehen werden.

Große, monolithische Softwareanwendungen weisen eine Reihe von Nachteilen auf. Ihre Wartung ist schwierig und teuer, und eine kleine Änderung kann zu einem großen Aufwand führen. Bei großen Projekten ist Modularität entscheidend, da sie durch den von ihr bereitgestellten losen Kopplungsmechanismus eine einfache Wartung des Quellcodes ermöglicht, indem ihre Komplexität reduziert wird.

Probleme mit dem Klassenpfad

Die Probleme im Zusammenhang mit dem Klassenpfad existieren in Java seit der Geburt der Sprache. Die Java Virtual Machine (JVM) weiß nicht, dass ein Java Archive (JAR) auf dem Klassenpfad von einem anderen JAR abhängt. Sie lädt einfach eine Gruppe von JARs, überprüft aber nicht deren Abhängigkeiten. Fehlt eine JAR, bricht die JVM die Ausführung zur Laufzeit ab. Die JARs können keine Konzepte im Zusammenhang mit Zugänglichkeit definieren. Sie definieren keine Zugänglichkeitsbeschränkungen wie öffentlich oder privat. Der gesamte Inhalt aller JARs auf dem Klassenpfad ist vollständig sichtbar für alle anderen JARs auf dem Klassenpfad. Es gibt keine Möglichkeit zu erklären, dass einige Klassen in einer JAR privat sind. Alle Klassen und Methoden sind öffentlich im Zusammenhang mit dem Klassenpfad, was manchmal zu einem Problem führt, das als *JAR Hell* bezeichnet wird. Konflikte zwischen Versionen von JARs können entstehen, insbesondere wenn zwei verschiedene Versionen der gleichen Bibliothek benötigt werden. Das Laden der Klassen vom Klassenpfad ist ein langsamer Prozess, da die JVM nicht genau weiß, wo die Klasse sich befindet und daher alle vorhandenen Dateien vom Klassenpfad überprüfen muss. Jigsaw behebt diese Schwachstelle. Durch die Nutzung zuverlässiger Konfiguration werden Modulgrenzen durchgesetzt und die JVM kennt die benötigten Abhängigkeiten. Dies hat einen positiven Einfluss auf die Leistung. Java 9 definiert das Konzept des *Modulpfads* und ermöglicht es Ihnen, eine Bibliothek als JAR-Datei auf dem Klassenpfad zu haben oder die gleiche Bibliothek als Modul auf dem Modulpfad zu haben. Das bedeutet, niemand ist gezwungen, alle ihre Bibliotheken in Module umzuwandeln, wenn sie auf Java 9 umsteigen. Die Bibliotheken können weiterhin auf dem Klassenpfad verwendet werden, auch in Java 9. Dies ist ein großer Vorteil, da Java 9 einen reibungslosen Übergang von Bibliotheken ermöglicht.

Der in Java 9 eingeführte Modulpfad tendiert dazu, die Probleme zu lösen, die durch den Klassenpfad verursacht werden. Er kann den Klassenpfad vollständig ersetzen oder kann interagieren und zusammen mit dem Klassenpfad arbeiten.

Modularität ist wichtig, weil sie eine wartbare Codebasis für die Zukunft bietet. Wir sollten modulare Programmierung verwenden, wenn wir den Aufwand für Design, Entwicklung und Testen trennen möchten. Modulare Programmierung beschleunigt die Entwicklung und erleichtert das Debuggen von Anwendungen, indem sie deren Komplexität reduziert.

Übersicht der Kapitel

Das erste Kapitel dieses Buches beschreibt die Konzepte, die das Fundament einer modularen Anwendung bilden: hohe Modulkohäsion, starke Kapselung, geringe Modulkopplung und explizite Schnittstellen. Es veranschaulicht auch einige der wichtigsten Prinzipien der modularen Programmierung wie Kontinuität, Verständlichkeit, Wiederverwendbarkeit, Kombinierbarkeit und Zerlegbarkeit.

Sie fragen sich vielleicht, warum wir nicht OSGi anstelle von Jigsaw verwenden sollten. Der Grund ist, dass OSGi nicht verwendet werden kann, um das JDK zu modularisieren, da es auf der Plattform Java Development Kit aufgebaut ist. Jigsaw ist nicht *auf der Plattform* aufgebaut, sondern direkt *im Kern davon*. Dies ermöglicht es Jigsaw, die Struktur des JDK vollständig zu verändern. Die Hauptunterschiede zwischen Jigsaw und OSGi werden in Kap. 2 beschrieben.

Vor JDK 9 gab es keine Möglichkeit, Module zu verwalten. Hier kommt Project Jigsaw ins Spiel. Es führt ein brandneues modulares System in das JDK ein und ermöglicht es daher, Anwendungen auf dem Gerüst einer modularen Architektur zu erstellen. Es bringt Flexibilität, Wartbarkeit, Sicherheit und Skalierbarkeit auf die Java-Plattform. Es führt lose gekoppelte Module ein, indem es die Abhängigkeiten zwischen den Modulen klar definiert.

Project Jigsaw gruppiert den Quellcode der Java-Plattform in Module und bietet ein neues System zur Implementierung von Modulen als Teil der Plattform. Es wendet das modulare System auf die Plattform und auf das JDK selbst an und bietet Programmierern[1] die Möglichkeit, Programme mit dem modularen System auf dem JDK zu schreiben.

Das Hauptziel von Project Jigsaw besteht darin, das JDK und die Laufzeit zu modularisieren. Eine neue Komponente namens *Modul* wird eingeführt. Kap. 4 erklärt, was ein Modul ist und wie man ein Modul in Java 9 definiert. In diesem Kapitel wird auch untersucht, wie man die Abhängigkeiten eines Moduls deklariert, wie man es kapselt und wie man die interne Implementierung eines Moduls verbirgt. Sie werden lernen, was ein unbenanntes Modul, ein benanntes Modul, ein automatisches Modul und ein offenes Modul sind. Das Kapitel führt den Begriff des Modulpfads ein und zeigt, wie man einen Modulgraphen ohne Zyklen erstellt.

Bezüglich der Moduldeklarationen zeige ich praktische Beispiele unter Verwendung jeder der fünf in Jigsaw eingeführten Klauseln: die `requires`-Klausel, die `exports`-Klausel, die `uses`-Klausel, die `provides`-Klausel und die `opens`-Klausel.

Das Ziel des Java-Modulsystems besteht darin, *starke Kapselung* und *zuverlässige Konfiguration* bereitzustellen. Kap. 2 erklärt, was diese Begriffe bedeuten und wie sie durch das Modulsystem in Java 9 erreicht werden.

Der Klassenpfad wird teilweise durch Module und den Modulpfad ersetzt. Die klassenpfadspezifischen bekannten `ClassNotFound`-Ausnahmen werden auf dem Modulpfad vermieden, da der Compiler nun auf Basis der Moduldefinitionen testen kann, ob alle für den Betrieb der Anwendung benötigten Module verfügbar sind. Wenn sie nicht gefunden werden, kompiliert er die Anwendung nicht.

Zugänglichkeit ist ein wichtiger Teil des gesamten Ökosystems und wird in diesem Buch durchgehend behandelt. Das grundlegende Konzept, wie die Zugänglichkeit erreicht wird, ändert sich grundlegend in Java 9. Der öffentliche Zugriffsbezeichner, den wir alle kennen, bedeutet nicht mehr *überall und für jeden zugänglich*. Zusätzliche Zugänglichkeitsebenen wurden in JDK 9 hinzugefügt, die den bestehenden Zugänglichkeitsmechanismus erweitern, indem sie die Zugänglichkeit auf Modulebene definieren. Konzepte wie *direkte* und *implizite Lesbarkeit,* Voraussetzungen für die Definition von

---

[1] Anmerkung zur Übersetzung: Bei der Übersetzung von im Englischen nicht nach Geschlecht differenzierten Personenbezeichnungen wie „Programmierer" u. Ä. wurde im Deutschen meistens die männliche Form verwendet, um den Text kürzer und besser lesbar zu machen. Selbstverständlich sind damit Personen jeden Geschlechts gemeint.

Zugänglichkeit, werden ebenfalls in diesem Buch skizziert. Sie werden sehen, wie die Zugänglichkeit durch den Compiler, durch die virtuelle Maschine oder durch die Verwendung von Core-Reflection durchgesetzt wird.

Wir werden uns das neue Konzept der *modularen JAR-Dateien* ansehen und den großen Vorteil, den es bringt: die Möglichkeit, eine Bibliothek mit JDK 9+ zu kompilieren, sie auf dem Modulpfad für JDK 9+ zu verwenden und sie mit JDK8 oder früher zu kompilieren und sie auf dem Klassenpfad zu verwenden. Da der Klassenpfad weiterhin verwendet werden kann, ist die Migration von Bibliotheken zu JDK 9 reibungslos. Selbst wenn die Bibliotheken einen Modulbeschreiber enthalten und als „Module" behandelt werden sollen, funktionieren sie immer noch auf früheren Versionen von JDK 9, weil ihr Modulbeschreiber auf dem Klassenpfad nicht berücksichtigt wird. Durch die Verwendung von modularen JARs haben Entwickler die Freiheit zu entscheiden, ob sie zur Modulplattform wechseln möchten oder nicht.

Wir werden die Unterschiede zwischen regulären und modularen JARs anhand einiger Beispiele hervorheben und das neue Format für Dateien beschreiben, das in Java 9 eingeführt wurde, genannt JMOD, das dem Format von JAR-Dateien sehr ähnlich ist. Wir werden das neue JMOD-Tool durchgehen und seine Verwendung im Detail beschreiben.

Die Kompilierung mehrerer Module mit der Option `--module-source-path` wird anhand einiger erläuternder Beispiele veranschaulicht. Wir werden auch die Verbesserungen, die dem JAR-Tool hinzugefügt wurden, beschreiben und zeigen, wie man es verwendet, um alles als modulares JAR oder als JMOD-Datei zu verpacken.

Wir werden sehen, wie man die kompilierten Klassen und die `module-info.class` mit dem Java Launcher ausführt. Neue Optionen wie `--module-path` und `-m`, die in JDK9 eingeführt wurden, werden gründlich behandelt. Wenn man versucht, eine Anwendung mit der Option `-m` auszuführen, die dem Launcher mitteilt, wo das Hauptmodul ist, wird eine Auflösung ausgelöst. Wir werden alle Schritte, die bei der Ausführung einer Java-Modularanwendung beteiligt sind, detailliert beschreiben, einschließlich der Auslösung der Auflösung und der Erzeugung des Moduldiagramms. Wir werden uns auch spezielle Fälle ansehen, wie wenn ein Modul fehlt und der Start fehlschlägt, und wir werden einige Lösungen dafür vorstellen, wie die neu eingeführte Java-Launcher-Option `--show-module-resolution`.

Wir werden auch modulare JARs auf den Klassenpfad setzen und sehen, wie man sie erfolgreich ausführt. Das ist sehr wichtig: Wir werden erklären, wie man den Klassenpfad und den Modulpfad beim Ausführen mit dem Java-Starter mischt. Dafür werden wir den neu eingeführten Befehlszeilenoption `--add-modules` nutzen.

Kap. 3 beschreibt das JEP 200, genannt das Modulare JDK. Dies ist das JEP, das das JDK in eine Reihe von Modulen aufteilt. Wir werden die neue Struktur des JDK zusammen mit seinen Modulen betrachten. Wir werden über Plattformmodule sprechen und den Modulgraphen zeigen, der die neue modulare Struktur des JDK darstellt. Wir werden den Graphen untersuchen, zeigen, wie die Module voneinander abhängen, und lernen, wie man alle Module aus dem System mit der Befehlszeilenoption `--list-modules` auflistet. Wir werden auch die Begriffe Standardmodul und Nicht-Standardmodul erklären.

Es liegt außerhalb des Rahmens dieses Buches, jedes Modul im Detail durchzugehen. Sie können eine umfassende Liste aller vorhandenen Module auf der Open-JDK-Website unter `http://cr.openjdk.java.net/~mr/jigsaw/ea/module-summary.html` finden.

Das JEP 260, Kapseln der meisten internen APIs, wird auch in diesem Buch behandelt. Um Inkompatibilitäten zu verwalten, wurden alle nicht kritischen internen APIs standardmäßig gekapselt. Darüber hinaus wurden alle kritischen internen APIs, für die unterstützter Ersatz in JDK 8 existiert, gekapselt. Andere kritische interne APIs wurden nicht gekapselt. Da sie in JDK 9 als veraltet gekennzeichnet wurden, wird ein Workaround über einen Befehlszeilenflag bereitgestellt.

Ein Linker und eine neue Phase namens *Link-Zeit* wurden in Java 9 eingeführt. Diese Phase ist optional und wird nach der Kompilierzeit, aber vor der Laufzeit ausgeführt. Sie setzt im Grunde die Module zusammen, um ein Laufzeitbild zu erstellen. Laufzeitbilder ermöglichen es uns, benutzerdefinierte JDKs zu erstellen, die nur die minimal notwendige Anzahl von Modulen enthalten, um unsere Anwendung auszuführen. Die kleinstmögliche Laufzeit würde ein einziges Modul, das Modul java.base, enthalten. Laufzeitbilder ermöglichen es uns, das JDK zu verkleinern oder es basierend auf unseren Bedürfnissen zu vergrößern. Sie sind ein Ersatz für das Laufzeit rt.jar.

Der Linker stellt eine neue Phase des Entwicklungslebenszyklus dar. Er verbessert die Leistung, indem er nur die minimalen Module auswählt, die er benötigt, um den Code erfolgreich zu kompilieren, und bietet viele Optimierungsoptionen für die Zukunft.

Jigsaw ermöglicht es, separate Module als Teil der JDK-Plattforminstallation zu installieren. Es erlaubt uns auch, dynamisch weitere zusätzliche Module in das JDK-Laufzeitbild einzufügen. Wir werden über die Änderungen in Bezug auf die binäre Struktur der JRE und der JDK sowie über die neue Struktur des Legacy-JDK-Bildes sprechen. Sie werden mehr über all diese neuen Konzepte in den Kap. 5 und 7 erfahren.

Im Kap. 6 lernen Sie, was *Dienste* sind, und wir werden anhand von Beispielen die Begriffe Dienstschnittstelle und Dienstanbieter erläutern. Wir zeigen, wie man Dienstanbieter in Modulen definiert und wie man sie für andere Module verfügbar macht.

Im Kap. 8 sehen Sie, wie man Anwendungen und Bibliotheken auf eine reibungslose Weise zu Modulen migriert. Wir werden beschreiben, wie man eine Anwendung mit der Top-down-Migrationsstrategie auf Java 9 migriert. Dafür werden wir uns ein konkretes Beispiel ansehen, wie man eine Anwendung, die einige Drittanbieter-JARs enthält, zu Modulen migriert. Wir werden sehen, welche Art von Anwendungen das Risiko eines Ausfalls beim Wechsel zu JDK 9 darstellen. Wir werden nützliche Lösungen geben, um dies zu vermeiden, wie zum Beispiel das Durchsuchen des Codes nach Abhängigkeiten, das Vermeiden von Paketteilungen und das Überprüfen der Nutzung der internen APIs. Wenn Sie bereits auf JDK 9 umgestiegen sind, empfehlen wir, zuerst zu versuchen, Ihre Anwendungen mit dem neuen JDK auszuführen, um zu sehen, ob es Ihren Code bricht. Wir werden das JDeps-Tool und seine Verwendung zur Überprüfung Ihres Codes und zur Suche nach JDK-internen APIs behandeln. Wir werden das Plugin Maven JDeps diskutieren, das die Integration des JDeps-Tools mit dem Build-Tool Maven darstellt. Wir werden auch über die Auswirkungen und Konsequenzen der Entfernung von rt.jar und tools.jar aus der JRE sprechen.

Kap. 9 behandelt die neue API, die in JDK 9 für die Arbeit mit Modulen eingeführt wurde. Wir werden sehen, wie man grundlegende Operationen mit Modulen durchführt.

Kap. 10 geht auf einige fortgeschrittene Themen ein, zum Beispiel Schichten, den Klassenlademechanismus in JDK 9, Mehrversionen-JAR-Dateien, das JMOD-Tool und aufrüstbare Module. Wir werden das Konzept der Schichten beschreiben, die eine Gruppe von Klassenladern sind, die dazu dienen, Klassen aus einem Modulgraphen zu laden. Wir werden uns die Boot-Schicht ansehen und den Zusammenhang zu den sogenannten wohlgeformten Graphen.

Kap. 11 spricht darüber, wie man verschiedene Szenarien für das Testen modularer Anwendungen handhabt. Drei Szenarien werden behandelt: Junit-Testklassen und zu testende Objekte befinden sich in verschiedenen Modulen, Junit-Testklassen und zu testende Objekte befinden sich im selben Modul und nur zu testende Objekte befinden sich in einem Modul. Wir werden zeigen, wie man ein Modul patcht und wie man Maven zur Erleichterung des Testens verwendet.

Im Kap. 12 lernen Sie, wie Jigsaw mit Build-Tools wie Maven interagiert und welche Art von Unterstützung die beliebtesten IDEs für Project Jigsaw bieten.

Wie Sie sehen können, ist dieses Buch in 12 Kapitel gegliedert. Kap. 1 behandelt modulare Programmierkonzepte. Kap. 2–9 bieten Ihnen eine sehr starke Grundlage für Project Jigsaw. Kap. 10 beschreibt einige fortgeschrittene Funktionen, die Ihnen helfen, einige komplexe Themen zu Jigsaw zu verstehen. Kap. 11 zeigt, wie man modulare Anwendungen mit Junit testet. Kap. 12 lehrt den Einsatz von Jigsaw zusammen mit Build-Tools und integrierten Entwicklungsumgebungen (IDEs).

Jedes Thema sollte leicht zu finden sein. Wir empfehlen, die Kapitel der Reihe nach zu lesen, um alle Themen zu verstehen. Einige Beispiele bauen auf Konzepten auf, die in vorherigen Kapiteln erklärt wurden.

Wer sollte dieses Buch lesen

Dieses Buch richtet sich an jeden, der sich mit dem neuen Modularitätssystem vertraut machen möchte, das in Java 9 eingeführt wurde. Es bietet eine solide Grundlage für jeden, der die Kernkonzepte sowie die fortgeschrittenen Konzepte der Modularität von Java 9 verstehen möchte. Die Beispiele sind so konzipiert, dass sie Ihnen helfen, alle im Project Jigsaw eingeführten Begriffe tiefgehend zu verstehen. Wir haben versucht, so weit wie möglich, eine Vielzahl von Beispielen für die meisten der im gesamten Buch diskutierten theoretischen Konzepte zu geben.

Ob Sie bereits Erfahrung mit modularen Systemen haben oder nicht, dieses Buch ist für Sie.

Das Buch kann nicht *alles* über die Modularität von Java 9 abdecken. Die Java-9-Modularität ist ein sehr großes und komplexes Thema, und es wäre nicht möglich, jeden Aspekt davon in einem Buch dieser Größe zu behandeln. Das Buch geht jedoch durch alle Kernbereiche der Java-9-Modularität und berührt einige fortgeschrittene Themen. Durch das Lesen dieses Buches werden Sie nicht nur die Konzepte hinter der Java-9-Modularität verstehen, sondern auch in der Lage sein, sie auf Ihre täglichen Projekte anzuwenden.

Wir empfehlen Ihnen, die Beispiele aus diesem Buch selbst auszuprobieren, um sich mit Project Jigsaw vertraut zu machen.

Was Sie lernen werden

Dieses Buch zielt darauf ab, umfassende Informationen über das in Java 9 eingeführte neue modulare System zu liefern. Ein gut strukturiertes Tutorial wird im gesamten Buch durchgeführt, indem theoretische Konzepte mit praktischen Beispielen kombiniert werden.

Das Erlernen der Modularität mit Java 9 wird Ihnen helfen, Ihre Technologiekarriere zu verbessern und Ihnen sehr wertvolle technische Fähigkeiten zu verleihen.

Sobald Sie dieses Buch gelesen haben, werden Sie in der Lage sein, skalierbare und modulare Java-9-Anwendungen zu entwickeln und bestehende Java-Anwendungen auf Java 9 zu migrieren.

Hier sind einige der wichtigsten Dinge, die Sie in diesem Buch lernen werden:

- Was Modularität im Allgemeinen ist und welche Vorteile sie bringt

- Was ist die Modularität von Java 9 und was sind ihre Ziele

- Wie das neue Layout von JDK und JRE aussieht

- Was starke Kapselung und zuverlässige Konfiguration sind und wie man sie anwendet und davon profitiert

- Welche JDK-internen APIs in Java 9 gekapselt wurden und welche zugänglich geblieben sind

- Wie das JDK in eine Gruppe von Modulen unterteilt wurde

- Was die neuen Zugänglichkeitsregeln in JDK 9 sind

- Wie man ein Modul zusammen mit seinen Abhängigkeiten definiert

- Wie man eine modulare JAR-Datei und eine JMOD-Datei erstellt

- Wie man eine modulare Java-Anwendung mit Jigsaw kompiliert, packt und ausführt

- Wie man das JDeps-Tool zur Überprüfung des Codes, zur Suche nach Abhängigkeiten zwischen den Bibliotheken und zur Erstellung von Moduldeskriptoren nutzt

- Wie man eine Anwendung auf das modulare System migriert

- Wie man Migrationsprobleme wie gekapselte JDK-interne APIs, nicht aufgelöste Module, geteilte Pakete, zyklische Abhängigkeiten und mehr löst

- Wie man eine Top-down-Migration durchführt

- Wie man Dienste für Module definiert, konfiguriert und verwendet

- Wie man den Modulpfad und den Klassenpfad kombiniert, um Rückwärtskompatibilität zu gewährleisten

- Wie man benutzerdefinierte modulare Laufzeit-Images mit dem Jlink-Linking-Tool erstellt

- Wie man eine Schicht in Java 9 definiert und verwendet

- Wie man mit der neuen Modul-API Operationen mit einem Modul durchführt

- Wie man qualifizierte Exporte verwendet

- Wie man die Wartbarkeit und Leistung von Java-Anwendungen verbessern kann

- Wie man das Unit-Testing einer modularen Anwendung handhabt

- Wie man ein Modul patcht

- Wie man Jigsaw mit verschiedenen Build-Tools wie Maven integriert

- Wie man überprüft, ob eine Java-Anwendung mit JDK 9 kompatibel ist

- Wie man eine Java-Anwendung mit JDK 9 kompatibel macht

- Wie man die Laufzeitkompatibilität beim Wechsel zu Java 9 sicherstellt

- Wie man die besten Designmuster auswählt, wenn man eine Java-Anwendung modularisiert

Fehlerkorrekturen

Jeder, der an der Veröffentlichung dieses Buches beteiligt ist, ist stark daran interessiert, ein fehlerfreies Buch bereitzustellen. Deshalb wird das Erratum dieses Buches kontinuierlich aktualisiert, sobald auch nur ein kleines Problem gefunden wird. Sie können Errata unter `www.apress.com/us/services/errata` einreichen.

Den Autor kontaktieren

Der Quellcode für dieses Buch kann durch Klicken auf die Schaltfläche „Quellcode herunterladen" auf seiner Produktseite bei apress.com abgerufen werden. Sie finden Sie unter `www.apress.com/9781484227121`.

Herunterladen des Codes

Der Quellcode aus diesem Buch kann auf GitHub gefunden werden. Sie können ihn auch von der Produktseite des Buches herunterladen unter `www.apress.com/us/book/9781484227121`.

KAPITEL 1

Konzepte der modularen Programmierung

Sie hatten fast sicher schon einmal mit Komplexität in Ihren Softwareprojekten zu tun. Das Komplexitätsniveau einer Softwareanwendung ist normalerweise niedrig, wenn die Entwicklung beginnt, aber nach einer Weile beginnt die Komplexität aufgrund der Änderungen, die an der Plattform vorgenommen wurden, zu steigen. Die Komplexität steigt ständig, da neue Funktionen hinzugefügt und die bestehende Funktionalität angepasst werden. Je mehr Änderungen und Anpassungen vorgenommen werden, desto komplexer wird das System – es kann so komplex werden, dass es für einen neuen Entwickler schwierig wird, das Projekt zu übernehmen und alle seine inneren Abläufe zu verstehen. Und wenn die Dokumentation der Systemsoftware nicht gut genug ist, dann wird das Verständnis des Systems noch schwieriger. Ein hohes Maß an Komplexität erfordert mehr Energie, Ressourcen und Zeit, um die innere Struktur der Anwendung zu verstehen.

Was führt dazu, dass Softwaresysteme so schwer zu warten sind? Die Antwort hängt damit zusammen, dass es viele bestehende Abhängigkeiten im gesamten Code gibt. Das passiert, wenn ein Codeabschnitt von vielen anderen Codeabschnitten abhängt, und das kann viele Probleme verursachen. Die Verbesserung eines solchen Systems wird schmerzhaft, weil eine Änderung an einer Stelle viele andere Teile der Anwendung beeinflussen kann. Durch die Modifikation einer Anwendung in vielen verschiedenen Bereichen steigt das Risiko, neue Fehler einzuführen. Darüber hinaus wird es sehr schwierig, ein zufriedenstellendes Maß an Wiederverwendung zu erreichen. Die Software hat so viele Abhängigkeiten, dass die einfache Wiederverwendung einer Komponente zeitlich kostspielig sein kann und die Komplexität sogar *weiter* erhöhen könnte. Dies behindert auch den Wunsch, das System zu verbessern. Wenn man ein System mit vielen Abhängigkeiten hat, wird die Hinzufügung neuer Funktionen zum

© Der/die Autor(en), exklusiv lizenziert an APress Media, LLC, ein Teil von Springer Nature 2024
A. Jecan, *Die Modularität von Java 9*, https://doi.org/10.1007/978-3-662-68877-9_1

Albtraum. Darüber hinaus wird auch der Testprozess schwieriger, weil das Testen einzelner Komponenten fast unmöglich zu erreichen ist. Für Sie als Entwickler ist es aufgrund seiner Komplexität schwierig, jeden Teil des Systems zu verstehen. Da regelmäßig neue Funktionen hinzugefügt werden und das Softwaresystem sich weiterentwickelt, kann es eine Herausforderung sein, mit den Änderungen Schritt zu halten. Um die negativen Auswirkungen steigender Komplexität zu mildern und zu reduzieren, ist die Wartung des Systems obligatorisch, obwohl die Wartung selbst in Bezug auf Zeit, Aufwand und Kosten anspruchsvoll wird.

Was brauchen wir, um diese Probleme loszuwerden? Die Antwort ist Modularität.

Allgemeine Aspekte der Modularität

Modularität spezifiziert die Wechselbeziehung und Kommunikation zwischen den Teilen, die ein Softwaresystem bilden. *Modulare Programmierung* definiert ein Konzept namens Modul. *Module* sind Softwarekomponenten, die Daten und Funktionen enthalten. Integriert mit anderen Modulen, bilden sie zusammen ein einheitliches Softwaresystem. Modulare Programmierung bietet eine Technik zur Zerlegung eines gesamten Systems in unabhängige Softwaremodule. Modularität spielt eine entscheidende Rolle in der modernen Softwarearchitektur. Sie teilt ein großes Softwaresystem in separate Einheiten auf und hilft, die Komplexität von Softwareanwendungen zu reduzieren und gleichzeitig den Entwicklungsaufwand zu verringern.

Das Ziel der Modularität ist es, neue Einheiten zu definieren, die leicht zu verstehen und zu verwenden sind. Modulare Programmierung ist ein Stil zur Entwicklung von Softwareanwendungen, indem die Funktionalität in verschiedene Module aufgeteilt wird – Softwareeinheiten, die Geschäftslogik enthalten und die Aufgabe haben, eine spezifische Funktionalität zu implementieren. Modularität ermöglicht eine klare Trennung der Anliegen und gewährleistet Spezialisierung. Sie verbirgt auch die Implementierungsdetails des Moduls. Modularität ist ein wichtiger Teil der agilen Softwareentwicklung, weil sie es uns ermöglicht, Module zu ändern oder zu refaktorisieren, ohne andere Module zu brechen.

Zwei der wichtigsten Aspekte der Modularität sind Wartbarkeit und Wiederverwendbarkeit, die beide große Vorteile bringen.

Wartbarkeit

Wartbarkeit bezieht sich auf das Maß, in dem ein Softwaresystem nach der Auslieferung aktualisiert oder modifiziert wird. Eine große, monolithische Softwareanwendung ist schwer zu warten, insbesondere wenn sie viele Abhängigkeiten im Code hat.

Die Architektur des Systems und die verwendeten Designmuster helfen uns, wartbaren Code zu erstellen. Wartbarkeit wird oft durch Einfachheit gewährleistet. Eine der einfachsten Möglichkeiten, die Wartbarkeit zu verbessern, besteht beispielsweise darin, nur eine Referenz auf das Interface bereitzustellen, das von der Klasse implementiert wird, anstelle der Klasse selbst. Geringe Wartbarkeit ist eine Folge von technischen Schulden. Das Duplizieren von Code kann manchmal das Maß an Wartbarkeit verringern. Wenn beispielsweise ein Codeabschnitt geändert wird, dann erfordern auch andere Codeabschnitte, die ihm ähnlich sind, die gleiche Art von Modifikationen. Da der Code an vielen Stellen vorhanden ist, ist es leicht, einige der Codeabschnitte zu übersehen, die modifiziert werden müssen, und dies führt neue Softwareprobleme in das System ein. Das Maß an Wartbarkeit ist mit der Qualität der Software verbunden: Je höher das Maß an Wartbarkeit, desto höher die Qualität der Software. Die Wartbarkeit wird verbessert, indem eine monolithische Anwendung in eine Reihe von Modulen aufgeteilt wird, die untereinander gut definierte Grenzen aufweisen. In einer modularen Softwareanwendung ist es einfacher, ein Modul zu ändern, wenn es weniger eingehende und ausgehende Abhängigkeiten hat.

Wiederverwendbarkeit

Objektorientierte Programmierung kann verwendet werden, um Wiederverwendbarkeit zu erreichen, insbesondere durch Vererbung. Um die in einem Objekt gekapselte Funktionalität wiederverwenden zu können, muss ein zweites Objekt das erste Objekt erben.

Wie stehen Module in Bezug auf Wiederverwendbarkeit? Es sollte möglich sein, ein Modul an anderer Stelle in der gleichen Anwendung oder in einer anderen Anwendung wiederzuverwenden. *Wiederverwendbarkeit* ist das Maß, in dem wir ein Modul wiederverwenden oder ersetzen können. Wiederverwendbarkeit vermeidet das Duplizieren von Code und reduziert die Anzahl der Codezeilen, was sich positiv auf die Anzahl der Softwarefehler auswirkt. Sie verbessert nicht nur die Softwarequalität, sie hilft auch dabei, Software schneller zu entwickeln und Updates darauf einfacher durchzuführen. Durch die Anwendung von Wiederverwendbarkeit wird die Funktionalität in einer kohärenten Form im gesamten Softwaresystem repliziert.

Wiederverwendbarkeit erleichtert die Arbeit des Entwicklers, da sie ihre Produktivität bei der Entwicklung von Softwarekomponenten erhöht. Module können wiederverwendet werden, weil sie ein gut definiertes Interface implementieren, das die Kommunikation mit anderen Modulen ermöglicht. Das Interface, das als Vertrag spezifiziert ist, ermöglicht den Austausch von Modulen. Das Modulinterface wird auf eine standardisierte Weise ausgedrückt, so dass es von anderen Modulen verstanden und erkannt werden kann. Um einen hohen Grad an Software-Wiederverwendbarkeit zu erreichen, sollte ein Modul eine gut definierte Funktion ausführen. Eine „einmal entwerfen, viele Male einsetzen"-Softwarearchitektur wird durch die Nutzung der Quellcode-Wiederverwendbarkeit realisiert. Als Eigenschaft eines guten Software-Designs wird die Wiederverwendbarkeit erhöht, indem die Abhängigkeiten zwischen den Modulen reduziert werden.

Wiederverwendbarkeit spielt eine wichtige Rolle bei der Migration von Anwendungen und Bibliotheken. Die Migration wird einfacher, wenn Sie Softwarekomponenten oder Module wiederverwenden können. Wiederverwendbarkeit ist nicht einfach zu erreichen, weil es eine Herausforderung ist, Software zu entwerfen, die auch anderswo erfolgreich verwendet werden kann.

Moduldefinition

Ein Softwaremodul ist eine unabhängige und bereitstellbare Softwarekomponente eines größeren Systems, die mit anderen Modulen interagiert und seine innere Implementierung verbirgt. Es hat eine Schnittstelle, die die Kommunikation zwischen den Modulen ermöglicht. Die Schnittstelle definiert, welche Komponenten sie für die externe Nutzung bereitstellt und welche Komponenten sie für die interne Nutzung benötigt. Ein Modul bestimmt eine Grenze, indem es festlegt, welcher Teil des Quellcodes sich innerhalb des Moduls befindet. Es bietet auch Flexibilität und erhöht die Wiederverwendbarkeit des Softwaresystems.

Module können ab der Kompilierungszeit entdeckt werden. Ein Modul kann einige seiner Klassen nach außen hin freigeben oder sie kapseln, um den externen Zugriff zu verhindern. Abb. 1-1 veranschaulicht dieses Konzept anhand eines Beispiels eines Moduls, das Klassen enthält, die nach außen hin freigegeben sind (Klassen in grüner Farbe) und Klassen, die nicht nach außen hin freigegeben sind (Klassen in roter Farbe).

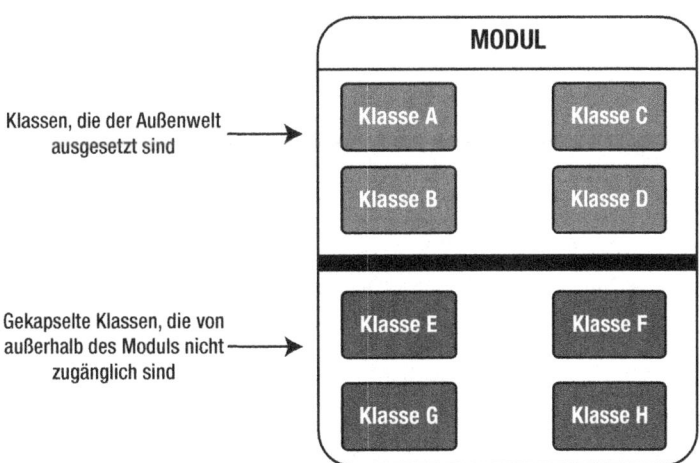

Abb. 1-1. *Ein Modul gibt die nicht gekapselten (grün) und die gekapselten Klassen (rot) an*

Ein Modul kann auch als eine *Black Box* betrachtet werden. Es hat eine Eingabe und eine Ausgabe und führt eine spezifische Funktion aus. Es nimmt die Eingabe, wendet darauf eine Geschäftslogik an und gibt eine Ausgabe zurück, wie in Abb. 1-2 dargestellt.

Ein Softwaremodul ist wiederverwendbar, testbar, verwaltbar und bereitstellbar. Mehrere Module können zusammengefügt werden, um ein neues Modul zu bilden. Modulare Programmierung ist der Schlüssel zur Minimierung der Anzahl von Fehlern in komplexen Softwaresystemen. Durch die Aufteilung der Anwendung in sehr kleine Module hat jedes Modul weniger Fehler, da seine Funktionalität nicht komplex ist. Das Zusammenfügen dieser weniger fehleranfälligen Module führt zu einer Anwendung mit weniger Fehlern.

Eine der Schlüsselaspekte der Modularität ist die Zerlegung der Anwendung in kleine, dünne Module, die leicht zu implementieren sind, weil sie kein hohes Maß an Komplexität besitzen. Die Module können früher zur Kompilierungszeit oder später zur

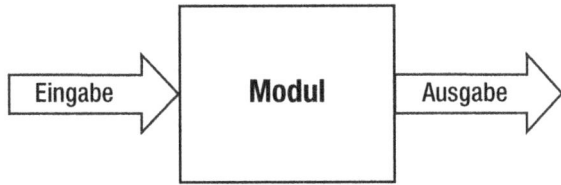

Abb. 1-2. *Ein Modul als Black Box betrachtet*

Laufzeit miteinander verbunden werden. Jedes Modul muss in der Lage sein, an die Kernanwendung gebunden zu werden.

Abb. 1-3 zeigt die allgemeine Struktur eines Moduls.

Ein Modul besteht im Allgemeinen aus zwei Teilen: der Modul Schnittstelle und der Modulimplementierung. Die *Modulschnittstelle* definiert die Objekte, die sie exportiert, und die Objekte, die sie importiert. Die *exportierten* Objekte sind die Objekte, die sich dafür eignen, außerhalb des Moduls verfügbar zu sein. Die *importierten* Objekte sind die Objekte, die das Modul von außen für den internen Gebrauch benötigt. Die *Modul-Implementierung* definiert die Variablen, Konstanten und Implementierung von Methoden.

Die Verwendung eines Moduls als Variable, Instanzvariable, Konstante oder Funktion ist nicht erlaubt. Ein Modul kann aus Objekten bestehen, die nur intern innerhalb des Moduls verwendet werden können, und aus Objekten, die für die externe Nutzung an andere Module exportiert werden können. *Datenabstraktion,* ein Kernkonzept der Modularität, wird erreicht, indem Informationen verborgen werden, so dass sie von außen nicht zugänglich sind, es sei denn, sie werden ausdrücklich durch einen Export angegeben. Standardmäßig sind die interne Struktur und die interne Implementierung eines Moduls vor anderen Modulen verborgen.

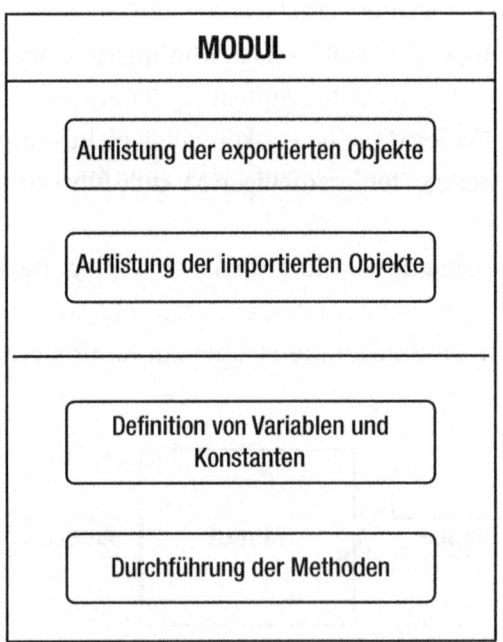

Abb. 1-3. *Allgemeine Struktur eines Softwaremoduls*

Eine Änderung, die an einem bestimmten Modul vorgenommen wird, sollte keine Auswirkungen auf andere Module haben. Außerdem sollte es möglich sein, ein neues Modul zum Kernsystem hinzuzufügen, ohne das System zu beschädigen. Da nur die Schnittstelle eines Moduls von außen sichtbar ist, sollten Entwickler in der Lage sein, die interne Implementierung des Moduls zu ändern, ohne den Code in der Anwendung zu brechen. Die Struktur einer modularen Softwareanwendung wird im Grunde durch die Verbindungen und Korrelationen zwischen den Modulen definiert.

Einige der Merkmale eines Moduls umfassen Folgendes:

- Ein Modul muss Schnittstellen für die Kommunikation mit anderen Modulen definieren.

- Ein Modul definiert eine Trennung zwischen der Modulschnittstelle und der Modulimplementierung.

- Ein Modul sollte eine Reihe von Eigenschaften vorweisen, die Informationen enthalten.

- Zwei oder mehr Module können zusammen verschachtelt werden.

- Ein Modul sollte eine klare, definierte Verantwortung haben. Jede Funktion sollte nur von einem Modul implementiert werden.

- Ein Modul muss unabhängig von anderen Modulen getestet werden können.

- Ein Fehler in einem Modul sollte sich nicht auf andere Module ausbreiten.

Lassen Sie uns ein kurzes Beispiel geben. Wenn wir zwei Jigsaw-Module namens A1 und A2 haben und ein Paket im Modul A2 namens P2, das im Modul A1 zugänglich sein soll, dann müssen die folgenden Bedingungen erfüllt sein:

- Modul A1 sollte von Modul A2 abhängen; Modul A1 sollte in seiner Deklaration angeben, dass es Modul A2 „benötigt".

- Modul A2 sollte das Paket P2 exportieren, um es den Modulen, die davon abhängen, zur Verfügung zu stellen. In unserem Fall sollten wir in der Deklaration des Moduls A2 angeben, dass es das Paket P2 „exportiert".

Paket P2 wird in Modul A1 nur zugänglich sein, wenn beide Bedingungen zur Kompilierzeit erfüllt sind. Wenn keine oder nur eine der oben genannten Bedingungen erfüllt ist, dann wird Paket P2 nicht in Modul A1 zugänglich sein. Das ist Teil des Konzepts der zuverlässigen Konfiguration, das in JDK 9 eingeführt wurde. Wir behandeln zuverlässige Konfiguration später in diesem Kapitel und in den kommenden Kapiteln.

Die folgenden Abschnitte betrachten vier Konzepte, die die Grundlage einer modularen Anwendung bilden:

- Starke Kapselung

- Explizite Schnittstellen

- Hohe Modulkohäsion

- Geringe Modulkopplung

Starke Kapselung

Kapselung definiert den Prozess der Verhinderung des Datenzugriffs von außen, indem eine Komponente deklarieren kann, welche ihrer öffentlichen Typen anderen Komponenten zur Verfügung stehen und welche nicht. Kapselung verbessert die Wiederverwendbarkeit von Code und verringert die Anzahl von Softwarefehlern. Sie hilft, Modularität zu erreichen, indem sie das interne Verhalten jedes Objekts von den anderen Elementen der Softwareanwendung entkoppelt.

In Bezug auf Modularität bezeichnet Kapselung eine Technik, die die Details der Modulimplementierung verbirgt. Nur die wichtigen Eigenschaften eines Moduls sollten sichtbar und von anderen Modulen aus zugänglich sein. Quellcode in einem Modul sollte in der Lage sein, auf einen Typ in einem anderen Modul zuzugreifen, nur wenn das erste Modul das zweite Modul liest und gleichzeitig das zweite Modul das Paket exportiert, das diesen entsprechenden Typ enthält.

In Java vor Version 9 haben wir Kapselung genutzt, indem wir die Variablen und Methoden von Klassen auf privat gesetzt haben. Auf diese Weise waren sie nur innerhalb der Klasse zugänglich. Wir haben Zugriffsmethoden wie Setter und Getter als öffentlich definiert, um den Instanzvariablen zu ermöglichen, von außerhalb der Klasse gelesen oder geändert zu werden.

In den folgenden Abschnitten sehen Sie, wie wir in Java 9 mit Modulen und den neuen Typen für Zugänglichkeit eine starke Kapselung erreichen können.

Explizite Schnittstellen

Die Schnittstellen eines modularen Systems sollten so klein wie möglich sein. Wenn eine Schnittstelle zu groß ist, sollte sie in mehrere kleinere Schnittstellen aufgeteilt werden. Eine Schnittstelle sollte einem Modul nur die Methoden zur Verfügung stellen, die das Modul wirklich benötigt, um seine Geschäftsanforderungen erfüllen zu können.

Ein modulares System bietet in der Regel Modulverwaltung und Konfigurationsverwaltung. *Modulverwaltung* bezieht sich auf die Fähigkeit, ein Modul zu installieren, zu deinstallieren und zu implementieren. Die Installation könnte beispielsweise aus einem Modulrepository erfolgen. In einigen Fällen könnte ein Modul sofort implementiert werden, ohne dass das System neu gestartet werden muss. *Konfigurationsverwaltung* spezifiziert die Fähigkeit, Module dynamisch zu konfigurieren und die Abhängigkeiten zwischen ihnen zu spezifizieren.

Hohe Modulkohäsion

Kohäsion misst, wie die Elemente eines Moduls zusammenliegen. *Modulk*ohäsion *bezeichnet die Integrität und Kohärenz des Moduls in Bezug auf seine interne Struktur. Sie drückt das Maß aus, in dem die Elemente des Moduls nur eine Funktionalität definieren.*

Die höchste Modulkohäsion wird erreicht, wenn alle Elemente des Moduls zusammengefasst werden, um eine Funktionalität zu bilden. Bei der Gestaltung eines Moduls sollte der Fokus auf einer hohen Kohäsion liegen, und dies kann auf viele verschiedene Weisen erreicht werden:

- Durch Reduzierung der Komplexität des Moduls (zum Beispiel durch Verwendung weniger Methoden oder weniger Code)

- Durch Reduzierung der Komplexität der im Modul beschriebenen Methoden

- Durch Verwendung von zusammenhängenden Datengruppen

- Durch Definition nur eines vordefinierten Bereichs für das Modul

Kohäsion beschreibt nicht nur die Fähigkeit des Moduls, als eigenständige Komponente im gesamten Ökosystem zu agieren, sondern auch die Homogenität seiner internen Komponenten. Hohe Kohäsion bietet eine bessere Wartbarkeit und Wiederverwendbarkeit, da locker gekoppelter Quellcode einfacher und mit weniger Schmerzen geändert werden kann als Quellcode, der nicht locker gekoppelt ist.

Bei der Konzeption von Modulen ist ein wichtiger Aspekt die Wahl des richtigen Komplexitätsgrades für sie. Wenn die Funktionalität eines Moduls klein ist, dann ist das Modul möglicherweise nicht sehr hilfreich im gesamten Modulökosystem. Wenn seine Funktionalität komplex ist und es viele Aufgaben erfüllt, dann könnte es problematisch sein, es wiederzuverwenden. Es ist ein Kompromiss, und es liegt an Ihnen, die richtige Entscheidung zu treffen.

Geringe Modulkopplung

Kopplung spezifiziert den Grad der Interdependenz zwischen Modulen. *Modulk opplung* bezieht sich auf die Abhängigkeit zwischen Modulen und die Art und Weise, wie sie interagieren. Das Ziel ist es, die Modulkopplung so weit wie möglich zu reduzieren, und dies wird erreicht, indem Schnittstellen für die intermodulare Kommunikation spezifiziert werden. Die Schnittstellen haben die Aufgabe, die Modulimplementierung zu verbergen. Die resultierenden Module sind unabhängig und können modifiziert oder ausgetauscht werden, ohne Angst haben zu müssen, andere Module zu brechen – oder schlimmer noch, die gesamte Anwendung zu brechen.

Geringe Kopplung entspricht in der Regel hoher Kohäsion. Dies ist das Ergebnis, das wir im Kontext der Modularität erreichen wollen. Das Gegenteil – hohe Kopplung und geringe Kohäsion – ist das Gegenteil von dem, was ein modulares System normalerweise anstreben sollte.

Enge Kopplung vs. lose Kopplung

Enge und lose Kopplung kann sich auf Klassen oder Module beziehen. *Enge Kopplung* zwischen Klassen liegt vor, wenn eine Klasse Logik aus einer anderen Klasse verwendet. Sie verwendet im Grunde genommen eine andere Klasse, instanziiert ein Objekt davon und ruft dann das Objekt auf, um Methoden oder Instanzvariablen zu nutzen.

Lose Kopplung tritt auf, wenn eine Klasse nicht direkt eine Instanz einer anderen Klasse verwendet, sondern eine Zwischenschicht verwendet, die hauptsächlich das zu injizierende Objekt definiert. Ein Framework, das lose Kopplung definiert, ist das Spring Framework, bei dem die Abhängigkeitsobjekte vom Container in ein anderes Objekt injiziert werden. Lose gekoppelte Module können mit weniger Aufwand geändert werden. Lose Kopplung wird in der Regel durch die Verwendung von kleinen oder mittelgroßen Modulen erreicht. Das Ersetzen eines Moduls hat keine Auswirkungen auf das System, wenn das neue Modul die gleiche Schnittstelle hat wie das zu ersetzende Modul.

Enge Kopplung bedeutet, dass Klassen von anderen Klassen abhängig sind und es nicht zulassen, dass ein Modul so leicht ersetzt wird, weil es Abhängigkeiten von der Implementierung anderer Module hat.

Auflistung 1-1 zeigt ein Beispiel für enge Kopplung. Das Listing definiert eine Klasse namens Customer, die Abhängigkeiten von Objekten der Typen CurrentAccount, DepositAccount und SavingsAccount hat. In der Haupt-Klasse erstellen wir ein Objekt des Typs Customer. Dieses Objekt erstellt weitere drei Objekte. Die Klasse Customer enthält ein Objekt des Typs CurrentAccount und ruft die Methode depositMoney(amount) auf diesem Objekt auf. Dies ist eine enge Kopplung zwischen der Klasse Customer und der Klasse CurrentAccount, und weil die Klasse CurrentAccount vollständig an die Klasse Customer gebunden ist, hängt sie von ihr ab. Die Klasse Customer erstellt Objekte der Typen CurrentAccount, DepositAccount und SavingsAccount, um einige Geschäftslogik auszuführen, die in diesen drei Klassen definiert ist.

Auflistung 1-1. Definition von drei Klassen, die einander ähnlich sind

```java
// CurrentAccount.java
package com.apress.tightcoupling;

public class CurrentAccount {

        long deposit;

        public void depositMoney(long amount) {
                deposit = amount;
        }
```

```java
        public long getDeposit() {
                return deposit;
        }
}

// DepositAccount.java
package com.apress.tightcoupling;

public class DepositAccount {

        long deposit;

        public void depositMoney(long amount) {
                deposit = amount;
        }

        public long getDeposit() {
                return deposit;
        }
}

// SavingsAccount.java
package com.apress.thightcoupling;

public class SavingsAccount {

        long deposit;

        public void depositMoney(long amount) {
                deposit = amount;
        }

        public long getDeposit() {
                return deposit;
        }
}
```

Auflistung 1-2 definiert eine Klasse namens Customer, die Objekte der Klassen CurrentAccount, DepositAccount und SavingsAccount initialisiert.

Auflistung 1-2. Die Klasse Customer

```java
// Customer.java
package com.apress.tightcoupling;

public class Customer {

        private CurrentAccount currentAccount;
        private DepositAccount depositAccount;
        private SavingsAccount savingsAccount;

        public Customer() {
                currentAccount = new CurrentAccount();
                depositAccount = new DepositAccount();
                savingsAccount = new SavingsAccount();
        }

        public void depositMoneyIntoCurrentAccount(long amount) {

                currentAccount.depositMoney(amount);
        }

        public void depositMoneyIntoDepositAccount(long amount) {

                depositAccount.depositMoney(amount);
        }

        public void depositMoneyIntoSavingsAccount(long amount) {

                savingsAccount.depositMoney(amount);
        }

        public CurrentAccount getCurrentAccount() {
                return currentAccount;
        }

        public DepositAccount getDepositAccount() {
                return depositAccount;
        }
```

```java
        public SavingsAccount getSavingsAccount() {
                return savingsAccount;
        }
}
```

Auflistung 1-3 definiert die Main-Klasse, welche drei Objekte vom Typ Customer erstellt und Methoden auf ihnen aufruft.

Auflistung 1-3. Die Main-Klasse

```java
// Main.java
package com.apress.tightcoupling;

public class Main {

    public static void main(String[] args) {

                Customer firstCustomer = new Customer();
                firstCustomer.depositMoneyIntoCurrentAccount(50);

                Customer secondCustomer = new Customer();
                secondCustomer.depositMoneyIntoDepositAccount(100);

                Customer thirdCustomer = new Customer();
                thirdCustomer.depositMoneyIntoSavingsAccount(200);

                System.out.println("First Customer current account amount:
                            " + firstCustomer.getCurrentAccount().
                            getDeposit());
                System.out.println("Second Customer deposit account amount:
                            " + secondCustomer.getDepositAccount().
                            getDeposit());
                System.out.println("Third Customer savings account amount:
                            " + thirdCustomer.getSavingsAccount().
                            getDeposit());
    }
}
```

Die vorherigen drei Listings zeigen eine enge Kopplung, bei der die
Klasse Customer Objekte anderer Klassen instanziiert und anschließend Methoden auf
ihnen aufruft. Dies führt zu einer sehr hohen Abhängigkeit zwischen der Klasse
Customer und den anderen Klassen, die sie verwendet. Das Hauptproblem besteht
darin, dass eine Änderung in den Klassen CurrentAccount, DepositAccount oder
SavingsAccount uns schließlich dazu zwingen könnte, die Klasse Customer anzupassen.
Zum Beispiel, wenn der Konstruktor von CurrentAccount sich ändert, haben wir ein
Problem. Um die Klassen in diesem Beispiel zu entkoppeln, sollten wir den Code so
ändern, dass die Klasse Customer nicht mehr von der Implementierung der Klassen
CurrentAccount, und SavingsAccount abhängig ist. Als Ergebnis werden wir eine
Schnittstelle verwenden, um die Klasse Customer nur von der Schnittstelle abhängig zu
machen. Und wir werden die anderen Abhängigkeiten nur in der Main-Klasse und nicht
mehr in der Klasse Customer instanziieren, wie wir es zuvor gesehen haben.

Auflistung 1-4 definiert die Schnittstelle AccountInterface, welche die Definitionen
der Methoden enthält.

Auflistung 1-4. Die Schnittstelle AccountInterface

```java
// AccountInterface.java
package com.apress.looseCoupling;

public interface AccountInterface {

        void depositMoney(long amount);

        long getDeposit();
}
```

Auflistung 1-5 definiert die drei Klassen, die das Interface implementieren und
Implementierungen für die Methoden aus dem Interface bereitstellen.

Auflistung 1-5. Die Klassen CurrentAccount, DepositAccount und SavingsAccount

```java
// CurrentAccount.java
package com.apress.looseCoupling;

public class CurrentAccount implements AccountInterface {
```

```java
        long deposit;

        public CurrentAccount() {
        }

        @Override
        public long getDeposit() {
                return deposit;
        }

        @Override
        public void depositMoney(long amount) {
                deposit = amount;
        }
}

// DepositAccount.java
package com.apress.looseCoupling;

public class DepositAccount implements AccountInterface {

        long deposit;

        public DepositAccount() {
        }

        @Override
        public long getDeposit() {
                return deposit;
        }

        @Override
        public void depositMoney(long amount) {
                deposit = amount;
        }
}

// SavingsAccount.java
package com.apress.looseCoupling;

public class SavingsAccount implements AccountInterface {
```

```java
long deposit;

public SavingsAccount() {
}

@Override
public long getDeposit() {
        return deposit;
}

@Override
public void depositMoney(long amount) {
        deposit = amount;
}
}
```

Auflistung 1-6 präsentiert die Klasse Customer, die verwendet das Interface namens AccountInterface innerhalb ihres Konstruktors.

Auflistung 1-6. Die Klasse Customer

```java
// Customer.java
package com.apress.looseCoupling;

public class Customer {

    private AccountInterface account;

    public Customer(AccountInterface account) {
            this.account = account;
    }

    public void deposit(long amount) {
            account.depositMoney(amount);
    }

    public AccountInterface getAccount() {
            return account;
    }
}
```

Auflistung 1-7 zeigt die Haupt Klasse, die drei Objekte vom Typ Customer erstellt.

Auflistung 1-7. Die Hauptklasse

```java
// Main.java
Paket com.apress.looseCoupling;

public class Main {

    public static void main(String[] args) {

                CurrentAccount currentAccount = new CurrentAccount();
                Customer firstCustomer = new Customer(currentAccount);
                firstCustomer.deposit(10);

                DepositAccount depositAccount = new DepositAccount();
                Customer secondCustomer = new Customer(depositAccount);
                secondCustomer.deposit(100);

                SavingsAccount savingsAccount = new SavingsAccount();
                Customer thirdCustomer = new Customer(savingsAccount);
                thirdCustomer.deposit(200);

                System.out.println("Erster Kunde aktueller Kontostand: "
                                + firstCustomer.getAccount().getDe-
                                posit());
                System.out.println("Zweiter Kunde Einlagenkontostand: "
                                + secondCustomer.getAccount().getDe-
                                posit());
                System.out.println("Dritter Kunde Sparkontostand: "
                                + thirdCustomer.getAccount().getDe-
                                posit());
    }
}
```

Die Klasse Customer ist nicht mehr von den anderen Klassen abhängig. Sie erstellt keine neuen Klassen vom Typ CurrentAccount, DepositAccount oder SavingsAccount, sondern verwendet eine Schnittstelle in ihrem Konstruktor. Die Schnittstelle wird von allen drei Klassen implementiert. Da CurrentAccount, DepositAccount und

SavingsAccount die Schnittstelle AccountInterface implementieren, werden sie in das Objekt Customer injiziert. In der Main-Klasse erstellen wir Objekte vom Typ Schnittstelle und übergeben diese Objekte dann dem Konstruktor der Klasse Customer. Am Ende rufen wir die Methode deposit() auf den Objekten Customer auf, die weiterhin die Methode depositMoney() von der Schnittstelle aufruft.

In diesem einfachen Beispiel haben wir gesehen, wie man von einer eng gekoppelten Anwendung zu einer lose gekoppelten Anwendung wechselt, indem man eine Schnittstelle statt einer Implementierung programmiert.

Modulare Programmierung

Dieser Abschnitt diskutiert die Prinzipien und Vorteile der modularen Programmierung. Er vergleicht modulare Programmierung und objektorientierte Programmierung (OOP) und spricht über die Unterschiede zwischen einer monolithischen Anwendung und einer modularen.

Prinzipien der modularen Programmierung

Die Prinzipien der modularen Programmierung sind Kontinuität, Verständlichkeit, Wiederverwendbarkeit, Kombinierbarkeit und Zerlegbarkeit. Ich habe bereits über Wiederverwendbarkeit gesprochen, also konzentrieren wir uns jetzt auf die anderen vier.

- *Kontinuität:* Bezieht sich auf die Situation, wenn eine Anforderung zur Änderung der Funktionalität des Softwaresystems Änderungen in so wenigen Modulen wie möglich verursachen sollte.

- *Verständlichkeit:* Bezieht sich auf die Tatsache, dass jedes Modul als eigenständige einzelne Einheit verständlich sein sollte. Seine Rolle sollte klar und prägnant sein. Es ist definitiv einfacher, die inneren Abläufe eines bestimmten Moduls zu verstehen, das eine niedrigere Funktionalitätsebene darstellt, als die einer gesamten Anwendung. Sie sollten Situationen vermeiden, in denen ein Modul seine Rolle nur in Korrelation mit einigen anderen Modulen erfüllt. Ein Modul sollte keine Nebenprobleme für andere Module verursachen.

- *Kombinierbarkeit:* Ermöglicht es uns, Module neu zu kombinieren, so dass eine neue Softwareanwendung entsteht.

- *Zerlegbarkeit:* Ermöglicht es uns, einen Monolithen in kleinere und einfachere Teile zu zerlegen, die unabhängig in eine andere Softwareeinheit verpackt werden sollten. Die resultierende Softwareeinheit sollte eine einfachere Struktur und eine geringere Komplexität als der ursprüngliche Monolith haben. Indem wir ein System in logische Module zerlegen, können wir das System viel besser verstehen und leichter anpassen.

Vorteile der modularen Programmierung

Wir betonen einige wichtige Vorteile der modularen Programmierung in diesem Buch, insbesondere wenn wir über Project Jigsaw sprechen, das modulare Programmierung zu Java 9 bringt. Wie Sie mittlerweile wissen, reduziert die modulare Programmierung die Komplexität von Softwareanwendungen. Und sie erleichtert die Wiederverwendung von Softwarekomponenten. Darüber hinaus hilft sie im Allgemeinen, das Debuggen von Anwendungen zu erleichtern, da nur ein einzelnes Modul und nicht der gesamte Monolith debuggt werden muss.

Die modulare Programmierung ermöglicht es einem Team, gleichzeitig am selben Projekt zu arbeiten, mit weniger Problemen im Zusammenhang mit Quellcodekonflikten. Wenn jeder Entwickler an seinem eigenen Modul arbeitet, wird es überhaupt keine Konflikte geben. Weniger Code schreiben zu müssen, ist ein weiterer Vorteil der Verwendung von modularem Programmieren und ist eine direkte Folge der Wiederverwendungsfähigkeit. Durch die Verwendung von Techniken der modularen Programmierung erzielen Entwickler eine bessere Produktivität und Leistung durch die Nutzung von paralleler Entwicklung.

Eine schnellere Entwicklung ist ein weiterer wichtiger Aspekt der modularen Programmierung. Die für die Entwicklung benötigte Zeit verringert sich, da Module unabhängig voneinander entworfen und implementiert werden können. Der Entwicklungsprozess kann skaliert werden, da es möglich ist, mehrere Module gleichzeitig zu entwickeln, indem ein größeres Team einbezogen wird, das gleichzeitig an verschiedenen Modulen arbeiten kann. Wenn ein Modul geändert wird, dann werden die anderen Module weiterhin funktionieren.

Module sollten leicht mit anderen Modulen ausgetauscht werden können. Durch die Definition einer Schnittstelle für die anderen Module der Anwendung bedeutet das Ändern oder Ersetzen eines Moduls nur, dass sichergestellt wird, dass die neue Schnittstelle der alten entspricht. Die interne Implementierung des neuen Moduls kann sich unterscheiden.

Ein weiterer wichtiger Aspekt bezieht sich auf den Testprozess. Anstatt eine gesamte Testanwendung als einen ganzen Monolithen zu testen, wird die Anwendung in Module unterteilt und jedes Modul wird separat getestet. Da die Module unabhängig sind, können mehrere Module gleichzeitig getestet werden, was die Testausführung beschleunigt und die Integrität der Module sicherstellt. Durch das separate Testen jedes Moduls als Einheit wird eine bessere Testabdeckung erreicht. Integrationstests werden durchgeführt, indem die Module verbunden und als Black Boxes betrachtet werden.

Jetzt, da Sie die Prinzipien und Vorteile der modularen Programmierung kennen, ist es an der Zeit, einen Vergleich zwischen modularer Programmierung und objektorientierter Programmierung zu machen.

Modulare Programmierung vs. objektorientierte Programmierung (OOP)

Die Ähnlichkeiten zwischen modularer Programmierung und OOP beinhalten die Tatsache, dass beide große Softwareanwendungen in *Fragmente* oder *Bereiche* zerlegen. Modulare Programmierung ist nicht objektorientiert. Die Kernprinzipien der OOP, wie Polymorphie und Vererbung, existieren nicht in der modularen Programmierung. In der OOP wird Polymorphie verwendet, um die Eigenschaften von Klassen zur Laufzeit dynamisch zu ändern. Dies ist in der modularen Programmierung nicht möglich, da die Module nicht dynamisch sind. Darüber hinaus verwenden Klassen in der OOP Vererbung, um anderen Klassen zu ermöglichen, Variablen und Methodenimplementierungen von ihnen zu erben. In der modularen Programmierung kann ein Modul kein anderes Modul erben.

Einer der Hauptunterschiede zwischen modularer Programmierung und OOP besteht darin, dass in der OOP Objekte aus Klassen erstellt werden können. In der modularen Programmierung ist es nicht möglich, Objekte aus Modulen abzuleiten.

Monolithische Anwendung vs. modulare Anwendung

Eine *monolithische Anwendung* ist eine Softwareanwendung mit einem hohen Grad an Komplexität, die eine gesamte Gruppe von Aufgaben ausführt, um einen gesamten Anwendungsfall zu implementieren. Sie führt nicht nur eine spezifische Aufgabe oder Funktion aus und besteht nicht aus logischen Einheiten, die identifiziert werden können. Sie hat die Aufgabe, ganze Funktionen auszuführen, nicht nur bestimmte Aufgaben innerhalb dieser Funktionen. Monolithische Anwendungen werden ohne Modularität erstellt.

Abb. 1-4 zeigt eine mögliche Architektur einer monolithischen Anwendung.

Eine monolithische Anwendung besteht typischerweise aus vielen *Schichten:* Präsentationsschicht, Geschäftsschicht, Datenzugriffsschicht und Datenbank. Mit diesem Schichtensystem ist es schwierig, mehrere Technologien für eine einzelne Schicht zu verwenden. Wir behaupten nicht, dass es absolut unmöglich ist – es hängt von den Technologien ab, die Sie verwenden. Manchmal ist es möglich, mehrere Technologien zu verwenden, und manchmal nicht. Aber solche Einschränkungen sind

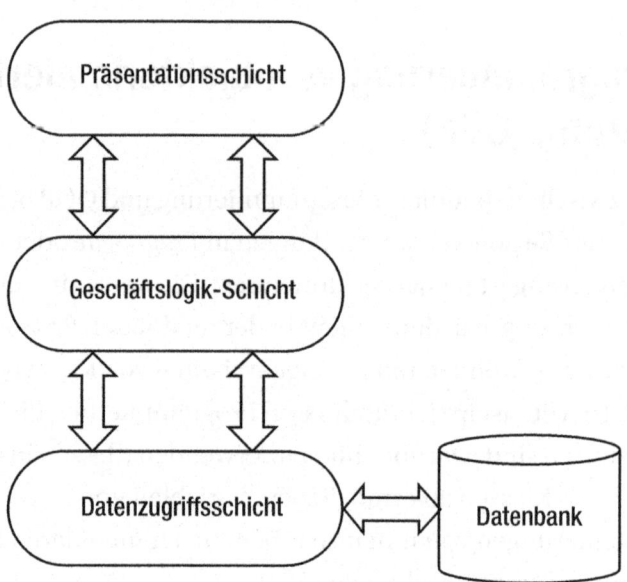

Abb. 1-4. *Architektur einer monolithischen Anwendung*

definitiv ein Nachteil für jeden Entwickler. Wenn Sie eine Drittanbieter-Bibliothek finden, die ein spezifisches Problem einfacher lösen kann, können Sie diese möglicherweise nicht verwenden, weil sie mit der Technologie, die auf dieser Schicht verwendet wird, nicht kompatibel ist. Es wäre für Sie einfacher gewesen, die Schichten in verschiedene Microservices aufzuteilen und die Freiheit zu haben, für jeden Microservice die Technologie zu verwenden, die am besten zur Aufgabe passt. Manchmal gezwungen zu sein, die bestehende Technologie weiter zu verwenden, ist schlecht, weil die Technologie bereits alt sein kann. Für ein modulares System ist es offensichtlich nicht so zeitaufwendig, die Technologie zu aktualisieren und die neueste Version davon zu installieren, im Vergleich zu einem monolithischen System.

Aufgrund der Komplexität des Systems und des erforderlichen technischen Know-hows kann es viele Fälle geben, in denen mehrere Teams an verschiedenen Schichten der Anwendung arbeiten. Um eine neue Funktion zur Anwendung hinzuzufügen, muss jede Schicht angesprochen werden, was in den meisten Fällen bedeutet, dass mehr als ein Team beteiligt sein muss, wenn eine neue Funktion hinzugefügt wird. Das kann die für die Entwicklung und das Testen neuer Funktionen benötigte Zeit erhöhen, da die Teams ihre Arbeit koordinieren müssen. Es kann auch mehr Integrationsarbeit zu tun geben – die Teams müssen nicht nur miteinander koordinieren, sie müssen manchmal auch warten, bis bestimmte Funktionen fertig sind, damit sie ihre eigene entwickelte Funktionalität integrieren können.

Was die Skalierbarkeit betrifft, so kann ein monolithisches System nur als Ganzes skaliert werden. Es ist unmöglich, nur spezifische Teile des Systems zu skalieren, und es ist keine gute Idee, zu versuchen, das gesamte System zu skalieren, wenn eigentlich nur ein Teil skaliert werden sollte. Das Skalieren des gesamten Systems könnte zusätzliche Infrastrukturkosten bedeuten. Deshalb werden monolithische Anwendungen im Vergleich zu modularen Anwendungen nicht so häufig aktualisiert und gepatcht.

Eine monolithische Anwendung *kann* in eine Reihe von Modulen aufgeteilt werden, aber das ist nicht der einzige Weg, um eine modulare Anwendung zu erhalten. Sie kann auch von Anfang an als modular entworfen werden. Das Neugestalten einer monolithischen Anwendung kann keine triviale Aufgabe sein, insbesondere wenn das System sehr komplex ist.

Zusammenfassung

Dieses Kapitel stellte einige allgemeine Aspekte der Modularität vor. Es diskutierte zwei wichtige Aspekte der Modularität: Wartbarkeit und Wiederverwendbarkeit. Es erklärte das Konzept eines Softwaremoduls und unterstrich die Grundlagen der Moduldeklaration. Es ging auf die vier Hauptkonzepte ein, auf denen eine modulare Anwendung aufgebaut ist: starke Kapselung, explizite Schnittstellen, hohe Modulkohäsion und geringe Modulkopplung. Es stellte die Vorteile der modularen Programmierung vor und verglich modulare und objektorientierte Programmierung. Und das Kapitel illustrierte, was enge und lose Kopplung sind und zeigte ein erläuterndes Beispiel mit Java.

Hier ist eine kurze Zusammenfassung, wann wir modulare Programmierung verwenden:

- Wenn wir ein großes Programm mit vielen Klassen und Methoden und Abhängigkeiten zwischen ihnen haben – solche Programme sind immer gute Kandidaten für die Modularisierung

- Wenn wir eine Softwareanwendung besser für zukünftige Entwicklungen geeignet machen wollen

- Wenn wir aus monolithischen Anwendungen herauskommen wollen

- Wenn wir eine Softwareanwendung verständlicher machen wollen

Das nächste Kapitel untersucht die Grundlagen von Project Jigsaw, dem neuen Java-Platform-Module-System, das in Java 9 eingeführt wurde.

KAPITEL 2

Project Jigsaw

Dieses Kapitel führt Project Jigsaw ein. Es beschreibt, worum es bei Project Jigsaw geht, zeigt einige Probleme, die in der Vergangenheit in Java aufgetreten sind, und diskutiert die Java Enhancement Proposals, die Project Jigsaw bilden. Es erklärt die Ziele von Project Jigsaw, damit wir die Gründe verstehen können, die das JCP-Team dazu veranlasst haben, ein neues Modulsystem für die Java-Plattform einzuführen. Es geht auch auf Konzepte wie starke Kapselung und zuverlässige Konfiguration ein.

Schwächen in Java vor JDK 9

Abb. 2-1 zeigt den JDK-7-*Modulgraphen* von der offiziellen Open-JDK-Website unter `http://openjdk.java.net/projects/jigsaw/doc/jdk-modularization.html`. Das Basismodul wird direkt in der Mitte angezeigt. Da es viele Abhängigkeiten zwischen den Klassen gab, gab es keine Möglichkeit, den Monolithen in kleinere Teile zu zerlegen. Darüber hinaus boten die Zugriffsdelimiter nicht ausreichende Mittel, um die Implementierung der Klassen vollständig zu verbergen. Ihr Anwendungsbereich war begrenzt. Zum Beispiel würden wir in JDK 7, wenn wir „Hallo Welt!" mit der Systemkonsole ausgeben wollten, eine große Anzahl von Paketen neben dem Basismodul benötigen.

JAR(Java Archiv)-Dateien sind ZIP-Dateien, die Klassendateien und andere Ressourcen enthalten. Eine oder mehrere JAR-Dateien werden auf dem Klassenpfad platziert, der keine Kapselung für die darin enthaltenen JAR-Dateien bietet. Das bedeutet, dass jede Klasse in einer JAR-Datei von jeder anderen Klasse zugänglich ist, und das stellt eine Sicherheitslücke dar. Man kann sich den Klassenpfad wie eine Reihe vorstellen, in der die JAR-Dateien von links nach rechts linear durchsucht werden. JAR-Dateien sind keine Komponenten, die Modulcharakter für die Klassen, die sie enthalten, bieten können.

© Der/die Autor(en), exklusiv lizenziert an APress Media, LLC, ein Teil von Springer Nature 2024
A. Jecan, *Die Modularität von Java 9*, https://doi.org/10.1007/978-3-662-68877-9_2

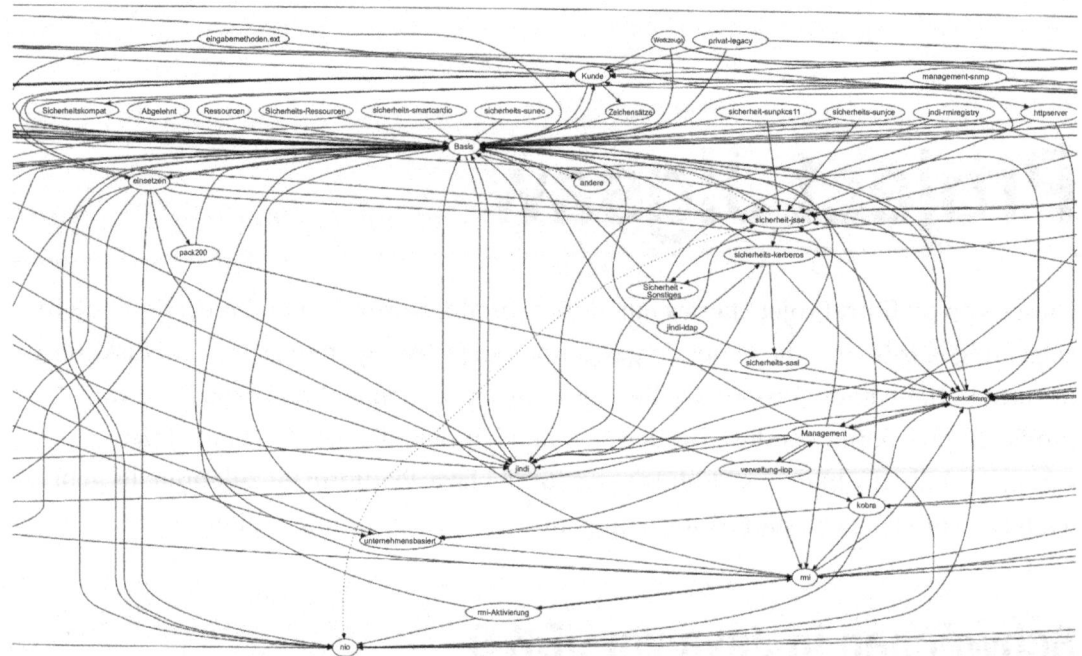

Abb. 2-1. *Der Modulgraph in JDK 7*

Eingeführt in JDK 8, sind *kompakte Profile* eine Teilmenge der vollständigen Java SE-Plattform. Die drei kompakten Profile werden compact 1, compact 2 und compact 3 genannt. Eine Liste der in jedem kompakten Profil enthaltenen Pakete ist auf der Oracle-Website aufgeführt. Die kompakten Profile waren nur ein kleiner Schritt in Richtung Modularisierung der Plattform. Drei verschiedene Versionen des JDK durch Zusammenfassung der Standardpakete zu erhalten, war nicht das, was die Community in Bezug auf Modularisierung erwartet hatte. Darüber hinaus verbergen kompakte Profile ihre Interna nicht und brachten daher keine Verbesserungen für die Sicherheit der Java-Plattform.

Explizite Abhängigkeiten waren auch vor Java 9 ein großes Problem. Durch das Verpacken von Quellcode in eine JAR-Datei und das Platzieren auf dem Klassenpfad gab es keine Möglichkeit, programmatisch zu definieren, welche anderen JARs benötigt wurden, damit die aktuelle JAR ausgeführt werden konnte. Da Java dieses Problem nicht gelöst hat, sind einige beliebte Build-Tools entstanden, darunter Maven und Gradle.

Schwache Kapselung

Um Kapselung zu erreichen, verwendete Java vor Version 9 die bekannten Zugriffsmodifikatoren: private, protected, public und kein Modifikator. Der *private Zugriffsmodifikator* ist der restriktivste. Er macht die darin enthaltenen Daten von außen unzugänglich. Der *protected Zugriffsmodifikator* gibt an, dass das Mitglied nur von einer Unterklasse seiner Klasse in einem anderen Paket oder innerhalb seines eigenen Pakets zugegriffen werden kann. Der *public Zugriffsmodifikator* macht Daten überall verfügbar. Die Verwendung von *keinem Zugriffsmodifikator* bedeutet, dass die Verfügbarkeit nur innerhalb des gleichen Pakets gewährt wird.

Die Kapselung hat jedoch einige Einschränkungen. Es ist unmöglich, einen Typ für ein externes Paket zugänglich zu machen und gleichzeitig den Zugriff darauf von allen anderen vorhandenen Paketen zu beschränken. Um den Typ für ein externes Paket verfügbar zu machen, wäre die einzige Möglichkeit, ihn als public zu markieren, obwohl die Definition als public die Kapselung bricht und ihn für alle vorhandenen Pakete öffentlich macht. Es gibt keine Möglichkeit, das gewünschte Maß an Kapselung mit Java vor Version 9 zu erreichen.

JAR-Hell-Problem

Vor JDK 9 war der Standard-Stil für die Entwicklung von Java-Anwendungen, alle notwendigen Bibliotheken und JAR-Dateien direkt auf den Klassenpfad einzufügen. Dieser Ansatz konnte das JAR-Hell-Problem verursachen.

Vor JDK 9 suchte die Laufzeitumgebung an einigen Orten, um eine Klasse zu laden. Einer der durchsuchten Orte ist der Klassenpfad, der eine Liste von Klassendateien enthielt, die von der Java Virtual Machine geladen wurden. Die Suche nach einer Klasse auf dem Klassenpfad war unkompliziert. Der Klassenlader suchte eine Klasse, indem er alle JAR-Dateien auf dem Klassenpfad durchsuchte. Er berücksichtigte keine vordefinierte Reihenfolge, sondern suchte einfach von der ersten bis zur letzten. Er berücksichtigte auch keine Aspekte der internen Struktur der Klassen auf dem Klassenpfad. Java konnte die Grenzen zwischen den JAR-Dateien nicht berücksichtigen. Alle Klassen aus allen JAR-Dateien wurden auf den Klassenpfad gelegt, und die Grenzen zwischen den JAR-Dateien verschwanden. Jeder Typ in einer JAR-Datei konnte auf alle öffentlichen Typen aus allen anderen JAR-Dateien zugreifen. Daher konnte der Code nicht gekapselt werden, um ihn vor externer Nutzung zu verbergen.

Wir geben Ihnen ein Beispiel. Angenommen, ein Autor einer Bibliothek hatte internen Code in der Bibliothek, der nie von außen verwendet werden sollte. Da es keine Kapselung gab, konnte jeder auf diesen internen Code zugreifen – und schlimmer noch, eine eigene Implementierung bereitstellen, die von dem internen Code abhing. Wenn der Autor der Bibliothek beschloss, einige Änderungen im internen Code seiner Bibliothek vorzunehmen, dann könnte Code, der von dieser Bibliothek abhängt, Probleme bekommen.

JAR Hell ist ein häufiges Problem, das vor JDK 9 auftrat. Wenn es mehr Bibliotheken auf dem Klassenpfad mit verschiedenen Versionen gab und jede Bibliothek von einer anderen Bibliothek abhängig war, dann sprach man von einem JAR-Hell-Problem auf dem Klassenpfad. Diese sogenannte *Abhängigkeits-Hölle* entstand, wenn ein Paket nicht von einem anderen Paket abhängig war, sondern nur von einer Version dieses Pakets. Es gab verschiedene Variationen der Abhängigkeits-Hölle, je nachdem, welche Umgebung verwendet wurde. Das Problem mit JAR Hell ist, dass es Konflikte auf dem Klassenpfad geben konnte, insbesondere wenn dieser viele JARs enthielt. Zum Beispiel konnte eine Bibliothek zwei oder mehr verschiedene Versionen einer bestimmten Klasse auf dem Klassenpfad haben. Der Klassenpfad war nicht die beste Lösung, weil JAR-Dateien keine Komponenten sind und wir daher nicht genau wissen können, ob etwas fehlt oder in Konflikt steht.

Wenn eine bestimmte Klasse nicht auf dem Klassenpfad gefunden wurde, wurde eine Laufzeitausnahme ausgelöst – nicht beim Start der Anwendung, sondern zu einem späteren Zeitpunkt, wenn aufgrund einer vom Benutzer durchgeführten Aktion die fehlende Klasse aufgerufen wurde. Die Laufzeit hatte nicht die Fähigkeit, alle bestehenden Abhängigkeiten zu identifizieren, bis sie auf sie zugreifen musste. Es wäre vorzuziehen gewesen, alle Fehler gleich beim Start der Anwendung und nicht zu einem späteren Zeitpunkt anzuzeigen.

Was ist Project Jigsaw?

Project Jigsaw repräsentiert die Implementierung des neuen skalierbaren Modulsystems, das in Java 9 eingeführt wurde. Es wurde unter Open JDK entwickelt, das die freie Open-Source-Implementierung der Java Platform Standard Edition ist. Das Ziel des neu gestalteten Modulsystems für die Java-SE-Plattform ist es, das JDK zu modularisieren und das Modulsystem auf das JDK selbst anzuwenden. Jigsaw modularisiert die Java-SE-Plattform.

Der Prozess der Modularisierung der Java-Plattform war ein komplizierter und enormer Aufwand. Es mussten eine große Anzahl schwieriger Designentscheidungen getroffen werden. Die Modularisierung der Plattform ist eine enorme Veränderung mit großer Auswirkung auf das gesamte Ökosystem. Sie führt das neue Konzept der Module ein und verändert die Art und Weise, wie wir Softwareanwendungen mit der Java-Programmiersprache entwickeln, erheblich. Module stehen im Vordergrund und sind das Schlüsselkonzept, auf dem Project Jigsaw basiert. Ganze Programmierungstechniken müssen angepasst werden, um dem neu eingeführten Konzept zu entsprechen.

Project Jigsaw begann bereits 2008 in einer explorativen Phase. Die JEPs, die das Java-Platform-Module-System bilden, wurden ab dem Jahr 2014 erstellt. Project Jigsaw war ursprünglich für die Java-7-Veröffentlichung geplant, aber aufgrund seiner Komplexität wurde es nicht in die JDK-7-Veröffentlichung aufgenommen und auf die JDK-8-Veröffentlichung verschoben. Dann wurde es von der Java Community Process auf Java 9 verschoben. Obwohl die offizielle Veröffentlichung von Project Jigsaw zum Zeitpunkt dieser Schrift für September 2017 geplant ist, sind bereits seit Langem Early Access Builds auf der Open-JDK-Website verfügbar, damit die Community testen und wertvolles Feedback an die JDK-Entwickler geben kann.

Project Jigsaw besteht aus sechs JEPs und einem JSR. JSR 376 wird als Java-Platform-Module-System bezeichnet. Es legt eine Standard-Spezifikation für den Aufbau einer modularen Version der Java-Plattform fest. Tab. 2-1 listet die anderen sechs JEPs auf, die Teil von Project Jigsaw sind.

Im Folgenden finden Sie kurze Beschreibungen zu jedem der JEPs. Sie werden in den folgenden Kapiteln ausführlicher behandelt:

- *JEP 200 – Das modulare JDK:* Dieser Java Enhancement Proposal teilte das JDK in eine Reihe von Modulen auf. Das JDK wurde modularisiert und der Quellcode wurde in Module organisiert. Es gibt zwei verschiedene Kategorien von Modulen: *Standard*-Module, deren Namen mit *java.* beginnen, und *JDK-Module,* die mit *jdk.* beginnen. Ein neuer Modulgraph entstand, als das modulare Format des JDK geändert wurde (dargestellt in Kap. 3). Weitere Informationen zur Modularisierung des JDK finden Sie auch in Kap. 3.

Tab. 2-1. *JDK Enhancement Proposals (JEP) für die Entwicklung des Java Platform Systems*

JEP-Nummer	JEP-Name	Umfang
JEP 200	Modulares JDK	Standard Edition
JEP 201	Modularer Quellcode	Implementierung
JEP 220	Modulare Laufzeitbilder	Standard Edition
JEP 260	Kapselung der meisten internen APIs	Java Development Kit
JEP 261	Modulsystem	Standard Edition
JEP 282	Jlink: Der Java Linker	Java Development Kit

- *JEP 201 – Modularer Quellcode:* Dieses JEP definiert wie der JDK-Build und der Quellcode um Module herum neu organisiert wurden (detailliert beschrieben in Kap. 3).

- *JEP 220 – Modulare Laufzeitbilder:* JEP 220 stellt das neue modulare Laufzeitbild und die hinzugefügten Verbesserungen vor, damit wir benutzerdefinierte modulare Laufzeitbilder erstellen können. Die binäre Struktur der JRE und des JDK wurde geändert. Das JEP wird in Kap. 5 diskutiert.

- *JEP 260 – Kapselung der meisten internen APIs:* JEP 260 bezieht sich auf den Prozess der Kapselung der nicht kritischen internen APIs. Dieses JEP wird in vielen Kapiteln in diesem Buch behandelt.

- *JEP 261 – Modulsystem:* JEP 261 repräsentiert die Implementierung des neuen Modulsystems.

- *JEP 282 – Jlink: Der Java Linker:* Dieses JEP erstellt ein Tool, das eine Reihe von Modulen zu einem benutzerdefinierten Laufzeitbild zusammenfügt (behandelt in Kap. 7).

Herunterladen und Installieren

Seit September 2017 kann eine Vorabversion von Project Jigsaw von der folgenden URL-Adresse heruntergeladen werden: http://jdk.java.net/9/. Project Jigsaw ist in JDK 9 enthalten. Es kann nicht separat verwendet werden.

Jigsaw führt auch eine *Verknüpfungsphase* ein, in der eine Gruppe von Modulen von einem neuen Verknüpfungstool, genannt Jlink (behandelt in Kap. 7), zu einem benutzerdefinierten binären Laufzeitbild zusammengefügt wird. Die Verknüpfung kann eine vollständige Java-Entwicklungsumgebung erstellen und kann auch ein Java-Laufzeit-System in ein Programm einbinden.

Java 9 fügt viele neue Optionen sowohl für den Java-Compiler als auch für den Java-Launcher hinzu, um die Kompilierung und Ausführung von Modulen zu ermöglichen. In diesem Buch finden Sie zahlreiche Beispiele für das Kompilieren und Ausführen von Modulen mit verschiedenen Befehlszeilenoptionen. Jigsaw führt auch neue Begriffe wie *unbenanntes Modul*, *offenes Modul* und *automatisches Modul* ein, die alle in Kap. 4 behandelt werden.

Starke Kapselung

Laut der offiziellen Jigsaw-Spezifikation, „erlaubt starke Kapselung einer Komponente zu deklarieren, welche ihrer öffentlichen Typen für andere Komponenten zugänglich sind und welche nicht." Die Rolle der starken Kapselung besteht darin, Code den Zugriff auf Klassen in Paketen zu verbieten, die nicht von ihren enthaltenden Modulen exportiert werden, oder in Paketen, deren enthaltende Module nicht vom Modul benötigt werden, das den Code enthält.

Starke Kapselung könnte nicht ohne ein Konzept wie Module erreicht werden, denn in Jigsaw repräsentieren die Module die Basis, auf der die Prinzipien der starken Kapselung angewendet werden. Jigsaw ermöglicht es Modulen, nur spezifische Pakete zu exportieren. Die Zugänglichkeit von Modulen wird durch ihre Grenzen gewährleistet. Starke Kapselung wird in Jigsaw durch die Definitionen der Module erreicht, wo wir angeben können, welche Typen zugänglich sind. Starke Kapselung verbirgt die Interna eines Moduls und verhindert ihren externen Zugriff. Sie macht es auch schwieriger, reflektiven Zugriff zu erreichen.

In Java 9 funktioniert der Aufruf der Methode setAccessible() nicht, es sei denn, das Objekt ist bereits vor der Klasse zugänglich. Um zugänglich zu sein, muss das entsprechende Paket exportiert werden und das Modul muss gelesen werden. Wenn beide Bedingungen erfüllt sind, dann ist es zugänglich, so dass die Methode angewendet werden kann, um beispielsweise ein privates Feld verfügbar zu machen. Starke Kapselung beschränkt den Zugriff auch dann, wenn die zugreifende Klasse in der

Zielklasse im selben Klassenlader ist. Übrigens, starke Kapselung ist nicht abhängig von Klassenladern.

Zuverlässige Konfiguration

Zuverlässige *Konfiguration* ist ein starkes Merkmal, das in JDK 9 eingeführt wurde. Open JDK erklärt, dass „zuverlässige Konfiguration den Klassenpfadmechanismus durch ein Mittel ersetzt, mit dem Programmkomponenten explizite Abhängigkeiten voneinander deklarieren können." Zuverlässige Konfiguration basiert auf der Fähigkeit, Abhängigkeiten zwischen Modulen zu deklarieren. Sie ermöglicht es uns, bereits zur Kompilierzeit zu wissen, ob ein Modul fehlt oder eine Abhängigkeit nicht erfüllt ist. Dies ist etwas, das wir in Versionen vor Java 9 nicht erreichen konnten. In JDK 9 können Module ihre Abhängigkeiten von anderen Modulen manifestieren, und das Modulsystem stellt sicher, dass jede Modulabhängigkeit erfüllt ist.

Die Grundlage für die zuverlässige Konfiguration sind die Leseverbindungen, die im Modulsystem existieren. Abhängigkeiten werden sowohl zur Kompilierzeit als auch zur Laufzeit analysiert und durchgesetzt. In Kap. 4 lernen Sie, wie die zuverlässige Konfiguration in Jigsaw durch die `requires`-Klausel erreicht wird und wie die starke Kapselung durch die `exports`-Klausel in der Moduldeklaration erreicht wird.

Verbesserungen durch Jigsaw

Jigsaw bietet auch Verbesserungen in drei wichtigen Bereichen: Sicherheit, Skalierbarkeit und Leistung.

Sicherheit

Java hatte in der Vergangenheit eine erhebliche Menge an Sicherheitsproblemen. Vor JDK 9, wie erwähnt, gab es keine Kapselung über Paketgrenzen hinweg. Daher ist Sicherheit ein sehr wichtiges Thema in Jigsaw, da es einer der Schlüsselfaktoren in einigen der implementierten Designüberlegungen ist. In Java 9 können einige Teile des Codes nicht mehr direkt zugegriffen werden. Jigsaw verbessert die Sicherheit erheblich und reduziert die Sicherheitsrisiken erheblich, indem es die internen APIs von JDK verbirgt. Wir nennen dies die *Kapselung der internen APIs von JDK*. Sie können jetzt nur noch innerhalb des JDK selbst behandelt werden. Um die Sicherheit zu verbessern, war es nicht ausreichend, nur die internen APIs von JDK zu kapseln – ihre Anzahl der Verwendungen wurde ebenfalls verringert. Durch die Festlegung von Modulgrenzen ist der Code nicht mehr von außerhalb des Moduls erreichbar, es sei denn, dies ist ausdrücklich so definiert. Standardmäßig ist er von außen nicht erreichbar.

Die Sicherheit wird durch den neu eingeführten starken Kapselungsmechanismus verbessert, der die Interna des Moduls verbirgt. Kritischer Quellcode ist verborgen und von außen nicht zugänglich, es sei denn, dies ist absolut notwendig. Der Versuch, auf einen öffentlichen internen JDK-Typ zuzugreifen, führt zu einem Zugriffsfehler. Deshalb funktioniert Code, der interne APIs verwendet, ab Java 9 nicht mehr.

In Jigsaw wurden die Mechanismen, die den Zugriff auf interne Klassen mit Hilfe von Reflection ermöglichen, verstärkt. Dies ist eine große Verbesserung, da in der Vergangenheit der Vorteil des Zugriffs auf interne JDK-Klassen zu vielen Sicherheitsvorfällen auf der Java-Plattform geführt hat. Da die Anzahl der internen JDK-Klassen in Java 9 abnimmt, nimmt auch die Anzahl der potenziellen Sicherheitslücken ab.

Vor JDK 9 hatte Java ein ernstes Problem in Bezug auf die Tatsache, dass seine Klassen von externem Code zugänglich waren, der in der gleichen Umgebung lief. Es hatte sehr begrenzte Möglichkeiten, den Zugriff auf seinen Code von außen einzuschränken. Um den Paketzugriff einzuschränken, verwendete Java die Methode `checkPackageAccess(String packageName)` der Klasse `java.lang.SecurityManager`. Diese Methode erhält eine Liste von eingeschränkten Paketen durch den Aufruf von `java.security.Security.getProperty("package.access")` und überprüft, ob der Parameter `packageName` zwischen den abgerufenen Paketen liegt. Wenn nicht, wirft die Methode eine `SecurityException`. Wenn `packageName` gefunden wird, wird die Methode `checkPermission()` aufgerufen. Einige dieser Sicherheitsprobleme aus der Vergangenheit hingen damit zusammen, dass die Softwareentwickler manchmal vergaßen, die Methode `checkPackageAccess()` überall dort im Code aufzurufen, wo es notwendig war. Wenn diese Überprüfung nicht überall durchgeführt wird, kann der Code von außen zugegriffen werden und eine große Sicherheitslücke wird geöffnet, die potenziellen Schaden verursacht. Es war die Verantwortung jedes JCP-Entwicklers, vorsichtig zu sein und nicht zu vergessen, den Aufruf von `checkPackageAccess()` überall dort zu platzieren, wo es notwendig war.

Skalierbarkeit und Leistung

Jigsaw ermöglicht Entwicklern, ihre eigenen Java Runtime Environments (JREs) zu erstellen, die nur die Module enthalten, die sie benötigen. Eine große Anzahl kleiner Geräte profitiert von der Möglichkeit, nur die Funktionalität zu gruppieren, die strikt von der laufenden Java-Softwareanwendung benötigt wird.

Die Leistung wird während des Klassenladeprozesses verbessert, weil die Java Virtual Machine jetzt weiß, wo sich eine Klasse befindet. Da wir im Voraus alle Klassen kennen, auf die eine Klasse verweist, kann die JVM schließlich Optimierungen durchführen, die zu einer Leistungssteigerung führen. Vor Java 9 musste die JVM jede JAR-Datei öffnen und eine lineare Suche durchführen, um eine Klasse zu finden, was enorme Kosten für die Leistung verursachte.

Die Entfernung von rt.jar in Java 9 war eine gute Designentscheidung in Bezug auf Leistung, da sie die Einführung eines neuen produktiven Speichersystems ermöglichte. Die Leistung von Java-Anwendungen wurde in Java 9 verbessert, insbesondere zur Startzeit. Dafür wurde die Struktur der Java-Laufzeitumgebung geändert. Es gibt jetzt genug Potenzial für zukünftige Leistungsoptimierungen, da Teile des Codes nur von den Modulen erreicht werden, von denen sie abhängen.

Der Grad der Skalierbarkeit der Java-Plattform wird erhöht, indem Entwicklern ermöglicht wird, kleinere und optimiertere Bereitstellungen zu erstellen, die dazu beitragen, die Menge des benötigten Speichers auf dem entsprechenden laufenden Gerät zu reduzieren. Die neuen benutzerdefinierten Laufzeitbilder enthalten nur die spezifischen Bibliotheken und die minimale Anzahl von Abhängigkeiten, die zum Ausführen einer Java-Anwendung benötigt werden. Es ist nicht mehr erforderlich, das gesamte JDK zu installieren. Es ist möglich, genau die Module auszuwählen, die von einer Anwendung benötigt werden.

Andere Allgemeinheiten
Neue Schlüsselwörter in Java 9

Modul ist ein eingeschränktes Schlüsselwort, das nur in Bezug auf eine Moduldeklaration wie ein Schlüsselwort wirkt. Wenn ein Modul nicht in Verbindung mit einer Moduldeklaration verwendet wird, kann das Wort Modul weiterhin als Bezeichner verwendet werden. Das bedeutet, dass wir das Wort Modul nicht ändern müssen, wenn wir es zur Definition des Namens einer Variablen, einer Instanzvariablen oder einer Methode verwenden.

Andere in Java 9 eingeführte eingeschränkte Schlüsselwörter sind `exports`, `requires`, `provides`, `uses`, `with`, `to`, `transitive` und `opens`.

Keine Versionierung in Jigsaw

Versionierung wird in Project Jigsaw nicht unterstützt. Das JCP-Team hat die Versionierung in den ersten Versionen von Jigsaw eingeführt, sich dann aber aufgrund der Komplexität und der daraus resultierenden Komplikationen dazu entschieden, sie wegzulassen. Die Entscheidung basierte auf der Tatsache, dass Build-Tools wie Gradle oder Maven bessere Mechanismen zur Bewältigung dieses komplizierten Problems haben. Project Jigsaw verlässt sich auf diese Build-Tools zur Lösung der Versionsauflösung oder zur Bewältigung verschiedener Konflikte. Jigsaw ermöglicht es, eine Version in den Metainformationen eines Moduls zu deklarieren, aber diese Version wird vom Modulsystem nicht berücksichtigt. Kap. 10 spricht über Schichten, und Sie werden lernen, wie Jigsaw zwei verschiedene Versionen eines Moduls laden kann. Daher sind dies alle Funktionen, die Jigsaw für die Versionierung bietet. Beispielsweise wird nicht unterstützt, in einer Moduldeklaration zu deklarieren, dass ein Modul nur von einer bestimmten Version eines anderen Moduls abhängt.

Rückwärtskompatibilität

Die Rückwärtskompatibilität zu älteren Versionen des JDK war ein kritisches Thema während der Gestaltung von JDK 9. Das JCP-Team stellt fest: „Wenn eine Anwendung nur unterstützte APIs verwendet und auf Release X funktioniert, dann sollte sie auf Release X+1 auch ohne erneute Kompilierung funktionieren." Das Beheben der Inkompatibilitäten im Quellcode ist obligatorisch, um eine Java-Softwareanwendung nach dem Umstieg auf Java 9 zum Laufen zu bringen.

Die Anforderungen von Project Jigsaw, die auf der Open-JDK-Website veröffentlicht wurden, besagen: „Es muss möglich sein, eine bestehende Java-Plattform, Java SE oder Java EE, in eine Reihe von Modulen zu unterteilen, so dass bestehende Bibliotheken ohne Änderungen laufen können, solange sie nur standardmäßige Plattform-APIs verwenden." Java-Anwendungen werden rückwärtskompatibel mit Versionen vor JDK 9 sein, solange sie nur standardmäßige Plattform-APIs verwenden. Wenn sie andere APIs neben den Standard-APIs verwenden, gibt es keine Garantie, dass sie in JDK 9 funktionieren werden.

Einige Kompatibilitätsprobleme könnten für Anwendungen oder Bibliotheken auftreten, die Core Reflection verwenden, um Zugang zu internen JDK-Typen zu erhalten. Für die Builds ist die Verwendung des Befehlszeilenflags `--add-exports` obligatorisch, um die Kapselung zu brechen. Diese Befehlszeilenoption wird in Kap. 8 behandelt.

Ein weiteres Problem kann auftreten, wenn eine bestehende Bibliothek aus dem Klassenpfad eine Referenz auf einen Typ in einem nicht exportierten Paket hat, das zu einem expliziten Modul gehört. Um dies zu lösen, ist die Verwendung des Klassenpfads in Kombination mit dem Modulpfad erforderlich. In den kommenden Kapiteln werden Sie lernen, wie Sie das erreichen können. Es ist wichtig zu bedenken, dass der Klassenpfad für die Rückwärtskompatibilität auch in JDK 9 weiterhin verwendet werden kann.

Um jedoch Rückwärtskompatibilität zu gewährleisten, sind die drei Klassenlader weiterhin in JDK 9 vorhanden. Kap. 10 spricht über sie.

Plattformmodularisierung

Eine der wichtigsten Rollen von Project Jigsaw besteht darin, das JDK in Module zu unterteilen, was in Kap. 3 detailliert erklärt wird. Die resultierenden Module können in drei verschiedene Kategorien unterteilt werden: Standardmodule, JDK-spezifische Module und JDK-interne Module.

Vor Java 9 enthielt rt.jar viele öffentlich zugängliche APIs, die für die öffentliche Nutzung geplant waren. Es war möglich, sie beim Schreiben des eigenen Codes zu verwenden. Unter den öffentlich zugänglichen APIs gibt es viele, die Teil der Standard-Java SE sind. Diese Pakete beginnen mit java.* und javax.* und werden von JCP spezifiziert. Andere Pakete, die die öffentlich zugänglichen APIs bilden, aber nicht Teil der Standard-Java SE sind, sind die Pakete jdk.* und com.sun.*. Diese Pakete sind nicht Teil der Standard-Java SE, weil sie für Tools gedacht sind, die mit der Java Virtual Machine interagieren, zum Beispiel. Es macht keinen Sinn, sie Teil der Standard-Java Standard Edition zu machen.

Neben den unterstützten APIs gibt es auch nicht unterstützte APIs. Die meisten von ihnen befinden sich im Paket sun.*. Sie sind nicht für die öffentliche Nutzung vorgesehen. Eine von Oracle organisierte Umfrage ergab, dass die beliebtesten nicht unterstützten APIs sun.misc.Base64Encoder, sun.misc.Unsafe und sun.misc.Base64Decoder sind. Oracle hat die APIs nach ihrer Nutzung klassifiziert und sie in *kritisch* und *nicht kritisch* eingeteilt. Die nicht kritischen APIs werden außerhalb des JDK kaum genutzt.

Neue Struktur der JRE und JDK

Um die Mittel zur Erstellung von Laufzeitbildern bereitzustellen, wurde die binäre Struktur der JDK und JRE in Java 9 geändert. Aufgrund der Einführung von Modulen gibt es keinen Unterschied mehr zwischen der JDK und der JRE. Jedes Tool, das von rt.jar abhängt, musste geändert werden, um in Java 9 weiterhin ordnungsgemäß zu funktionieren.

Abb. 2-2 veranschaulicht die alte Struktur der JDK und JRE vor Java 9.

Vor JDK 9 gab es zwei bin- und zwei lib-Verzeichnisse. Das lib-Verzeichnis auf der obersten Ebene enthielt Klassen für Tools, und das lib-Verzeichnis aus dem jre-Verzeichnis enthielt die Laufzeitklassen. Das lib-Verzeichnis enthielt auch Konfigurationsdateien, Sicherheitsrichtliniendateien und andere Arten von Dateien.

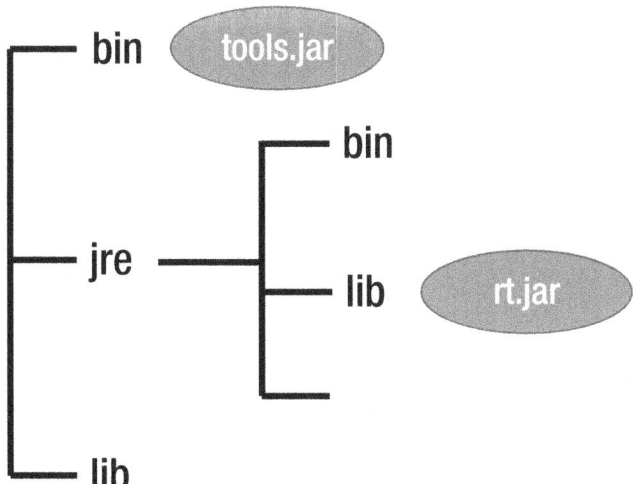

Abb. 2-2.   *Die Struktur der JDK vor Java 9*

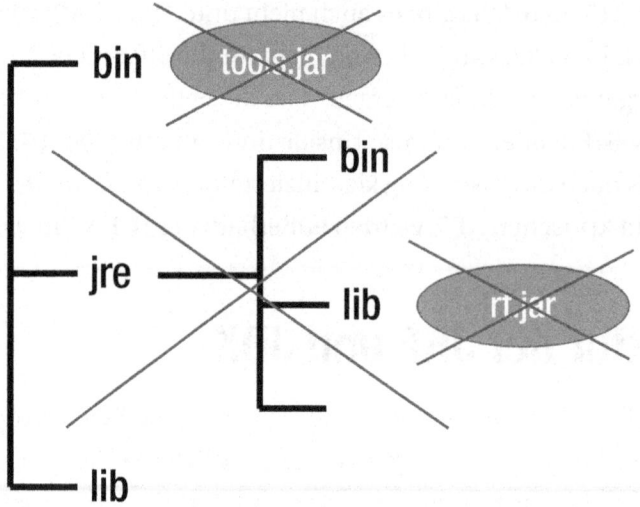

Abb. 2-3.   *Das jre Verzeichnis, tools.jar und rt.jar wurden in JDK 9 entfernt*

Abb. 2-3 zeigt, welche Dateien und Verzeichnisse in JDK 9 vollständig entfernt wurden: das jre-Verzeichnis, die tools.jar-Datei und die rt.jar-Datei.

Abb. 2-4 zeigt die endgültige Struktur der JDK 9.

Wie Sie sehen können, existiert das jre-Verzeichnis nicht mehr, und ein neues conf-Verzeichnis wurde hinzugefügt. Das conf-Verzeichnis enthält die Konfigurationsdateien, die die JDK oder die Laufzeit anpassen. Es enthält nur die Dateien, die bearbeitet werden sollten. Die Dateien, die nicht bearbeitet werden sollten, befinden sich nicht mehr im conf-Verzeichnis. Dies ist wichtig, da das neue Layout eine klare Trennung zwischen den

Abb. 2-4.   *Das neue Layout von JDK 9*

Konfigurationsdateien, die geändert werden dürfen, und denen, die nicht geändert werden dürfen, bietet. In der Vergangenheit war es ein Risiko, eine Konfigurationsdatei zu ändern, da man nicht im Voraus wissen konnte, ob man sie überhaupt ändern durfte, was bedeutet, dass die Anwendung möglicherweise nicht mehr startet.

Die rt.jar- und tools.jar-Dateien wurden vollständig entfernt. Das bin-Verzeichnis, das jetzt ein einziges ist, enthält alle Starter. Das neue Format der JDK ist besser für zukünftige Optimierungen geeignet als das alte Format.

Vorbereitung auf Jigsaw

Es gibt einige Schritte, die Sie durchführen sollten, um sich auf Project Jigsaw vorzubereiten. Wie Sie bereits wissen, sind die JDK-internen Klassen nicht mehr zugänglich, es sei denn, sie sind Teil des Pakets jdk.unsupported. Code, der auf JDK-internen Klassen basiert, wird nicht funktionieren.

Zunächst sollten Sie Ihren Code auf Verwendungen von JDK-internen APIs mit JDeps überprüfen. JDeps ist ein Tool zur Analyse und Suche nach statischen Abhängigkeiten (es wird ausführlich in Kap. 8 behandelt). Wenn Sie Verwendungen von JDK-internen Klassen in Ihrem Code finden, sollten Sie Ersatz dafür bereitstellen. JDeps gibt Ihnen Hinweise und schlägt Alternativen für Ihre JDK-internen Klassen vor, aber es ist Ihre Aufgabe, diese Klassen loszuwerden und sie durch unterstützte zu ersetzen.

Die Java-Compiler-Befehlszeilenoption `--add-exports` ist eine Alternative, wenn Sie keinen Ersatz für die JDK-internen Klassen bereitstellen können. Dieser Befehl bricht die Kapselung und macht die JDK-internen Klassen in Ihrem Code zugänglich. Auf diese Weise müssen Sie Ihren Quellcode nicht ändern – Sie müssen nur Ihre Build-Skripte anpassen, um diese Option während der Kompilierung Ihres Codes einzuschließen.

Neben den Verwendungen der JDK-internen Klassen sollten Sie auch Ihren Code auf Abhängigkeiten von den Dateien rt.jar und tools.jar überprüfen. Beide Dateien wurden in Java 9 entfernt, und Code, der auf ihnen basiert, wird nicht mehr funktionieren. Sie können sie in Ihrem Code in Java 9 nicht mehr verwenden.

Ein weiteres wichtiges Thema bezieht sich auf die *geteilten Pakete*, die unbedingt vermieden werden sollten. Geteilte Pakete entstehen, wenn zwei oder mehr Loader-Klassen für ein einziges Paket bestimmen. Sie müssen die geteilten Pakete loswerden, bevor Sie auf Java 9 migrieren. Kap. 8 behandelt das Problem der geteilten Pakete im Detail und zeigt Ihnen, wie Sie sie loswerden können.

Die Migration auf Java 9 kann unter bestimmten Umständen eine Herausforderung sein. Deshalb behandeln wir dieses Thema ausführlicher in Kap. 8. Die gerade vorgestellte Liste ist nicht vollständig. Wenn Sie mehr darüber erfahren möchten, wie Sie sich auf die Verwendung von Jigsaw vorbereiten können, gehen Sie direkt zu Kap. 8.

Unterschiede zwischen OSGi und Jigsaw

OSGi (Open Service Gateway Initiative) ist ein bekanntes Framework, das die Entwicklung modularer Anwendungen in der Programmiersprache Java ermöglicht. Die Spezifikation für die Implementierung von Modulsystemen in Java mit OSGi findet sich im Dokument JSR 291 – Dynamische Komponentenunterstützung für Java SE, das im August 2007 veröffentlicht wurde.

Wir werden nicht ins Detail gehen bezüglich OSGi, da OSGi nicht im Fokus dieses Buches liegt, aber wir werden einige wichtige Unterschiede zwischen ihm und Jigsaw darstellen. Ein großer Unterschied zwischen OSGi und Jigsaw ist die Tatsache, dass OSGi Versionierung unterstützt, Jigsaw jedoch nur in geringem Maße. Jigsaw ermöglicht es Ihnen, eine Version als Meta-Attribut zu definieren oder mehrere Versionen für ein Modul in einer Schicht zu verwenden. Aber das Versionierungssystem, das Jigsaw bietet, ist bei Weitem nicht so leistungsfähig wie das von OSGi. OSGi hat auch einige Funktionen im Zusammenhang mit dem dynamischen Lebenszyklus, die Jigsaw nicht hat. Darüber hinaus bietet OSGi ein dynamisches Dienstregister und ein verbessertes Sicherheitsmodell.

Jigsaw ist sicherer als OSGi, da sein Sicherheitsmechanismus nicht umgangen werden kann. Der Sicherheitsmechanismus von OSGi kann umgangen werden. Die OSGi-Bundles bieten nicht das gleiche Sicherheitsniveau wie die Jigsaw-Module.

Jigsaw soll kein Ersatz für OSGi sein. OSGi kann sehr gut auf JDK 9 laufen. JCP zielt darauf ab, beide Systeme parallel und kooperativ arbeiten zu lassen. Es sollte sogar möglich sein, dass OSGi ein Jigsaw-Modul als OSGi-Bundle behandelt.

Es kann spezielle Fälle geben, in denen OSGi besser auf die Bedürfnisse einer Anwendung zugeschnitten ist als Jigsaw. Jigsaw eignet sich besser für Softwareanwendungen, die keine extrem hohe Komplexität aufweisen. OSGi nutzt die wahre Isolation, weil es auf der Plattform aufgebaut ist. Sowohl OSGi als auch Jigsaw bieten Isolation, aber die Art und Weise, wie dies erreicht wird, unterscheidet sich. Bei

OSGi wird die Isolation automatisch erreicht, weil OSGi auf der Plattform aufgebaut ist. Bei Jigsaw wurden die Module in der Plattform erstellt, nicht auf ihr. Sie bieten programmatisch Isolation durch die Art und Weise, wie sie in die Plattform integriert sind.

Im Allgemeinen hat Jigsaw weniger Funktionen als OSGi. Zum Beispiel bietet Jigsaw nicht die Möglichkeit, Module dynamisch aus einem Repository herunterzuladen und zu laden, wenn eine Anwendung und die virtuelle Maschine laufen. Diese Art von Funktion existiert in Jigsaw nicht, und OSGi sollte stattdessen für diesen speziellen Fall verwendet werden.

Project Jigsaw bietet auch wichtige Funktionen, die in OSGi nicht existieren, wie Modularität zur Kompilierzeit und eingebaute Unterstützung für native Bibliotheken. Jigsaw modularisiert im Gegensatz zu OSGi die Java-Plattform und führt das neue Konzept der Module als zentrales Programmelement ein.

Zusammenfassung

Wir haben dieses Kapitel damit begonnen, einige Schwächen und Probleme vorzustellen, die vor Java 9 auftraten, wie schwache Kapselung und das JAR-Hell-Problem. Dann haben wir Project Jigsaw vorgestellt, das neue Modulsystem, das in Java 9 eingeführt wurde, und die Ziele von Project Jigsaw und einige der Probleme, die es löst, beschrieben. Das Kapitel hat kurz ein paar neue Konzepte vorgestellt, die in Jigsaw eingeführt wurden.

Wir haben über die starken Kapselungs- und zuverlässigen Konfigurationsmechanismen gesprochen, die in Jigsaw eingeführt wurden, die einen öffentlichen Typ nicht von außerhalb seines Moduls zugänglich machen, es sei denn, er befindet sich in einem exportierten Paket. Wir haben auch andere Verbesserungen beschrieben, die Jigsaw in den Bereichen Sicherheit, Skalierbarkeit und Leistung bietet. Vor JDK 9 war es viel schwieriger, eigenen Code zu pflegen, weil wir ihn nicht kapseln konnten, um unsere interne Implementierung vor externer Nutzung zu verbergen.

Die nächsten Themen waren Rückwärtskompatibilität und Plattformmodularisierung, und wir haben Einblicke in die neuen Kategorien von APIs in der JDK gegeben. Dann haben wir die neue Struktur der JRE und JDK in Java 9 vorgestellt und über die Entfernung von rt.jar und tools.jar gesprochen. Als Nächstes haben wir einige der wichtigsten Schritte skizziert, die Sie unternehmen müssen, um Jigsaw in Ihren Projekten zu verwenden. Am Ende des Kapitels haben wir einige der wichtigsten Unterschiede zwischen OSGi und Jigsaw illustriert.

Kap. 3 beschreibt den Prozess der JDK-Modularisierung, das resultierende modulare JDK und die Art und Weise, wie der Quellcode in JDK 9 modularisiert wurde.

KAPITEL 3

Modulares JDK und Quellcode

Dieses Kapitel konzentriert sich auf die Beschreibung des JDK-Modularisierungs-Prozesses, der zu einer neuen Struktur des JDK und seines Quellcodes geführt hat. Laut Open JDK zielt der Java Enhancement Proposal 200 – Das modulare JDK – darauf ab, „das JDK in eine Reihe von Modulen zu unterteilen, die zur Kompilierzeit, zur Erstellungszeit oder zur Laufzeit in eine Vielzahl von Konfigurationen kombiniert werden können." Diese Konfigurationen können jede Größe haben. Sie können ein oder mehrere Module zusammen mit ihren transitiven Abhängigkeiten darstellen, aber sie können auch das gesamte JDK umfassen.

Die JDK-Modulzusammenfassung besteht aus umfassenden Informationen zu den Modulen, die derzeit in der Java-Plattform existieren. Für jedes Modul gibt sie Folgendes an:

- Die Anzahl der Klassen und Ressourcen, die es enthält

- Die Gesamtgröße des Moduls zusammen mit der Gesamtgröße seiner Abhängigkeiten

- Die Module, die es benötigt

- Die Typen, die es exportiert

- Die Dienste, die es nutzt, und die Dienste, die es bereitstellt

---

Hinweis Die JDK-Modulzusammenfassung kann online unter http://cr.openjdk.java.net/~mr/jigsaw/ea/module-summary.html gefunden werden.

Seit September 2017 hat Project Jigsaw 73 neue Module in der Java-Plattform eingeführt, mit einer Gesamtgröße von mehr als 170 MB. Betrachtet man die Anzahl der
Klassen in jedem Modul, so ist das größte Modul java.desktop, das 5900 Klassen und 284
Ressourcen enthält. Seine Größe beträgt mehr als 26 MB, und die Gesamtgröße seiner
Abhängigkeiten beträgt etwa 55 MB. Das zweitgrößte Modul ist das Modul java.base, das
5684 Klassen und 17 Ressourcen enthält. Es hat keine Abhängigkeiten, da es das Basismodul ist.

Modulares JDK

In Java 9 ist das JDK modularisiert. Um alle Module aufzulisten, die im Laufzeitsystem
existieren, kann der Java-Launcher mit der Befehlszeilenoption `--list-modules`
verwendet werden. Durch Ausführen des folgenden Befehls erhalten wir eine
vollständige Liste der vorhandenen Module in unserem Laufzeitsystem:

```
$ java --list-modules
```

Tab. 3-1 zeigt die Ergebnisse.

Tab. 3-2 enthält eine kurze Beschreibung jedes der Standard-Java-SE-Module, wie sie
in der JDK-9-API-Dokumentation beschrieben sind.

Plattformmodule

Das JCP-Team hat viel Mühe in die Modularisierung der Java-Plattform gesteckt. Die
schwierigsten Aufgaben bestanden darin, die Abhängigkeiten zwischen verschiedenen
Teilen der Bibliotheken zu untersuchen und zu bewerten und alle Klassen aus dem JDK
zu teilen und sie in Module zu stecken.

Die *Plattformmodule* sind die Module, die nach der Aufteilung des JDK entstanden
sind. Sie ersetzen das monolithische JDK vollständig und ermöglichen es uns,
benutzerdefinierte Laufzeitbilder zu erstellen. Diese können aus einer spezifischen
Konfiguration bestehen, die eine Teilmenge von Modulen zusammen mit ihren
transitiven Abhängigkeiten enthält. Diese Teilmenge von Modulen kann ein Modul oder
mehr als ein Modul darstellen. Sie kann auch alle Module darstellen, was dem gesamten
JDK entspricht. Es ist auch möglich, Plattformmodule zusammen mit unseren eigenen
erstellten Modulen zu kombinieren, um ein Laufzeitbild zu bilden.

Tab. 3-1. *Die Module des Java-Laufzeitsystems*

java.activation	java.xml.crypto	jdk.jfr
java.base	java.xml.ws	jdk.jsobject
java.compiler	java.xml.ws.annotation	jdk.localedata
java.corba	javafx.base	jdk.management
java.datatransfer	javafx.controls	jdk.management.agent
java.desktop	javafx.deploy	jdk.naming.dns
java.instrument	javafx.fxml	jdk.naming.rmi
java.jnlp	javafx.graphics	jdk.net
java.logging	javafx.media	jdk.pack
java.management	javafx.swing	jdk.plugin
java.management.rmi	javafx.web	jdk.plugin.dom
java.naming	jdk.accessibility	jdk.plugin.server
java.prefs	jdk.charsets	jdk.scripting.nashorn
java.rmi	jdk.crypto.cryptoki	jdk.scripting.nashorn.shell
java.scripting	jdk.crypto.ec	jdk.sctp
java.se	jdk.crypto.mscapi	jdk.security.auth
java.se.ee	jdk.deploy	jdk.security.jgss
java.security.jgss	jdk.deploy.controlpanel	jdk.snmp
java.security.sasl	jdk.dynalink	jdk.unsupported
java.smartcardio	jdk.httpserver	jdk.xml.dom
java.sql	jdk.incubator.httpclient	jdk.zipfs
java.sql.rowset	jdk.internal.le	oracle.desktop
java.transaction	jdk.internal.vm.ci	oracle.net
java.xml	jdk.javaws	
java.xml.bind	jdk.jdwp.agent	

Jedes Modul hat eine bestimmte Funktionalität und kann Abhängigkeiten von anderen Modulen definieren. Ein Plattformmodul ist Teil der Java-Laufzeit und enthält Quellcode. Plattformmodule können ihre Pakete exportieren, damit sie von anderen Modulen, die sie lesen, zugänglich sind. Wenn wir allgemein von Modulen sprechen, meinen wir nicht nur die Plattformmodule, sondern auch die von Anwendungsprogrammierern erstellten Module. Diese Module haben keine spezielle Definition. Wir könnten sie „Entwicklermodule" oder „Programmierermodule" nennen,

Tab. 3-2. *Die Standardmodule gemäß der Java-Platform-SE-9-API-Spezifikation*

Modulname	Beschreibung
java.activation	Stellt die JavaBeans Activation Framework API dar
java.base	Stellt die primären APIs der Java-SE-Plattform dar
java.compiler	Stellt die Annotation Processing, Language Model und Java Compiler APIs dar
java.corba	Definiert die RMI-IIOP API und die OMG CORBA APIs
java.datatransfer	Definiert eine API zum Austausch von Informationen zwischen Anwendungen
java.desktop	Umfasst die AWT- und Swing-Benutzeroberflächen-Toolkits sowie APIs für Drucken, Audio, Bildverarbeitung und mehr
java.instrument	Enthält die Dienste, die es Agenten ermöglichen, Programme zu instrumentieren, die auf der Java Virtual Machine ausgeführt werden
java.logging	Stellt die Java Logging API dar
java.management	Repräsentiert die Java Management Extensions API
java.management.rmi	Repräsentiert den RMI-Connector für die Java Management Extensions API
java.naming	Enthält die Java Naming and Directory Interface API
java.prefs	Spezifiziert die Preferences API
java.rmi	Beinhaltet die Remote Method Invocation API
java.scripting	Repräsentiert die Scripting API
java.se	Repräsentiert die Kern Java SE API
java.se.ee	Repräsentiert die vollständige API der Java-SE-Plattform
java.security.jgss	Beinhaltet die Java-Bindung der Generic Security Services API
java.security.sasl	Enthält Java-Unterstützung für die Simple Authentication and Security Layer
java.sql	Repräsentiert die Java DataBase Connectivity API
java.sql.rowset	Bestimmt die JDBC RowSet API
java.transaction	Spezifiziert einen Unterbereich der Java Transaction API
java.xml	Beinhaltet die Java API für XML-Verarbeitung, die Streaming API für XML, die Simple API für XML und die W3C Document Object Model API
java.xml.bind	Repräsentiert die Java Architecture for XML Binding API
java.xml.crypto	Beschreibt die XML Cryptography API
java.xml.ws	Spezifiziert die Web Services Metadata API und die Java API für XML-basierte Web-Services
java.xml.ws. annotation	Spezifiziert einen Teil der Commons Annotations APIs zur Unterstützung von Programmen, die auf der Java-SE-Plattform laufen

um eine klare Unterscheidung zwischen ihnen und den Modulen, die standardmäßig Teil der Plattform sind, zu treffen, das sind die Plattformmodule.

Es gibt zwei verschiedene Arten von Plattformmodulen: Standardmodule und Nicht-Standardmodule.

Standardmodule

Die Standardmodule werden vom Java Community Process (JCP) verwaltet. Die Namen der Standard-Java-SE-Module beginnen mit java.*. Diese Namen sind explizit genug, so dass es ziemlich einfach ist, sich vorzustellen, welche Rolle das Modul hat. Zum Beispiel definiert das Modul namens java.rmi die Remote Method Invocation API, und das Modul namens java.logging definiert die Java Logging API. Ein Standardmodul kann aus Standard-API-Paketen sowie Nicht-Standard-API-Paketen bestehen. Es kann auch von einem oder mehreren Nicht-Standard-Modulen abhängen.

Nicht-Standardmodule

Die Nicht-Standardmodule sind spezifisch für das JDK. Ihre Namen beginnen mit jdk.*. Nicht-Standardmodule enthalten Pakete und spezifischen JDK-Code, der zwischen verschiedenen Implementierungen des Java Development Kit unterschiedlich sein kann. Einige JDK-Module, wie Tools oder Dienstanbieter, exportieren nichts, was bedeutet, dass sie außerhalb des Moduls nicht sichtbar sind.

Zwei Dinge sind sehr wichtig zu beachten: Erstens dürfen Standard-API-Pakete nicht von Nicht-Standardmodulen exportiert werden, so dass ihre Sichtbarkeit von außen verborgen bleibt. Zweitens, und sicherlich das Wichtigste, was man im Kopf behalten sollte, ist, dass der Quellcode, der nur von Java-SE-Modulen abhängt, nur von Standard-Java-SE-Typen abhängen wird. Dies ist ein großer Vorteil, weil der Code auf alle bestehenden Implementierungen der Java-SE-Plattform portierbar wird, wie in der offiziellen Beschreibung des JEP 200 unter `http://openjdk.java.net` angegeben.

Es ist möglich, eine JDK-spezifische API in eine Java-Standard-API umzuwandeln, aber es ist besondere Aufmerksamkeit hinsichtlich der Kompatibilität erforderlich. Wenn man dies in Betracht zieht, sollte man berücksichtigen, ob es machbar und notwendig ist, indem man sich ansieht, wie es verwendet wird. Zum Beispiel wurde das Java Debug Interface nicht in eine Standard-API umgewandelt, weil sie nur von Tools und

Debuggern verwendet wird, so dass es definitiv keinen Sinn macht, sie zu einem Teil der Java-Standard-API zu machen.

Jedes Plattformmodul enthält einen Ordner namens classes in einem Ordner namens share. Der Klassenordner enthält alle Klassen, die das Modul bilden, zusammen mit dem Moduldeskriptor in einer Datei namens module-info.java. Einige Module, wie das java.base-Modul, haben nativen Code für verschiedene Betriebssysteme wie Windows, Linux, macOS und so weiter.

Der JDK-Modulgraph

Die Modularisierung der Java-9-Plattform kann gut als Modulgraph dargestellt werden. Abb. 3-1 zeigt einen Ausschnitt des neuen Modulgraphen des JDK, der nur die Standard-SE-Module enthält. Er entsteht nach der Aufteilung des JDK in Module.

In diesem Graphen werden nur die Standard-Java-SE-Module gezeigt (die Nicht-Java-SE-Module werden aufgrund von Platzmangel nicht gezeigt). Im Graphen werden die Module durch die Knoten repräsentiert und die Abhängigkeiten zwischen den Modulen werden mit Pfeilen ausgedrückt. Wenn ein Modul von einem anderen Modul abhängt, gibt es einen direkten Pfeil von einem Modul zum anderen.

Wir haben zwei Kategorien von Linien zwischen den Modulen. Die durchgezogenen Linien veranschaulichen eine implizite Lesbarkeit zwischen Modulen, und die gestrichelten Linien bedeuten, dass es nur eine einfache Lesbarkeit zwischen Modulen gibt, aber keine implizite Lesbarkeit. Aber in beiden Fällen liest das Modul ein anderes Modul, was bedeutet, dass das Modul von dem anderen Modul abhängt. Zum Beispiel gibt es eine durchgezogene Linie zwischen dem Modul java.transaction und dem Modul java.rmi. Das bedeutet, dass das Modul java.transaction das transitive Modul java.rmi benötigt. Es gibt auch eine gestrichelte Linie zwischen dem Modul java.xml.ws und dem Modul java.xml.ws.annotation, was bedeutet, dass das Modul java.xml.ws das Modul java.xml.ws.annotation `benötigt`. Mit anderen Worten, das Modul java.xml.ws verwendet Typen aus dem Modul java.xml.ws.annotation.

Der Graph ist hierarchisch und sauber, hat keine Zyklen und enthält keine geteilten Pakete. Er hat keine zirkulären Abhängigkeiten, weil diese nicht erlaubt sind. Das Modul java.base befindet sich ganz unten im Graphen. Es hängt von keinem anderen Modul ab. Alle anderen Module hängen direkt oder indirekt vom Modul java.base ab (nicht im Modulgraphen dargestellt aufgrund von Platzmangel). Daher gibt es Linien zum Modul

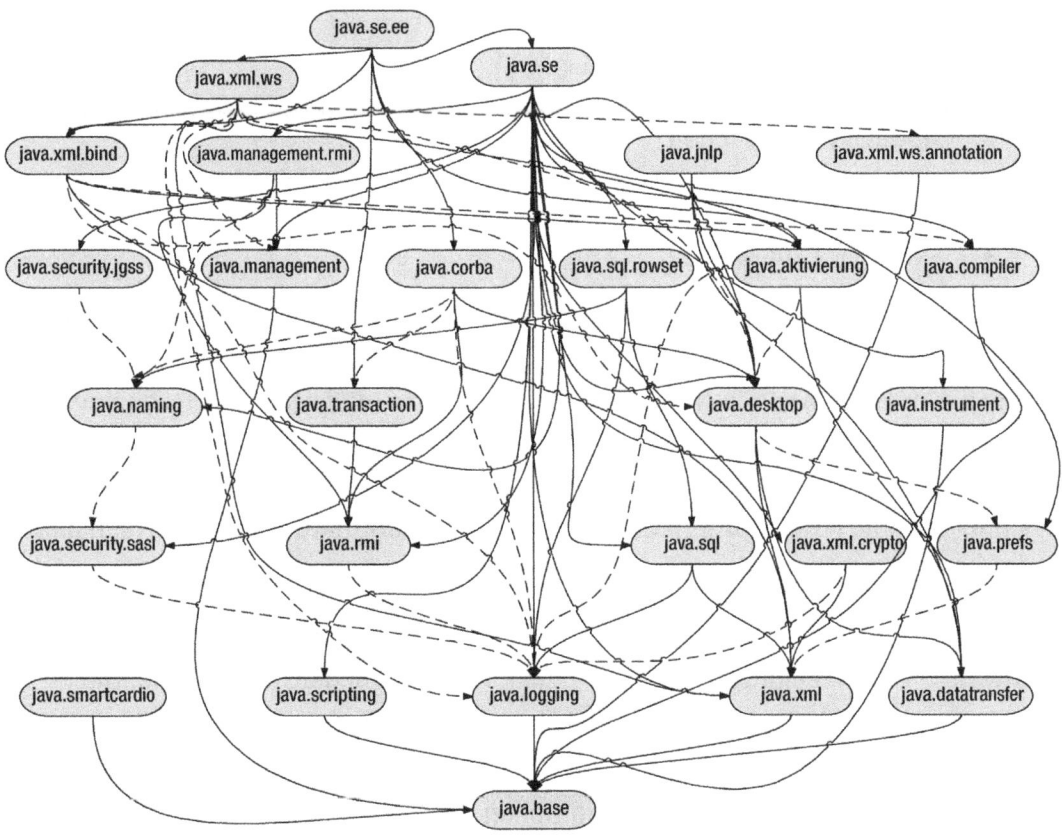

Abb. 3-1. *Ein Teil des Modulgraphen von JDK 9, der nur die Standard-SE-Module darstellt*

java.base nur für die Module, die nur java.base benötigen und sonst nichts. Für die Module, die mindestens ein weiteres Modul neben java.base benötigen, gibt es keine Linie zum Modul java.base.

Das Modul java.se.ee ist positioniert an der Spitze des Modulgraphen. Es fungiert wie ein Aggregator-Modul und besteht nicht nur aus allen Java-SE-Modulen, sondern auch aus den Modulen, die sich mit der Spezifikation von Java EE überschneiden. Das Modul java.se.ee fügt keinen eigenen Inhalt hinzu. Es hat nur einen Moduldeskriptor, der die Inhalte der folgenden Module zusammenfasst:

- Modul java.se
- Modul java.activation

- Modul java.xml.ws.annotation

- Modul java.corba

- Modul java.transaction

- Modul java.xml.bind

- Modul java.xml.ws

In Kap. 4 zeigen wir, was ein Moduldeskriptor ist. Das Modul java.se.ee besteht aus allen Java SE APIs. Im Vergleich zum Modul java.se.ee ist das Modul java.se ein Aggregator, der aus den Teilen von Java SE besteht, die sich nicht mit Java EE überschneiden. Das java.se-Modul sammelt die Inhalte der folgenden Module: java.datatransfer, java.logging, java.sql, java.instrument, java.security.jgss, java.security.sasl, java.prefs, java.xml.crypto, java.rmi, java.xml, java.naming, java.compiler, java.desktop, java.scripting, java.management.rmi, java.sql.rowset, java.management und java.base.

Hinweis   Der Modulgraph in Abb. 3-1 zeigt nur die Standard-SE-Module. Die nicht standardmäßigen SE-Module (mit Namen, die mit jdk.* beginnen), die Java-FX-Module (Namen beginnen mit javafx.*) und die Oracle-Module (Namen beginnen mit oracle.*) werden in diesem Modulgraphen nicht angezeigt.

Mehr über Module

Jetzt werden wir lernen, wie man die Beschreibung eines Moduls liest und das Modul java.base präsentiert.

Lesen Sie die Beschreibung eines Moduls

Um die gesamte Beschreibung eines Moduls zu erhalten, können wir die Befehlszeilenoption --describe-module des Java-Startprogramms verwenden, gefolgt vom Modulnamen:

```
$ java --describe-module <module_name>
```

Wenn wir die Option --describe-module auf das Modul java.naming anwenden, erhalten wir die folgende Ausgabe:

```
java.naming@9
exports javax.naming
exports javax.naming.directory
exports javax.naming.event
exports javax.naming.ldap
exports javax.naming.spi
requires java.base mandated
requires java.security.sasl
uses javax.naming.spi.InitialContextFactory
uses javax.naming.ldap.StartTlsResponse
provides java.security.Provider with sun.security.provider.certpath.ldap.
JdkLDAP
qualified exports com.sun.jndi.toolkit.ctx to jdk.naming.dns
qualified exports com.sun.jndi.toolkit.url to jdk.naming.dns jdk.naming.rmi
contains com.sun.jndi.ldap
contains com.sun.jndi.ldap.ext
contains com.sun.jndi.ldap.pool
contains com.sun.jndi.ldap.sasl
contains com.sun.jndi.toolkit.dir
contains com.sun.jndi.url.ldap
contains com.sun.jndi.url.ldaps
contains com.sun.naming.internal
contains sun.security.provider.certpath.ldap
```

Der vorhergehende Code zeigt die gesamte Information, die in der Datei module-info. java des Moduls java.naming enthalten ist. Er enthält zusätzlich die contains-Klauseln, die in der Datei module-info.java nicht angezeigt werden:

- Die Aussagen exports bedeuten, dass das Modul java.naming die Pakete javax.naming, javax.naming.directory, javax.naming.event, javax.naming.ldap und javax.naming.spi für jedes andere Modul zur Verfügung stellt, das davon abhängt (vom Modul java.naming).

- Die Aussagen requires aus dem vorhergehenden Code bedeuten, dass das Modul java.naming vom Modul java.base und auch vom Modul java.security.sasl abhängt, was bedeutet, dass die exportierten Typen in diesen beiden Modulen innerhalb des Moduls

java.naming verwendet werden. Zum Beispiel importiert die Klasse
`LDAPCertStore` aus dem Modul java.naming alle java.security
Unterpackages, die Teil des Moduls java.security.sasl sind.

- Die Aussage uses nimmt als Argument einen Typnamen, der einen
  Diensttyp darstellt. In unserem Fall verbraucht das Modul java.
  naming Instanzen von `InitialContextFactory` und
  `StartTlsResponse`.

- Die Aussage provides gibt an, dass das Modul die Implementierung
  von java.security.Provider (aus dem Modul java.base) mit sun.
  security.provider.certpath.ldap.JdkLDAP bereitstellt.

- Die Aussage `qualified exports com.sun.jndi.toolkit.url to`
  `jdk.naming.rmi` bedeutet, dass das Paket com.sun.jndi.toolkit.url
  aus dem Modul java.naming nur im Modul jdk.naming.rmi
  zugänglich sein sollte. Wenn wir uns das Modul jdk.naming.rmi
  ansehen, finden wir dort eine Klasse namens rmiUrlContext, die die
  Klasse com.sun.jndi.toolkit.url.GenericURLContext aus Modul java.
  naming importiert. Deshalb muss das Modul java.naming angeben,
  dass es das Paket an das Modul jdk.naming.rmi exportiert.

- Die `contains`-Klauseln listen alle Pakete aus dem Modul auf, die
  nicht Teil der Standard-API sind.

Kap. 4 erklärt im Detail, was die `exports`-, `requires`-, `uses`- und `provides`-Klauseln
bedeuten und wie sie verwendet werden können.

Modul java.base

Mit mehr als 5600 Klassen und einer Größe von mehr als 43 MB ist java.base eines der
größten Module des Java-Platform-Module-Systems. Jedes Modul hängt standardmäßig
von java.base ab, da das java.base-Modul am unteren Ende des Moduldiagramms liegt
und den Kern des Systems darstellt.

Das Modul java.base enthält die Kern-APIs und kapselt die Java-Laufzeit ein. Es ist
nicht zwingend erforderlich, dass ein Modul explizit erklärt, dass es vom Modul java.
base abhängt, da es automatisch davon abhängt. Die Angabe „benötigt `java.base`" ist
erlaubt, aber nicht notwendig, da der Compiler es standardmäßig sowieso einfügt.

Das Modul java.base enthält die folgenden Pakete:

- java.io
- java.lang.*
- java.math
- java.net.*
- java.nio.*
- java.security.*
- java.text.*
- java.time.*
- java.util.*
- javax.crypto.*
- javax.net.*
- javax.Sicherheit.*

Hinweis   Ich habe * verwendet, um das Paket und alle seine entsprechenden Unterpakete anzugeben.

Das Modul java.base stellt die Wurzel des Modulsystems dar, da es Klassen wie java.lang.Object, java.lang.Class, java.lang.String, java.lang.System und Reflection-Klassen wie java.lang.reflect.Constructor und java.lang.reflect.Method enthält.

Alle Java-Plattformpakete werden vom Modul java.base exportiert, was bedeutet, dass sie für alle anderen Module zugänglich sind:

```
// module-info.java (Modul java.base)
Modul java.base {
        exports java.io;
        exports java.lang;
        exports java.lang.module;
        …
        …
```

```
        exports java.text;
        exports java.time;
        exports java.util;
        exports javax.net;
}
```

Das Modul java.base, das Basismodul des Systems, hängt von keinem anderen Modul ab. Wir sagen, dass es keine Abhängigkeiten von anderen Modulen hat, was bedeutet, dass seine module-info.java-Datei keine requires-Klauseln enthält. Das Modul java.base enthält auch das neue Paket java.lang.module, das in JDK 9 eingeführt wurde und Teil der neuen Modul-API ist. Kap. 9 behandelt das Paket java.lang.module. Es ist auch wichtig zu bedenken, dass java.base kein Aggregator-Modul ist.

Es wird Situationen geben, in denen java.base das einzige Modul ist, das Sie benötigen, um eine einfache Java-Anwendung zu kompilieren und auszuführen. Wenn alle Typen, die Sie benötigen, in Paketen enthalten sind, die im Modul java.base enthalten sind, dann ist java.base alles, was Sie benötigen. Da java.base keine Abhängigkeiten von anderen Modulen hat, gibt es keine anderen Module, die zusammen mit java.base genutzt werden müssen. Dies ist ein großer Vorteil, denn vor JDK 9 mussten wir das gesamte JDK nehmen, da selbst eine einfache Klasse wie `java.lang.Object` zuvor mit einer großen Anzahl von Klassen verwendet werden musste. Ein Modul enthält auch eine neue Datei namens module-info.java, die den Moduldeskriptor darstellt, den Kap. 4 im Detail beschreibt.

Darüber hinaus enthält java.base viele JDK-interne Pakete wie jdk.internal.util, sun.io, sun.text, sun.util, com.sun.crypto.provider, com.sun.net.ssl und mehr.

Hinweis   Verwenden Sie den Java-Launcher mit der Option `--describe-module java.base`, um alle verfügbaren Informationen zum Moduldeskriptor java.base zu finden.

Wir haben gesehen, wie das JDK modularisiert wurde und wie das Moduldiagramm aussieht. Im nächsten Abschnitt erfahren Sie mehr über die Modularisierung des Quellcodes.

Modularer Quellcode

Während die Rolle von JEP 200 darin besteht, das JDK in eine Reihe von Modulen zu unterteilen, besteht die Rolle von JEP 201 nach Open JDK darin, „den Quellcode im JDK in Module zu reorganisieren, das Build-System zu verbessern, um Module zu kompilieren, und Modulgrenzen zur Build-Zeit durchzusetzen." Das Layout des Quellcodes wurde in JDK vollständig geändert und durch Module ersetzt. Der gesamte Quellcode eines Moduls befindet sich nun in einem einzigen Verzeichnis. Daher haben wir in JDK 9 ein neues Schema des Quellcodes, und das ist der Schwerpunkt dieses Abschnitts.

Neues Schema für den Quellcode

Abb. 3-2 veranschaulicht das neue Schema des Quellcodes im JDK.

Das src-Verzeichnis des JDK enthält eine Liste von Verzeichnissen, die Modulnamen repräsentieren. Jedes Modul hat sein eigenes Verzeichnis. Die Modulnamen der Verzeichnisse beginnen mit java.* oder jdk.* und repräsentieren die Namen der Module.

Jedes Modulverzeichnis enthält ein share-Verzeichnis, das aus plattformübergreifendem Quellcode besteht. Zusätzlich kann ein Modulverzeichnis auch andere Verzeichnisse enthalten, die sich auf Betriebssysteme beziehen, wie aix, linux, macosx, solaris, unix und windows. Diese Verzeichnisse enthalten Quellcode, der nur zu einem einzigen Betriebssystem gehört. Nicht alle Module enthalten alle gerade

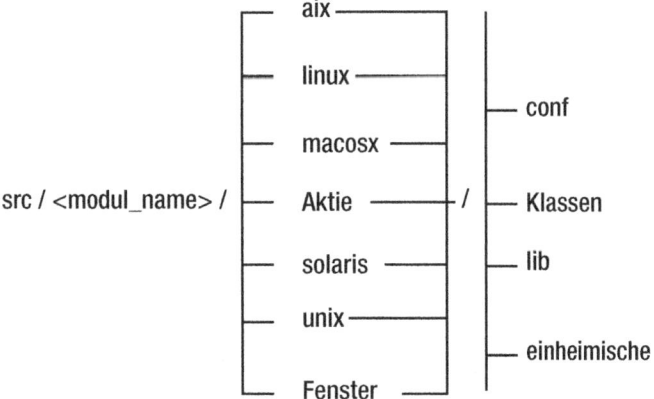

Abb. 3-2. *Neues Schema des JDK-9-Quellcodes*

aufgelisteten Betriebssystemverzeichnisse. Es gibt Module, die betriebssystem-spezifischen Quellcode für alle Betriebssysteme enthalten (wie java.base oder java.desktop) oder nur für einen Teil davon. Beispielsweise besteht das Modul java.prefs nur aus drei Betriebssystemverzeichnissen: macosx, unix und windows – das bedeutet, dass dieses Modul keinen spezifischen Quellcode für Linux oder Solaris enthält.

Hinweis   Die Aggregator-Module wie java.se.ee und java.se haben keinen betriebssystemspezifischen Quellcode, weil sie keinen Quellcode in ihren Verzeichnissen haben.

Die nächste Ebene von Verzeichnissen innerhalb eines Moduls enthält Verzeichnisse mit Namen wie classes, conf, lib, native und doc. Mit Ausnahme der conf-Verzeichnisse können die anderen vier Verzeichnisse auch in JDK 8 im share-Verzeichnis ge-funden werden.

Die classes-Verzeichnisse in JDK 9 bestehen aus Java-Quelldateien, die in Verzeichnissen gruppiert sind, die die Struktur ihrer Pakete bezeichnen. Wir möchten auf zwei Hauptunterschiede zu JDK 8 hinweisen: Erstens gibt es in JDK 9 ein classes-Verzeichnis für jedes der vorhandenen Module. Sogar die Aggregator-Module haben ein classes-Verzeichnis. Zweitens wird in JDK 9 eine module-info.java-Datei im Wurzelverzeichnis des classes-Verzeichnisses platziert. Die module-info.java-Datei repräsentiert den Moduldeskriptor und wurde in Java 9 eingeführt. Jedes Modul hat eine module-info.java-Datei in seinem classes-Verzeichnis. Das classes-Verzeichnis kann java-, javax-, jdk-, sun-, com- oder org-Verzeichnisse enthalten, abhängig von den darin enthaltenen Paketen.

Das conf-Verzeichnis enthält Konfigurationsdateien, die Eigenschaftsdateien, Sicherheitsrichtliniendateien, Richtliniendateien und so weiter sein können. Dies ist ein neues Verzeichnis, das in JDK 8 nicht existierte.

Das lib-Verzeichnis ist nur in java.base vorhanden und besteht aus der Datei default. policy in den Verzeichnissen share, solaris und windows.

Das native Verzeichnis enthält C- und C++-Quelldateien, native Klassen und Prozeduren. Es kann einige der folgenden Verzeichnisse enthalten: include, launcher, common, libfdlibm, libjava, libjimage, libjli, libnet, libnio, libverify, libzip und mehr. Laut Open JDK entsprechen die Namen der Verzeichnisse „den Namen der Shared

Libraries, in die der kompilierte Code verlinkt wird". Der include-Ordner stellt eine Ausnahme zu dieser Regel dar, da er C/C++-Header-Dateien enthält.

Hinweis   Die Verzeichnisse classes und native wurden in JDK 9 nicht umbenannt, da dies Verwirrung stiften und die Einführung von JDK 9 verlangsamen könnte.

Tab. 3-3 zeigt, wo einige der wichtigsten Klassen in Java jetzt zu finden sind.

Hinweis   Wie Sie in Tab. 3-3 sehen können, befinden sich die wichtigsten und nützlichsten Java-Klassen im Modul java.base, dem Basismodul.

Der nächste Unterabschnitt beschreibt die neue Struktur des Quellcodes in JDK 9.

Vergleich Quellcode-Struktur

Hier ist ein kurzer Vergleich zwischen der Struktur des Quellcodes in JDK 8 und JDK 9. In JDK 8 sieht die Struktur des Quellcodes so aus:

Tab. 3-3. *Standort einiger der wichtigsten Java-Klassen*

Klassenname	Standort
java.lang.Object	src / java.base / share / classes / java / lang
java.lang.String	src / java.base / share / classes / java / lang
java.lang.Exception	src / java.base / share / classes / java / lang
java.lang.Class	src / java.base / share / classes / java / lang
java.util.ArrayList	src / java.base / share / classes / java / util
java.util.Date	src / java.base / share / classes / java / util
java.io.File	src / java.base / share / classes / java / io
java.net.URL	src / java.base / share / classes / java / net
java.text.Format	src / java.base / share / classes / java / text
java.util.logging.Logger	src / java.logging / share / classes / java / util / logging
java.sql.DriverManager	src / java.sql / share / classes / java / sql

```
jdk / src / share / {back; bin; classes; demo; doc; instrument; javavm; lib;
native; npt; sample; transport}
```

In JDK 9 sieht die Struktur des Quellcodes so aus:

```
jdk / src / <module_name> / share / {classes; conf; lib; native; doc}
```

Wie Sie sehen können, wurde ein Zwischenverzeichnis mit dem Modulnamen zwischen den Verzeichnissen src und share hinzugefügt. Ein weiterer wichtiger Unterschied zwischen JDK 8 und 9 ist, dass in JDK 9 für jedes classes-Verzeichnis jedes Moduls eine module-info.java-Datei auf der Root-Ebene vorhanden ist. In JDK 9 befinden sich unter dem classes-Verzeichnis und seinen Unterverzeichnissen nur die Pakete und Klassen, die zum entsprechenden Modul gehören. In JDK 8 enthalten das classes-Verzeichnis und seine Unterverzeichnisse alle Pakete und Klassen, die die Java-Plattform bilden.

Anpassungen des Build-Prozesses

Nicht nur der Quellcode, sondern auch der Build selbst wurde um Module herum organisiert. Es gibt ein neues vorgeschlagenes Layout und neue Build-Ziele. Die während des Builds ausgegebene Ausgabe unterscheidet sich in Java 9 von früheren Versionen. Der Build wurde so geändert, dass alles als Module gebaut wird. Darüber hinaus wurden die Make-Dateien in modulspezifische Dateien aufgeteilt.

Tab. 3-4 zeigt die neue Struktur des Build-Systems in JDK 9 im Vergleich zu der, die in JDK 8 existierte.

Tab. 3-5 zeigt eine Liste von Zielbefehlen zusammen mit ihren Beschreibungen, die zum Erstellen des JDK 9 verwendet werden. Diese werden in der offiziellen JDK-9-API-Spezifikation beschrieben.

Die Möglichkeit, nur ein Modul auf einmal zu kompilieren, ist eine der wichtigsten Änderungen am Build-System. Ein Modul kann zusammen mit seinen Abhängigkeiten kompiliert werden, und die kompilierten Klassen werden in Module unterteilt. Während

Tab. 3-4. *Vergleich zwischen der Struktur des Build-Systems in JDK 8 und JDK 9*

Struktur des Build-Systems in JDK 8	Struktur des Build-Systems in JDK 9
jdk / classes / *.class	jdk / modules / <module_name> / *.class

Tab. 3-5. *Zielbefehle zum Erstellen des JDK 9*

Zielbefehl	Beschreibung
make java	Kompiliert alle Java-Klassen aus dem System
make java.sql	Kompiliert Java-Code sowie nativen Code im java.sql-Modul zusammen mit all seinen Abhängigkeiten
make java.sql-java	Kompiliert nur die Java-Klassen im java.sql-Modul zusammen mit all seinen Abhängigkeiten
make [default]	Kompiliert alles
make all	Baut alles (JARs, Dokumentationen, Bilder usw.), führt ein Verifizierungstool auf den Java-Klassen aus, das gebrochene Modulgrenzen findet
make images	Gleiche Funktionalität wie JDK 8
make hotspot	Gleiche Funktionalität wie JDK 8
make docs	Erstellt die gesamte Dokumentation
make docs-javadocs	Erstellt nur das Javadoc
make gensrc	Führt alle Schritte aus, die die Generierung von Quellcode betreffen

des Build-Prozesses können die Module, die unabhängig sind, gleichzeitig kompiliert werden. Wenn Modulgrenzen verletzt werden, wird der Build-Prozess nicht erfolgreich sein.

Das erste zu kompilierende Modul ist das Modul java.base, da es von allen anderen Modulen benötigt wird. Der Modulgraph wird in umgekehrter Reihenfolge (von unten nach oben) während der Kompilierung durchlaufen. Dies macht Sinn, weil wir durch das sukzessive Kompilieren der Module von java.base bis zur Spitze des Modulgraphen die Situation vermeiden, ein Modul zu kompilieren, das eine Abhängigkeit von einem Modul hat, das noch nicht kompiliert wurde.

Hinweis   Ein großer Vorteil der Möglichkeit, Module zu kompilieren, besteht darin, dass der Quellcode in den JAX-WS, JAXP und CORBA Repositories nun die neuen Java-Sprach-APIs verwenden kann. In den Java-Versionen vor Version 9 war das nicht möglich, weil diese Repositories vor dem JDK Repository kompiliert wurden.

Das JCP-Team hat bedeutende Änderungen am Build-System vorgenommen, damit Module unabhängig voneinander gebaut werden können. Zum Beispiel führt eine Änderung im java.logging-Modul nicht zu einem neuen Build des java.base-Moduls. Dies ist ein großer Erfolg, weil es die Produktivität steigert.

Zusammenfassung

Dieses Kapitel behandelt zwei der wichtigsten JEPs des Java-Platform-Module-System: das modulare SDK und den modularen Quellcode.

Zunächst haben wir gezeigt, wie man alle Module des Java-Laufzeitsystems mit der Befehlszeilenoption `--list-modules` auflistet. Dann gaben wir eine kurze Erklärung der Standardmodule, die Teil der Java-Platform-SE-9-API-Spezifikation sind. Wir erklärten, was die Plattformmodule sind und sprachen über die Eigenschaften der Standard- und Nicht-Standardmodule, die das Java-Platform-Module-System bilden. Wir zeigten auch den neuen JDK-Modulgraphen, der nach der Modularisierung des JDK entstand. Und wir zeigten, wie man den gesamten Inhalt des Modulbeschreibers des Moduls java. naming mit der Befehlszeilenoption `--describe-module <module_name>` erhält. Der erste Teil endete mit einer Diskussion über das Modul java.base, das wichtigste Modul des Java-Platform-Module-Systems.

Der zweite Teil des Kapitels konzentrierte sich auf die Beschreibung der Änderungen, die auf Quellcode-Ebene durch die Implementierung von JEP 201 (der modulare Quellcode) vorgenommen wurden. Wir begannen mit der Vorstellung des neuen Schemas des JDK-9-Quellcodes und beschrieben dann, wie der Quellcode in Verzeichnisse organisiert wurde und was jedes Verzeichnis repräsentiert. Wir wiesen auf die Unterschiede zwischen dem Quellcode-Layout in JDK 8 und JDK 9 hin. Das Kapitel endete mit einer Diskussion über die Art und Weise, wie das Build-System verbessert wurde, um den Anforderungen der neu eingeführten Module gerecht zu werden, die nun erstklassige Komponenten der Java-Plattform sind.

Kap. 4 erklärt, was ein Modul ist, und zeigt, wie Sie Ihre eigenen Module definieren und verwenden können.

KAPITEL 4

Definition und Verwendung von Modulen

In diesem Kapitel beginnen wir mit der Entwicklung modularer Anwendungen in Java 9 unter Verwendung einiger der Funktionen, die Project Jigsaw bietet. Wir beginnen mit der Erläuterung des neuen Konzepts eines Jigsaw-Moduls zusammen mit seiner Moduldeklaration, der Datei module-info.java. Sie lernen auch die fünf Arten von Direktiven kennen, die in der Moduldeklaration verwendet werden können: `requires`, `exports`, `uses`, `provides` und `opens`. Dann schauen wir uns das Kompilieren und Ausführen von Modulen mit JDK 9 an und dafür stellen wir den neuen Modulpfad im Detail vor.

Die in Java 9 eingeführten Änderungen in Bezug auf die Zugänglichkeit werden ebenfalls in diesem Kapitel behandelt. Sie haben einen großen Einfluss auf die Plattform, da sie sich fast vollständig von den alten Zugänglichkeitsregeln unterscheiden, die zuvor in Java galten. In Java 9 können wir mehr Arten von Modulen haben: normale Module, automatische Module, benannte Module, beobachtbare Module, offene Module und unbenannte Module. Jedes wird in diesem Kapitel kurz behandelt.

Das Konzept des Moduls

Wie Sie mittlerweile wissen, führt Java 9 eine neue Art von erstklassigen Komponenten ein, die als *Module* bezeichnet werden. Ein Jigsaw-Modul, ebenfalls ein grundlegender Bestandteil der Java-9-Plattform, stellt einen Container für Pakete dar. Es enthält Pakete, Ressourcendateien und nativen Code. Die Pakete können Java-Klassen, Aufzählungen und Schnittstellen enthalten.

Abb. 4-1 zeigt die allgemeine Struktur eines Moduls.

A. Jecan, *Die Modularität von Java 9*, https://doi.org/10.1007/978-3-662-68877-9_4

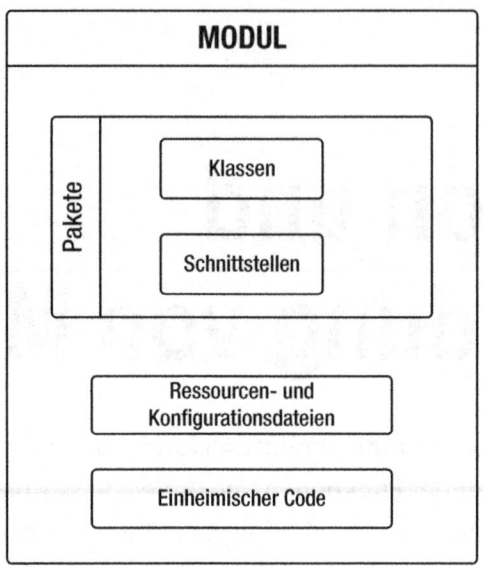

Abb. 4-1. *Allgemeine Struktur eines Moduls*

Ein Modul besteht aus den Quelldateien zusammen mit der Moduldeklaration, die durch die Datei module-info.java dargestellt wird. Hier ist eine typische Verzeichnisstruktur eines Moduls namens com.apress.moduleA:

```
src/
    com.apress.moduleA/
                        module-info.java
                        com/apress/moduleA/
                                            Main.java
                                            // andere Dateien
```

Ein Verzeichnis mit dem gleichen Namen wie der Name des Moduls befindet sich ganz oben. Darin befinden sich die Datei module-info.java sowie eine Struktur von Verzeichnissen, die das Format des Pakets darstellen. In unserem Fall hat das Paket den gleichen Namen wie der Modulname. Die .java-Dateien befinden sich in den Verzeichnissen des Pakets.

Hinweis   Es ist auch möglich, ein Modul zu definieren, das keine Quelldateien und keine Pakete außer dem Moduldeskriptor module-info.java hat.

Wir haben die Moduldeklaration module-info.java erwähnt. Im nächsten Unterabschnitt erfahren Sie mehr darüber.

Moduldeklaration

Jedes Modul hat eine Moduldeklaration, die sich in einer speziellen neuen Datei namens module-info.java befindet, die sich auf der obersten Ebene des Verzeichnisses befindet. Um ein Modul in Java 9 zu definieren, erstellen wir die Datei module-info.java und setzen darin das neue Schlüsselwort module gefolgt vom Modulnamen und der Moduldeklaration in geschweiften Klammern.

Die Deklaration eines Moduls ist einfach und unkompliziert. In diesem Beispiel wird ein Modul namens com.apress.moduleA in der Datei module-info.java deklariert:

```
module com.apress.moduleA {}
```

In diesem Fall enthält die Moduldeklaration nichts außer der Modulüberschrift. Das Modul com.apress.moduleA benötigt keine Module, exportiert keine Pakete und stellt keine Dienste bereit oder verbraucht sie.

Wie bereits erwähnt, muss jedes Modul eine Moduldeklaration haben und muss daher eine eigene Datei module-info.java enthalten. Diese Regel gilt unabhängig davon, ob es sich um ein Plattformmodul oder ein von Entwicklern erstelltes Modul handelt. Wenn die Datei module-info.java nicht vorhanden ist, behandelt der Java-Compiler den Quellcode nicht als Modul. Die Datei module-info.java wird genau wie eine Java-Datei kompiliert.

Wenn wir den Namen der Datei module-info.java in etwas anderes ändern, interpretiert der Compiler die Datei als normale Datei und nicht als Moduldeskriptor. In diesem Fall kann das Modulsystem das Modul nicht mehr erkennen.

Hinweis Um den Quellcode in ein Modul zu verschieben, ist ein Moduldeskriptor obligatorisch. Andernfalls wird der Quellcode nicht Teil eines Moduls sein.

Lassen Sie uns einige Fälle beschreiben, um zu sehen, was wir in eine Datei module-info.java einfügen können und was nicht. module-info.java kann nichts enthalten außer der Moduldefinition. Der Java-Compiler kann Syntaxfehler in der Moduldeklaration erkennen.

Wenn die Moduldeklaration nicht in der Datei module-info.java steht, wird die folgende Fehlermeldung vom Java-Compiler angezeigt und die Kompilierung schlägt fehl:

```
error: module declarations should be in a file named module-info.java
```

Eine Java-Klasse kann nicht anstelle eines Moduls in die Datei module-info.java eingefügt werden. Wenn Sie dies versuchen, schlägt die Kompilierung ebenfalls fehl:

```
error: cannot access module-info
  bad source file: src\com.apress.moduleA\module-info.java
    file does not contain module declaration
    Please remove or make sure it appears in the correct subdirectory of the
sourcepath.
```

Darüber hinaus führt der Versuch, zwei Moduldeklarationen in einer einzigen Datei module-info.java zu schreiben, ebenfalls zu einem Kompilierungsfehler. Wie wir bereits in den zuvor präsentierten Beispielen beobachtet haben, gibt der Java-Compiler konkrete Hinweise auf die Ursache und den Ort der Fehler. Auf diese Weise können wir direkt zur Codezeile gehen, die die Probleme verursacht, und eine Lösung dafür bereitstellen.

Der Moduldeskriptor module-info.java wird zusammen mit dem Quellcode kompiliert. Als Ergebnis werden .class-Dateien, einschließlich einer Datei module-info.class, generiert. Alle diese kompilierten Dateien können als modulare JAR-Datei verpackt werden (wir behandeln modulare JAR-Dateien später in diesem Kapitel). Der Compiler behandelt module-info.java wie jede andere Java-Datei und übersetzt sie in eine Datei module-info.class, die wir in eine JAR-Datei einfügen können. Das Ergebnis ist eine modulare JAR.

Hinweis   Der Name der Datei module-info.java wurde vom JCP-Team nach dem bereits existierenden Namen der Datei package-info.java gewählt. Der Compiler kann die Datei module-info.java verwenden, auch wenn sie in ihrer Namens-definition einen illegalen Java-Bezeichner (den Bindestrich) enthält.

Plattformmodule bestehen standardmäßig aus einer module-info.java-Datei. Wenn wir unser eigenes Modul erstellen, müssen wir in den meisten Fällen die Inhalte der module-info.java-Datei selbst erstellen und schreiben. Es gibt jedoch zwei Fälle, in denen wir keine module-info.java-Datei selbst schreiben:

- Wenn wir eine JAR-Datei auf den Modulpfad legen, wird automatisch eine module-info.java-Datei generiert.

- Wenn wir automatisch eine module-info.java-Datei für eine bestimmte JAR-Datei mit dem JDeps-Tool und der Option `--generate-module-info` generieren.

Machen Sie sich keine Sorgen, wenn Begriffe wie *Modulpfad* und *JDeps* Ihnen unbekannt sind. Sie werden später in diesem Buch herausfinden, was sie bedeuten.

Modulname

Die Angabe eines Namens für das Modul ist obligatorisch. Zwei Module innerhalb derselben Codebasis können nicht denselben Namen haben. Es ist eine gute Praxis, unsere Module genauso zu benennen, wie wir Pakete benennen: indem wir die Domainnamen in umgekehrter Reihenfolge verwenden. Der Name des Moduls könnte daher ein Präfix der Namen seiner exportierten Pakete sein, aber wir können unsere Module benennen, wie wir wollen, weil wir keine Einschränkungen hinsichtlich des Formats des Modulnamens haben. Dennoch entspricht der Name des Moduls den allgemeinen Regeln für Bezeichner in Java. Ein Modul kann denselben Namen wie eine Java-Klasse oder eine Schnittstelle haben, da die Namen der Module ihren eigenen Namensraum haben.

Hinweis   Es gibt eine Ausnahme zu der Regel: Wenn mehrere Module gleichzeitig kompiliert werden, ist es zwingend erforderlich, dass der Modulname denselben Namen hat wie das Verzeichnis, in dem sich der Moduldeskriptor module-info.java befindet.

In einer Moduldeklaration können wir insgesamt fünf Arten von Klauseln haben, die als Nächstes besprochen werden.

Fünf Arten von Klauseln

Eine Moduldeklaration kann aus bis zu fünf Arten von Klauseln bestehen:

- `requires`-Klauseln geben das Modul an, das vom aktuellen Modul benötigt wird.

- `exports`-Klauseln geben die Pakete an, die vom aktuellen Modul exportiert werden.

- `provides`-Klauseln geben die Dienstimplementierungen an, die das aktuelle Modul bereitstellt.

- `uses`-Klauseln geben die Dienste an, die das aktuelle Modul verbraucht.

- `opens`-Klauseln geben die Pakete an, die das aktuelle Modul für tiefe Reflection öffnet.

Tab. 4-1 beschreibt die Syntax dieser fünf Klauseln.

Tab. 4-1. *Die fünf Klauseln aus einem Moduldeskriptor*

Direktiven-Schlüsselwort	Beschreibung
`requires <module_name>`	Gibt an, von welchen anderen Modulen das aktuelle Modul abhängt.
`exports <package_name>` `(to <module_name> )`	Gibt an, welche Pakete aus dem aktuellen Modul außerhalb des Moduls exportiert werden. Die optionale to-Klausel listet die Module auf, an die die Pakete exportiert werden.
`opens <package_name>`	Macht das <package_name> für tiefe Reflection zur Laufzeit verfügbar.
`provides <service_name> with` `<service_name_implementation>`	Gibt an, dass das aktuelle Modul die Implementierung von <service_name> mit <service_name_implementation> bereitstellt.
`uses <service_type>`	Gibt an, dass das aktuelle Modul Instanzen von <service_type> verbraucht.

In diesem Kapitel werden nur die ersten drei Klauseln behandelt: requires, exports und opens. Die letzten beiden, provides und uses, werden in Kap. 6 behandelt, da sie sich auf Dienste beziehen.

Lassen Sie uns fortfahren, indem wir die am häufigsten in einer Moduldeklaration verwendeten Klauseln im Detail untersuchen: die requires-Klausel und die exports-Klausel.

Die requires-Klausel

Die requires-Klausel wird innerhalb der Moduldeklaration (module-info.java) verwendet, um das Modul auszudrücken, das das aktuelle Modul benötigt, um seine Abhängigkeiten zu erfüllen. Sie wird verwendet, um die Abhängigkeiten des Moduls auszudrücken.

Abb. 4-2 zeigt die Syntax der requires-Klausel.

Die Syntax ist einfach und prägnant. Die requires-Direktive gibt den Namen des Moduls an, von dem es abhängt, gefolgt von einem Semikolon. Innerhalb der geschweiften Klammern der Moduldeklaration können wir eine oder mehrere requires-Klauseln setzen, jede von ihnen gefolgt von dem Namen des Moduls.

Im folgenden Beispiel benötigt das Modul com.apress.moduleA zwei Module, das Modul com.apress.moduleB und das Modul com.apress.moduleC:

```
module com.apress.moduleA {
        requires com.apress.moduleB;
        requires com.apress.moduleC;
}
```

In diesem Beispiel werden zwei Abhängigkeiten mit den requires-Klauseln ausgedrückt. Das Modul com.apress.moduleA hat eine Abhängigkeit von dem Modul

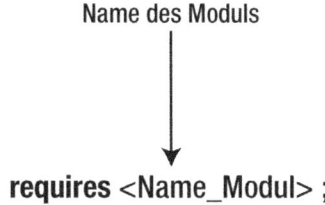

Abb. 4-2. *Syntax der requires-Klausel*

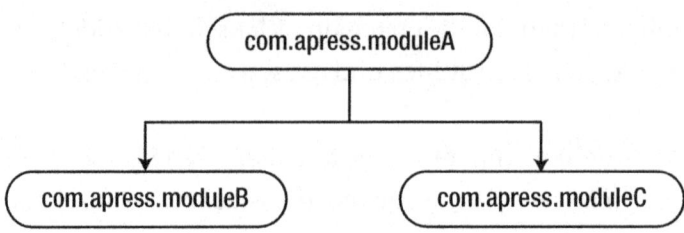

Abb. 4-3. *Moduldiagramm, das die Abhängigkeiten zwischen den drei Modulen ausdrückt*

com.apress.moduleB und hat auch eine Abhängigkeit von dem Modul com.apress.moduleC. In diesem Fall sagen wir, dass das Modul com.apress.moduleA das Modul com.apress.moduleB und das Modul com.apress.moduleC benötigt (oder liest).

Abb. 4-3 zeigt ein Moduldiagramm, das diese Abhängigkeiten veranschaulicht.

Im Moduldiagramm haben wir einen Pfeil vom Modul com.apress.moduleA zum Modul com.apress.moduleB und auch einen Pfeil zum Modul com.apress.moduleC. Es gibt keinen Pfeil zwischen dem Modul com.apress.moduleB und dem Modul com.apress.moduleC, weil diese beiden Module keine Abhängigkeiten untereinander haben. Die Richtung des Pfeils ist eindeutig: von com.apress.moduleA zu com.apress.moduleB, weil das Modul com.apress.moduleA das Modul com.apress.moduleB liest und nicht umgekehrt.

Was bedeutet es, dass das Modul com.apress.moduleA eine Abhängigkeit von dem Modul com.apress.moduleB und von dem Modul com.apress.moduleC hat? Es bedeutet, dass das Modul com.apress.moduleA Typen verwendet, die Teil des Moduls com.apress.moduleB und des Moduls com.apress.moduleC sind. Weil das Modul com.apress.moduleA Typen aus diesen Modulen verwendet, hat es Abhängigkeiten von ihnen, die explizit im Moduldeskriptor module-info.java deklariert werden müssen. Auf diese Weise weiß der Java-Compiler zur Kompilierzeit, welche Abhängigkeiten ein Modul hat und erlaubt die Kompilierung nicht, wenn eine einzige Abhängigkeit nicht erfüllt ist.

Hinweis   Im Vergleich zum Klassenpfad wird die Situation, in der eine Modul-abhängigkeit nicht erfüllt ist, direkt zur Kompilierzeit mit dem Java-9-Modulsystem erkannt. Es wäre nicht erlaubt gewesen, dass das Modul com.apress.moduleB zur gleichen Zeit zur Kompilierzeit auch das Modul com.apress.moduleA liest. Wir hätten dann eine zirkuläre Abhängigkeit gehabt, die vom Java-Compiler in JDK 9 verboten ist.

Wenn wir versuchen, das Modul com.apress.moduleA auszuführen, wird zuerst eine Auflösung durchgeführt. Eine *Auflösung* stellt einen Prozess dar, der die von einem Modul benötigten Module sucht und entdeckt. Alle auf dem Hostsystem gefundenen Module werden durchsucht, und die gefundenen Module werden erneut auf Abhängigkeiten durchsucht. Dieser Prozess setzt sich fort und läuft, bis jedes benötigte Modul abgedeckt ist und bis jede Abhängigkeit jedes benötigten Moduls gelöst ist. In unserem Fall ist die Auflösung einfach, weil das Modul com.apress.moduleA nur zwei Module benötigt: das Modul com.apress.moduleB und das Modul com.apress. moduleC. Wir nehmen an, dass diese letzten beiden Module keine Abhängigkeiten von anderen Modulen haben. In diesem Fall ist der Auflösungsprozess erfolgreich abgeschlossen, nachdem alle drei Module zum Moduldiagramm hinzugefügt wurden. Wenn beispielsweise das Modul com.apress.moduleB andere Abhängigkeiten gehabt hätte, wären diese aufgelöst und ebenfalls zum Moduldiagramm hinzugefügt worden. Das Ergebnis des Auflösungsprozesses enthält alle für die Kompilierung und Ausführung des Root-Moduls com.apress.moduleA erforderlichen Daten.

Jedes Modul benötigt implizit java.base, wie wir bereits wissen. Die Angabe von `requires java.base` im Moduldeskriptor ist unnötig, weil das Modul java.base standardmäßig von jedem Modul benötigt wird. Das Modul java.base wird immer ganz unten im Moduldiagramm platziert sein, weil jedes Modul davon abhängt. Abb. 4-4 zeigt das vorherige Moduldiagramm mit dem Modul java.base am unteren Rand.

Wenn ein Moduldeskriptor keine `requires`-Klauseln enthält, hat das Modul keine Abhängigkeit von irgendeinem Modul außer vom Modul java.base. Das Modul java.base hat keine `requires`-Direktiven, weil es von keinem anderen Modul abhängt.

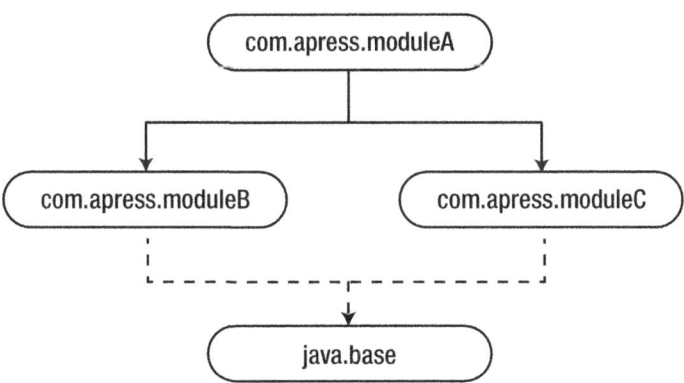

Abb. 4-4. *Moduldiagramm, das die Abhängigkeiten zwischen Modulen ausdrückt, einschließlich des Moduls java.base*

Bis jetzt haben wir uns nur die positiven Fälle angesehen. Lassen Sie uns auch einige Fälle untersuchen, in denen etwas schiefgeht und die Kompilierung fehlschlägt. Die Kompilierung wird fehlschlagen, wenn das Modul, das in der `requires`-Klausel verwendet wird, nicht gefunden wird. Die folgende Moduldeklaration besagt, dass sie das Modul com.apress.moduleB benötigt, aber wenn dieses Modul nicht definiert wurde, wird die Kompilierung von com.apress.moduleA einen Fehler ergeben, weil seine Abhängigkeiten nicht erfüllt werden können:

```
module com.apress.moduleA {
        requires com.apress.moduleB;
}
```

Wir sagen, dass ein Modul nicht definiert ist, wenn es keine module-info.java-Datei hat oder wenn seine module-info.java-Datei nicht den richtigen Namen des Moduls enthält. Im vorherigen Beispiel führt die Ausgabe der Kompilierung des Moduls com. apress.moduleA zu einem Fehler:

```
error: module not found: com.apress.moduleB
```

Wir erhalten die gleichen Ergebnisse, wenn wir einen qualifizierten Export zu einem Modul haben, das nicht gefunden wird.

Schleifen in Moduldeklarationen sind nicht erlaubt, wie im folgenden Beispiel:

```
module com.apress.moduleA {
        requires com.apress.moduleA;
}
```

Diese Moduldeklaration hat eine zyklische Abhängigkeit und führt zu einem Kompilierungsfehler:

```
error: cyclic dependence involving com.apress.moduleA requires com.apress.moduleA
```

Hinweis   Zyklische Abhängigkeiten sind vom Modulsystem zur Kompilierzeit nicht zulässig.

Auflistung 4-1 zeigt ein Beispiel für eine einfache zirkuläre Abhängigkeit zwischen drei Modulen.

Auflistung 4-1. Definition von drei Moduldeskriptoren für drei verschiedene Module

```
// module-info.java (module com.apress.moduleA)
module com.apress.moduleA {
        requires com.apress.moduleB;
}

// module-info.java (module com.apress.moduleB)
module com.apress.moduleB {
        requires com.apress.moduleC;
}

// module-info.java (module com.apress.moduleC)
module com.apress.moduleC {
        requires com.apress.moduleA;
}
```

Eine zirkuläre Abhängigkeit liegt vor, weil folgende Bedingungen erfüllt sind:

- Modul com.apress.moduleA hängt von Modul com.apress. moduleB ab.

- Modul com.apress.moduleB hängt von Modul com.apress. moduleC ab.

- Modul com.apress.moduleC hängt von Modul com.apress. moduleA ab.

Die Kompilierung dieser drei Module schlägt fehl, weil sie denselben zyklischen Abhängigkeitsfehler wie im vorherigen Beispiel erzeugt.

Jede requires-Anweisung darf nur einen Modulnamen enthalten. Es können nicht zwei Modulnamen mit einem Komma in einer einzigen requires-Anweisung aufgeführt werden. In diesem Fall erhalten wir einen Fehler während der Kompilierung. Es ist auch verboten, zwei requires-Anweisungen in derselben Moduldeklaration zu duplizieren. Die Fehlermeldung bei der Kompilierung wäre dann wie folgt:

```
error: duplicate requires: <module_name>
```

Was passiert, wenn ein Modul von einem anderen Modul abhängt, diese Abhängigkeit aber nicht in seinem Moduldeskriptor deklariert? Im nächsten Beispiel zeigt der Deskriptor für das Modul com.apress.moduleA, dass es kein anderes Modul benötigt. Auflistung 4-2 zeigt den Moduldeskriptor dieses Moduls:

Auflistung 4-2. Der Moduldeskriptor des Moduls com.apress.moduleA

```
// module-info.java
module com.apress.moduleA {

}
```

In Auflistung 4-3 enthält das Modul com.apress.moduleA eine Klasse namens Main, die Typen aus dem Modul com.apress.moduleB importiert und verwendet.

Auflistung 4-3. Die Main-Klasse des Moduls com.apress.moduleA

```
// Main.java (module com.apress.moduleA)
package com.apress.moduleA;
import com.apress.moduleB.*;

public class Main {
        public static void main(String[] args) {
                Employee employee = new Employee("John", "Albert");
                System.out.println("Vorname ist : " + employee.getFirstName());
                System.out.println("Nachname ist : " + employee.getLastName());
        }
}
```

Auflistung 4-4 definiert das Modul com.apress.moduleB, das eine leere Moduldeklaration hat.

Auflistung 4-4. Der Moduldeskriptor des Moduls com.apress.moduleB

```
// module-info.java
module com.apress.moduleB {

}
```

Auflistung 4-5 definiert eine POJO-Klasse als Teil des Moduls com.apress.moduleB.

Auflistung 4-5. Klasse Employee aus dem Modul com.apress.moduleB

```
// Employee.java (module com.apress.moduleB)
package com.apress.moduleB;
public class Employee {

        private String firstName;
        private String lastName;

        public Employee() {
        }
        public Employee(String firstName, String lastName) {
                this.firstName = firstName;
                this.lastName = lastName;
        }
        public String getFirstName() {
                return firstName;
        }
        public String getLastName() {
                return lastName;
        }
}
```

Wir kompilieren alle .java Dateien aus beiden Modulen gleichzeitig mit dem folgenden Befehl:

```
javac -d output --module-source-path src $(find  . -name "*.java")
```

Hinweis   Diese Kompilierung erfolgt mit Cygwin in Windows. Cygwin ist eine Unix-ähnliche Befehlszeilenschnittstelle, die in Windows läuft. In diesem Buch werden alle Operationen mit Cygwin durchgeführt.

Für die Kompilierung verwenden wir die --module-source-path-Befehlszeilenoption, um javac den Speicherort des Quellcodes der Module anzugeben. In unserem Beispiel definiert die Option --module-source-path src, dass die Unterverzeichnisse des src-Verzeichnisses den Code für verschiedene Module enthalten.

77

Die Kompilierung schlägt fehl, und wir werden informiert, dass das Paket com. apress.moduleB nicht existiert:

```
.\src\com.apress.moduleA\com\apress\moduleA\Main.java:3: error: package com.
apress.moduleB
does not exist
import com.apress.moduleB.*;
^
.\src\com.apress.moduleA\com\apress\moduleA\Main.java:8: error: cannot find
symbol
            Employee employee = new Employee("John", "Albert");
            ^
  symbol:   class Employee
  location: class Main
.\src\com.apress.moduleA\com\apress\moduleA\Main.java:8: error: cannot find
symbol
            Employee employee = new Employee("John", "Albert");
                                    ^
  symbol:   class Employee
  location: class Main
3 errors
```

Das Modul com.apress.moduleA hat eine leere Moduldeklaration. Es benötigt kein anderes Modul, daher kann es gemäß dem in Jigsaw eingeführten starken Kapselungsmechanismus nicht auf Typen aus anderen Modulen zugreifen. Deshalb führt der Versuch, auf Typen aus dem Modul com.apress.moduleB innerhalb von com. apress.moduleA zuzugreifen, zu einem Kompilierungsfehler.

Hinweis   Den Quellcode für dieses Beispiel finden Sie im Verzeichnis /ch04/requi-resClause.

Lassen Sie uns module-info.java des Moduls com.apress.moduleA bearbeiten und die Abhängigkeit zum Modul com.apress.moduleB hinzufügen. Auflistung 4-6 zeigt seinen neuen Moduldeskriptor.

Auflistung 4-6. Der Moduldeskriptor des Moduls com.apress.moduleA

```
// module-info.java
module com.apress.moduleA {
        requires com.apress.moduleB;
}
```

Jetzt versuchen wir, den Quellcode erneut mit den gleichen Optionen zu kompilieren. Leider genau der gleiche Kompilierungsfehler wie zuvor. Das liegt daran, dass es in Java 9 nicht ausreicht, anzugeben, dass ein Modul ein anderes Modul benötigt, um auf Typen aus diesem Modul zugreifen zu können.

Zusätzlich muss das zweite Modul einige seiner Typen exportieren, um sie für die Module, die von ihm abhängen, zugänglich zu machen. In unserem Fall müssen wir für eine erfolgreiche Kompilierung module-info.java des Moduls com.apress.moduleB ändern und angeben, dass es alle Typen aus dem Paket com.apress.moduleB exportiert. Auflistung 4-7 zeigt die neue Definition seiner module-info.java-Datei.

Auflistung 4-7. Der Moduldeskriptor des Moduls com.apress.moduleB

```
// module-info.java
module com.apress.moduleB {
        exports com.apress.moduleB;
}
```

Zusammenfassend haben wir bisher gelernt, wie man Abhängigkeiten von anderen Modulen mit der requires-Klausel definiert. Die Eigenschaft eines Moduls, die Module anzugeben, die es benötigt, bildet die Grundlage für eine zuverlässige Konfiguration. Bisher haben wir nur die einfache Form der requires-Klausel verwendet. Daher kann die requires-Klausel auch das `static`-Schlüsselwort sowie das `transitive`-Schlüsselwort enthalten. Wir erklären die requires-`transitive`-Klausel später im Abschnitt „Zugänglichkeit".

Die requires-static-`myModule`-Klausel gibt an, dass das Modul myModule nur zur Kompilierzeit vorhanden sein sollte. Zur Laufzeit ist seine Anwesenheit nicht obligatorisch. Auf diese Weise müssen wir eine Kompilierzeitabhängigkeit haben, aber keine Laufzeitabhängigkeit.

Lassen Sie uns herausfinden, wie ein Modul ausdrücken kann, dass es seine Pakete für andere Module, die von ihm abhängen, verfügbar macht. Der nächste Abschnitt erklärt, wie die `exports`-Klausel in der Moduldeklaration verwendet werden kann.

Die exports-Klausel

Die exports-Klausel hat die Aufgabe, ein Paket zur Kompilierzeit sowie zur Laufzeit zu exportieren. Sie ermöglicht es einem Modul zu spezifizieren, welche Pakete es exportiert. Nur ein exportiertes Paket kann anderen Modulen zur Verfügung stehen, vorausgesetzt, dass die anderen Bedingungen bezüglich zuverlässiger Konfiguration erfüllt sind. Das Gegenteil ist auch wahr. Ein Paket, das nicht exportiert wird, steht für keine anderen Modulen zur Verfügung.

Hinweis   Ein Modul exportiert standardmäßig kein Paket. Das bedeutet, dass standardmäßig kein Paket aus dem aktuellen Modul anderen Modulen zum Zugriff zur Verfügung steht.

Die exports-Klausel wird im Moduldeskriptor mit dem Schlüsselwort exports gefolgt vom Paketnamen angegeben. Es ist verboten, Pakete oder Module mit einem Komma zu trennen. Für jedes Paket muss eine separate exports-Klausel existieren.

Abb. 4-5 zeigt die Syntax der exports-Klausel.

Ähnlich wie die requires-Klausel hat die exports-Klausel einige Einschränkungen. Zum Beispiel ist es nicht erlaubt, die exports-Anweisungen innerhalb der Moduldeklaration zu duplizieren. Dies führt zu einem Kompilierungsfehler:

```
error: duplicate export: <module_name>
```

Wir nehmen an, dass das Modul com.apress.moduleB zwei seiner Pakete, com.apress.moduleB.packageB1 und com.apress.moduleB.packageB2, anderen Modulen zur Verfügung stellen möchte, die diese benötigen. In diesem Fall sagen wir, dass das Modul com.apress.moduleB diese Pakete exportiert. Listing 4-8 veranschaulicht dies in seiner Moduldeklaration.

Abb. 4-5.   *Syntax der exports-Klausel*

Listing 4-8. Die module-info.java des Moduls com.apress.moduleB

```
module com.apress.moduleB {
        exports com.apress.moduleB.packageB1;
        exports com.apress.moduleB.packageB2;
}
```

Listing 4-9 besagt, dass das Modul com.apress.moduleC ebenfalls ein Paket namens com.apress.moduleC.packageC1 exportiert.

Listing 4-9. Der Moduldeskriptor des Moduls com.apress.moduleC

```
module com.apress.moduleC {
        exports com.apress.moduleC.packageC1;
}
```

Im folgenden Moduldiagramm hat das Modul com.apress.moduleB zwei Pakete, die beide exportiert werden. Das Modul com.apress.moduleC besteht ebenfalls aus zwei Paketen, aber nur eines wird laut seiner Moduldefinition exportiert. Das Paket com. apress.moduleC.packageC2 wird nicht exportiert und wird daher nie außerhalb des Moduls com.apress.moduleC zugänglich sein. Jedes andere Modul, das versucht, das Paket com.apress.moduleC.packageC2 zu nutzen, wird nicht nur scheitern, es wird auch nicht erfolgreich kompiliert.

Abb. 4-6 zeigt eine neue erweiterte Art des Moduldiagramms, in dem wir auch die Pakete eingefügt haben, die das Modul enthält. Die Pakete com.apress.moduleB. packageB1, com.apress.moduleB.packageB2 und com.apress.moduleC. packageC1 werden exportiert, und das Paket com.apress.moduleC.packageC2 wird nicht exportiert.

Das Modul com.apress.moduleA kann aus folgenden Gründen erfolgreich auf Typen in beiden Paketen packageB1 und packageB2 zugreifen:

- Es liest das Modul com.apress.moduleB.

- Die Pakete packageB1 und packageB2 werden vom Modul com. apress.moduleB exportiert.

Wenn jedoch ein neues Paket in das Modul com.apress.moduleB eingefügt würde, wäre es nicht für das Modul com.apress.moduleA zugänglich, es sei denn, es würde in

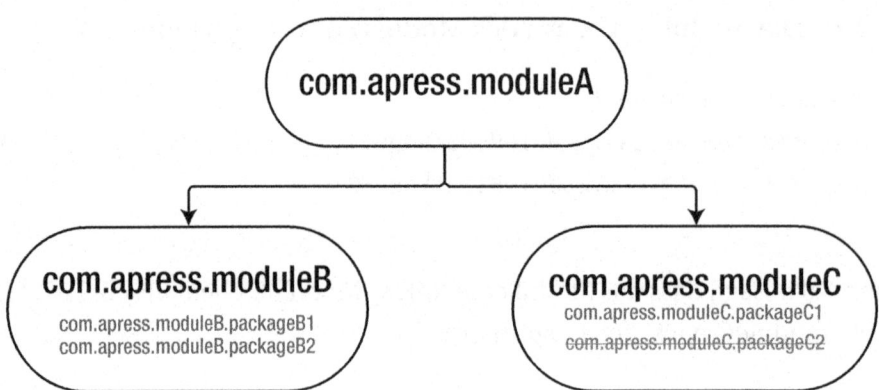

Abb. 4-6. *Moduldiagramm, das zeigt, welche Pakete exportiert werden und welche nicht*

der Modulbeschreibung des Moduls com.apress.moduleB als exportiert deklariert. Das Modul com.apress.moduleA kann auf Typen von com.apress.moduleC zugreifen, aber nur aus dem Paket packageC1, da dies das einzige Paket ist, das vom Modul com.apress.moduleC exportiert wird. Das Paket packageC2 wird nicht exportiert und kann daher nicht vom Modul com.apress.moduleA zugegriffen werden.

Wir haben bisher gelernt, wie man eine Moduldeklarationsdatei einrichtet und wie man die requires- und exports-Klauseln verwendet. Listing 4-10 präsentiert ein einfaches Modul mit den beiden Klauseln requires und exports.

Listing 4-10. Der Moduldeskriptor des Moduls com.apress.moduleA mit den beiden Klauseln requires und exports

```
module com.apress.moduleA {
    requires com.apress.moduleB;
    exports com.apress.moduleA.packageP1;
}
```

In diesem Beispiel haben wir ein Modul namens com.apress.moduleA definiert, das von einem anderen Modul namens com.apress.moduleB abhängt und auch das Paket namens com.apress.moduleA.packageP1 exportiert.

Die opens-Klausel

Bis jetzt haben wir gesehen, wie wir eine starke Kapselung mit der exports-Direktive erreichen können. Aber was passiert, wenn wir auf einige Typen mit Hilfe von Reflection zugreifen müssen?

Hinweis Die gerade gezeigte exports-Klausel erlaubt es nicht, dass ihre nicht-öffentlichen Typen durch tiefe Reflection zugänglich werden.

Es gibt zwei verschiedene Situationen für die Verwendung von Reflection in Java 9:

- Code im unbenannten Modul (dem Klassenpfad) kann auf Code in allen benannten Modulen mit Hilfe von Reflection zugreifen. Dies ist möglich durch ein Flag namens --illegal-access, das standardmäßig gesetzt ist und vom JCP-Team hinzugefügt wurde, um die Migration zu erleichtern. Viele Frameworks wie Hibernate und JPA benötigen reflektiven Zugriff auf Code in benannten Modulen. Diese Frameworks befinden sich in der Regel auf dem Klassenpfad. Kap. 8 diskutiert das --illegal-access-Flag im Detail.

- Code in einem benannten Modul kann keinen Code in anderen benannten Modulen mit Hilfe von Reflection zugreifen.

Hier kommt die neue opens-Klausel und die Kommandozeilenoption --add-opens ins Spiel.

Um dieses Problem zu lösen, wurde eine neue Direktive namens opens eingeführt. Ihre Aufgabe ist es, reflektiven Zugriff auf die als Parameter übergebenen Typen zu ermöglichen.

Hinweis Es wird nicht empfohlen, opens zu verwenden, um ein Paket zu exportieren, das eine interne Implementierung hat. Dies würde die interne Implementierung freilegen und die Regeln der starken Kapselung brechen.

Abb. 4-7 veranschaulicht die Syntax der opens-Klausel.

Name des Pakets

↓

opens <Paketname> ;

Abb. 4-7.   *Die Syntax der opens-Klausel*

Die opens-Klausel ist eine weitere Klausel, die in einem Moduldeskriptor existieren kann, neben den requires- und exports-Klauseln, die früher in diesem Kapitel besprochen wurden. Die opens-Klausel wird innerhalb der Moduldeklaration verwendet, um die Pakete zu definieren, die zur Laufzeit für alle Module für tiefe Reflection verfügbar sind. Daher sind sowohl die öffentlichen als auch die privaten Typen des Pakets durch Code in anderen Modulen mit Hilfe von tiefer Reflection zugänglich.

Hinweis   Pakete innerhalb eines Moduls sind standardmäßig nur durch Code in einem unbenannten Modul für tiefe Reflection verfügbar.

Die opens-Direktive kann auch qualifiziert werden, indem eine Liste von Zielmodulnamen angegeben wird, wie in Abb. 4-8 dargestellt.

Es gibt einige Eigenschaften der opens-Klauseln, die Sie kennen sollten. Erstens ist es wichtig zu wissen, dass es möglich ist, sowohl exports- als auch opens-Direktiven für dasselbe Paket zu verwenden. In diesem Fall wird das Paket für den Zugriff zur Kompilierzeit und zur Laufzeit exportiert und ist auch zur Laufzeit für tiefe Reflection verfügbar. Als Ergebnis kann auf seine öffentlichen Typen zur Kompilierzeit und zur

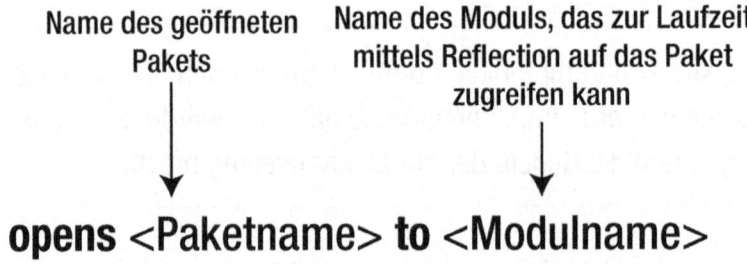

opens <Paketname> to <Modulname>

Abb. 4-8.   *Die Syntax der qualifizierten opens-Klausel*

Laufzeit zugegriffen werden, und sowohl auf seine öffentlichen als auch privaten Typen kann zur Laufzeit mit Hilfe von Reflection zugegriffen werden. Zweitens kann die opens-Direktive nicht in einem offenen Modul verwendet werden. Offene Module werden später in diesem Kapitel behandelt.

Hinweis   Die opens-Direktive kann keine Platzhalter verwenden und darf nicht mehr als ein Paket enthalten.

Andere Klauseln

Die anderen beiden Direktiven, die in einem Moduldeskriptor verwendet werden können, sind die uses- und provides-Klauseln. Diese Klauseln werden verwendet, um Dienste zu definieren (provides) und zu nutzen (uses) und werden in Kap. 6 – Dienste beschrieben.

Hinweis   Keine der fünf bereits erwähnten Direktiven (requires, exports, opens, uses, und provides) sind in einer Moduldeklaration obligatorisch. Es gibt keine Einschränkung bei der Auswahl, welche Direktive zu verwenden und welche nicht zu verwenden ist. Wir können unser eigenes Modul erstellen und jede Kombination der fünf Direktiven verwenden.

Wir haben nun die Grundlagen der Moduldeklaration gesehen. Es ist an der Zeit zu lernen, wie man modulare Anwendungen in JDK 9 kompiliert und ausführt.

Kompilieren und ausführen von Modulen

Die Kompilierung einer modularen Java-9-Anwendung unterscheidet sich von Java 8 oder 7. Alle Beispiele für das Kompilieren und Ausführen von Modulen werden in diesem Buch mit der Befehlszeile in einer Linux-ähnlichen Umgebung ausgedrückt. Dies ist jedoch eine ungewöhnliche Praxis im täglichen Arbeitsablauf. Build-Tools wie Maven oder Gradle sind weitaus produktiver, geeigneter und einfacher zu verwenden für das Kompilieren und Ausführen von Java-Anwendungen. Kap. 12 behandelt die

Integration von Java 9 mit Maven und zeigt, wie es zum Erstellen, Verpacken, Kompilieren und Ausführen von modularen Java-9-Anwendungen verwendet wird.

Kompilieren eines einzelnen Moduls

Hier ist ein sehr einfaches Beispiel für das Kompilieren eines einzelnen Moduls mit JDK 9. Angenommen, wir haben ein Modul com.apress.moduleA, das keine Abhängigkeiten hat. Es enthält eine Main.java-Datei in seinem Paket com.apress.moduleA. Die Struktur des Ordners ist wie folgt:

```
src/com.apress.moduleA/
                module-info.java
                com/
                    apress/
                            moduleA/
                                    Main.java
```

Auflistung 4-11 zeigt den Inhalt der Klasse Main. Es gibt eine Nachricht auf der Konsole aus.

Auflistung 4-11. Die Main-Klasse aus dem Modul com.apress.moduleA

```
// Main.java
package com.apress.moduleA;
public class Main {
        public static void main(String[] args) {
                System.out.println("Hier ist Java 9!");
        }
}
```

Auflistung 4-12 zeigt die module-info.java-Datei des Moduls com.apress.moduleA. Es definiert keine Klausel.

Auflistung 4-12. Der Moduldeskriptor für moduleA

```
// module-info.java
module com.apress.moduleA {
}
```

Zuerst erstellen wir das Zielverzeichnis, in das der Compiler ausgibt, mit dem Befehl mkdir:

```
mkdir -p outputDir
```

Dann verwenden wir den Java-Compiler, um die Main.java-Datei und die module-info.java-Datei zu kompilieren. Die Kompilierung erstellt eine .class-Datei für jede .java-Datei:

```
$ javac -d outputDir/com.apress.moduleA src/com.apress.moduleA/module-info.java src/com.apress.moduleA/com/apress/moduleA/Main.java
```

Der Befehl javac erhält die Dateien, die er kompilieren muss. Die Option -d gibt das Verzeichnis an, in das der Compiler ausgibt. In diesem Fall wird es in das Verzeichnis outputDir/com.apress.moduleA ausgegeben. Die letzten beiden Parameter stellen den Pfad zu den Dateien dar, die wir kompilieren möchten, module-info.java und Main.java.

Die entsprechenden Klassen-Dateien werden während der Kompilierung im als Parameter zur Option -d übergebenen Verzeichnis erzeugt. Die Kompilierung eines einzelnen Moduls erfolgt sehr ähnlich wie in Java 7 oder 8, ohne dass andere Compiler-Flags als die in den älteren Versionen von Java verwendeten benötigt werden. Im Vergleich zu Java 8 besteht der einzige Unterschied darin, dass auch module-info.java kompiliert wurde.

Hinweis   Die Moduldeklaration aus der Datei module-info.java wird zusammen mit dem restlichen Quellcode kompiliert, und eine module-info.class-Datei wird erzeugt.

Eine Anwendung mit einem einzigen Modul ausführen

Um die zuvor kompilierten Klassen auszuführen, verwenden wir den Java-Launcher mit dem folgenden Befehl:

```
$ java --module-path outputDir --module com.apress.moduleA/com.apress.moduleA.Main
```

Als Ergebnis wird der String „Here is Java9!" in der Konsole ausgegeben. Wir erkennen in der vorherigen Auflistung, dass der java-Befehl neue Flags zur Modulverwaltung verwendet. Die Option --module-path, die in Java 9 eingeführt wurde, erhält als Parameter ein Verzeichnis oder eine Liste von Verzeichnissen, die den Speicherort der bereits kompilierten Dateien enthalten. In unserem Fall befinden sich diese im Verzeichnis outputDir. Der Modulpfad wird verwendet, damit der Compiler die Module zur Laufzeit finden kann.

Die Unterschiede zwischen dem Modulpfad und dem Klassenpfad werden später in diesem Kapitel im Abschnitt „Der Modulpfad" aufgeführt.

Hinweis   Wir haben die Dateien im Dateisystem als .class-Dateien ausgepackt. Eine andere Möglichkeit wäre gewesen, sie als modulare JARs zu verpacken. Später in diesem Kapitel zeigen wir, wie das geht.

Die zweite vom Java-Launcher verwendete Option ist die Befehlszeilenoption --module. Sie wird verwendet, um die Hauptklasse und das Hauptmodul anzugeben, indem ein Parameter in Form von <module_name>/ <main_class> übergeben wird. Der Speicherort der Main-Klasse ist eine obligatorische Information, über die der java-Befehl Bescheid wissen muss.

Der Java-Launcher lädt das Root-Modul com.apress.moduleA, löst alle seine Abhängigkeiten und transitiven Abhängigkeiten durch Ausführung des Auflösungsprozesses und führt schließlich seine Main-Klasse aus, die der Option --module übergeben wurde. Am Ende wird die Nachricht in der Konsole ausgegeben.

Herzlichen Glückwunsch! Sie haben gerade gelernt, wie Sie Ihr erstes Modul in Java 9 erfolgreich kompilieren und ausführen können.

Hätten wir versucht, den java-Befehl ohne die Option --module-path auszuführen, so wie dies

```
$ java –m com.apress.moduleA/com.apress.moduleA.Main
```

wäre die folgende Fehlermeldung angezeigt worden:

```
Error occurred during initialization of VM
java.lang.module.ResolutionException: Module com.apress.moduleA not found
        at java.lang.module.Resolver.fail(java.base@9-ea/Resolver.java:796)
        at java.lang.module.Resolver.resolveRequires(java.base@9-ea/Confi-
        guration.java:370)
        at java.lang.module.Configuration.resolveRequiresAndUses(java.
        base@9-ea/
```

```
ModuleDescriptor.java:2081(
    at jdk.internal.module.ModuleBootstrap.boot(java.base@9-ea/Module-
    Bootstrap.java:263)
    at java.lang.System.initPhase2(java.base@9-ea/System.java:1925)
```

Was bedeutet dieser Fehler? Das Modul com.apress.moduleA wird nicht gefunden, weil wir dem Java-Launcher nicht den Speicherort der kompilierten Module mitgeteilt haben. Das Verzeichnis, in dem sich die kompilierten Module befinden, muss mit der Option --module-path angegeben werden. Der Java-Launcher kann die Module nicht finden, es sei denn, wir geben ihren Standort ausdrücklich an.

Mehrere Module kompilieren

Bis jetzt haben wir ein einzelnes Modul kompiliert und ausgeführt. Für die Kompilierung von zwei oder mehr Modulen wurden jedoch in Java 9 einige zusätzliche Compiler-Flags eingeführt. Im folgenden Beispiel lernen Sie, wie Sie mehrere Module gleichzeitig kompilieren.

Angenommen, wir haben insgesamt drei Module: Modul com.apress.moduleA, Modul com.apress.moduleB und Modul com.apress.moduleC. Die Struktur der Ordner für die drei Module sieht so aus:

```
src/com.apress.moduleA/
                        module-info.java
                        com/
                                apress/
                                        moduleA/
                                                Main.java
     com.apress.moduleB/
                        module-info.java
                        com/
                                apress/
                                        moduleB/
                                                ClassB1.java
                                                ClassB2.java
     com.apress.moduleC/
```

```
module-info.java
com/
        apress/
                moduleC/
                        ClassC1.java
                        ClassC2.java
```

Weiterhin nehmen wir an, dass für jedes Modul die module-info.java keine Klausel enthält. Die Auflistung 4-13 zeigt den javac-Befehl, der verwendet wird, um nur das Modul com.apress.moduleA zu kompilieren.

Auflistung 4-13. Kompilieren des Moduls com.apress.moduleA mit dem Flag --module-source-path

```
$ javac -d outputDir --module-source-path src src/com.apress.moduleA/module-
info.java src/com.apress.moduleA/com/apress/moduleA/Main.java
```

Die Kompilierung mehrerer Module gleichzeitig erfolgt mit der neuen Befehlszeilenoption --module-source-path, die in Java 9 eingeführt wurde. Sie wird verwendet, um javac über die Quellen im Verzeichnis zu informieren. In diesem Fall weisen wir den --module-source-path auf das src-Verzeichnis und geben unsere kompilierten Module im Verzeichnis outputDir aus.

Die Kompilierung erzeugt die folgenden Klassen im Verzeichnis outputDir:

```
outputDir/com.apress.moduleA/
                        com/
                            apress/
                                    moduleA/
                                            Main.class
                        module-info.class
```

Die anderen beiden Module, com.apress.moduleB und com.apress.moduleC, wurden nicht generiert, weil wir sie im javac-Befehl nicht angegeben haben. Wir haben nur das Modul com.apress.moduleA kompiliert.

Lassen Sie uns angeben, dass das Modul com.apress.moduleA eine Abhängigkeit vom Modul com.apress.moduleB und von com.apress.moduleC hat. Auflistung 4-14 zeigt die module-info.java-Datei des Moduls com.apress.moduleA, in der wir die Abhängigkeit mit der requires-Klausel definieren.

Auflistung 4-14. Der Moduldeskriptor des Moduls com.apress.moduleA

```
// module-info.java
module com.apress.moduleA {
        requires com.apress.moduleB;
        requires com.apress.moduleC;
}
```

Wenn wir den javac-Befehl aus der Auflistung 4.13 ausführen, erhalten wir die folgende Struktur des outputDir-Verzeichnisses:

```
outputDir/com.apress.moduleA/
                        com/
                                apress/
                                        moduleA/
                                                Main.class
                                module-info.class
        com.apress.moduleB/
                        module-info.class
        com.apress.moduleC/
                        module-info.class
```

Im javac-Befehl haben wir angegeben, nur die Dateien Main.java und module-info. java aus dem Modul com.apress.moduleA zu kompilieren. Aber aufgrund der Tatsache, dass das Modul com.apress.moduleA sowohl die Module com.apress.moduleB als auch com.apress.moduleC benötigt, wurden die Moduldeskriptoren von com.apress.moduleB und com.apress.moduleC ebenfalls zu Klassen-Dateien kompiliert.

Wir kompilieren alle Klassen, die mit .java enden, mit dem folgenden Befehl:

```
javac -d output --module-source-path src $(find . -name "*.java")
```

Die Option --module-source-path gibt den Ort der nicht kompilierten Dateien an. Wir suchen nach allen Dateien, die mit der Erweiterung .java enden, einschließlich des Moduldeskriptors. Alle Dateien, die mit .java aus allen Modulen enden, wurden zu .class-Dateien kompiliert. Die Struktur von outputDir wird im folgenden Code gezeigt. Sowohl Java-Klassen als auch die module-info.java-Dateien wurden zu .class-Dateien kompiliert:

```
outputDir/com.apress.moduleA/
                                com/
                                    apress/
                                           moduleA/
                                                   Main.class
                                module-info.class
            com.apress.moduleB/
                                com/
                                    apress/
                                           moduleB/
                                                   ClassB1.class
                                                   ClassB2.class
                                module-info.class
            com.apress.moduleC/
                                com/
                                    apress/
                                           moduleC/
                                                   ClassC1.class
                                                   ClassC2.class
                                module-info.class
```

Eine Anwendung mit mehreren Modulen ausführen

Um die zuvor kompilierten Klassen auszuführen, verwenden wir den Java-Launcher mit dem folgenden Befehl:

$ java --module-path outputDir --module com.apress.moduleA/com.apress.moduleA.Main

Dies ist der gleiche java-Befehl, der im vorherigen Beispiel verwendet wurde, als wir eine Anwendung ausgeführt haben, die nur aus einem Modul besteht. Aber jetzt haben wir drei Module in der Anwendung, die wir ausführen wollen, warum geben wir also nur ein einzelnes Modul an?

Die --module-Option benötigt nur den Namen des Root-Moduls. Sie muss nicht alle Module bekommen. Durch das Abrufen des Root-Moduls startet sie einen

Auflösungsprozess und findet die anderen Module entsprechend den Informationen im Moduldeskriptor.

Hinweis   Die `--module`-Befehlszeilenoption erhält als Parameter nur den Namen der `Main`-Klasse aus dem Root-Modul.

Der Auflösungsprozess beginnt mit dem Modul com.apress.moduleA und findet dann die Module com.apress.moduleB und com.apress.moduleC. Nachdem er abgeschlossen ist, wird die `Main`-Klasse des Root-Moduls ausgeführt.

In diesem Abschnitt haben wir gelernt, wie man mehrere Module mit Java 9 kompiliert und ausführt. Jetzt sehen wir uns ein Beispiel an, in dem die Kompilierung aufgrund von gebrochenen Zugriffsregeln fehlschlägt. Hier importieren wir ClassB1 und ClassB2 in Main.java. Auflistung 4-15 zeigt die `Main`-Klasse von com.apress. moduleA.

Auflistung 4-15. Die Main-Klasse

```
// Main.java
package com.apress.moduleA;
import com.apress.moduleB.ClassB1;
import com.apress.moduleC.ClassC1;
public class Main {
        public static void main(String[] args) {
                System.out.println("Hier ist Java 9!");
        }
}
```

Wir wissen aus dem vorherigen Beispiel, dass das Modul com.apress.moduleA die Module com.apress.moduleB und com.apress.moduleC benötigt. Durch das Kompilieren aller Java-Dateien

wird der folgende Fehler ausgelöst:

```
Main.java:3: error: ClassB1 is not visible because package com.apress.modu-
leB is not visible import com.apress.moduleB.ClassB1;
```

Main.java:4: error: ClassC1 is not visible because package com.apress.moduleC is not visible import com.apress.moduleC.ClassC1;

2 errors

Die Kompilierung schlägt aufgrund starker Kapselung fehl. Die Klassen ClassB1 und ClassC1 können nicht in die Main-Klasse importiert werden. Selbst wenn das Modul com.apress.moduleA die anderen beiden Module benötigt, kann es nicht auf Typen von ihnen zugreifen, weil diese Typen von diesen Modulen nicht exportiert werden. Der öffentliche Zugriffsmodifikator, der zur Definition der Klassen ClassB1 und ClassC1 verwendet wird, kann die Zugänglichkeit in Java 9 nicht mehr durchsetzen.

Um die Klassen ClassB1 und ClassC1 für die Main-Klasse verfügbar zu machen, müssen wir explizit die folgenden zwei Dinge angeben:

- Im Moduldeskriptor des Moduls com.apress.moduleB geben wir an, dass das Paket, das die ClassB1 enthält, exportiert wird.

- Im Moduldeskriptor des Moduls com.apress.moduleC geben wir an, dass das Paket, das die ClassC1 enthält, exportiert wird.

Durch diese Vorgehensweise werden alle Klassen aus dem exportierten Paket des Moduls com.apress.moduleB und aus dem exportierten Paket des Moduls com.apress.moduleC für das Modul com.apress.moduleA zugänglich sein, und die Kompilierung wird ohne Fehler erfolgreich sein.

Private vs. öffentliche Methoden

Wir erweitern unser Beispiel, um eine Methode aus einem anderen Modul aufrufen zu können. Eine private Methode kann nicht von einem anderen Modul aufgerufen werden, selbst wenn das Modul gelesen wird und die entsprechenden Typen exportiert werden.

Hinweis   Es ist wichtig zu bedenken, dass eine private Methode immer paket-privat ist.

Auflistung 4-16 zeigt die Klasse ClassB1 aus dem Paket com.apress.moduleB, die eine neue private statische Methode hat.

Auflistung 4-16. Klasse ClassB1 enthält eine private Methode

```
// ClassB1.java
package com.apress.moduleB;
public class ClassB1 {
        private static String getInfoForClassB1() {
                return "ClassB1 aus ModuleB";
        }
}
```

Auflistung 4-17 zeigt, wie die Main-Klasse aus dem Modul com.apress.moduleA die statische Methode von ClassB1 aufruft.

Auflistung 4-17. Klasse Main

```
// Main.java
package com.apress.moduleA;
import com.apress.moduleB.ClassB1;
import com.apress.moduleC.ClassC1;

public class Main {
        public static void main(String[] args) {
                System.out.println("Hier ist Java 9!");
                System.out.println(ClassB1.getInfoForClassB1());
        }
}
```

Die Kompilierung schlägt mit der folgenden Fehlermeldung fehl:

```
Main.java:10: error: getInfoForClassB1() has private access in ClassB1
```

Indem die Methode getInfoForClassB1() in ClassB1.java auf öffentlich gesetzt wird, wird die Kompilierung erfolgreich sein. Ausführen der Anwendung

```
$ java --module-path outputDir -m com.apress.moduleA/com.apress.moduleA.Main
```

führt zu folgender Ausgabe:

```
Hier ist Java 9!
ClassB1 aus ModuleB
```

In diesem Beispiel haben wir gezeigt, dass ein Zugriffsbezeichner als private den Typ unzugänglich macht, wie in den vorherigen Versionen von Java.

Wir haben gelernt, wie man modulare Anwendungen in Java 9 kompiliert und ausführt. Im nächsten Abschnitt entdecken wir die neuen modularen JAR-Dateien, die in Jigsaw eingeführt wurden.

Modulare JARs

Die modularen JARs wurden in JDK 9 eingeführt. Sie repräsentieren Modulartefakte, die kompilierte Moduldefinitionen enthalten. Ein modulares JAR ähnelt einem regulären JAR und enthält .class-Dateien sowie eine module-info.class-Datei. Der Unterschied zwischen einem modularen JAR und einem regulären JAR besteht nur in der module-info.class, die ein modulares JAR zusätzlich hat.

Die Datei module-info.class liegt in einem modularen JAR auf der obersten Ebene seines Verzeichnisses. Jedes modulare JAR muss eine solche Datei enthalten. Wenn es das nicht tut, handelt es sich nur um eine reguläre JAR-Datei, nicht um eine modulare.

Hinweis   Die module-info.class befindet sich im Wurzelverzeichnis, innerhalb der modularen JAR-Datei. Sie befindet sich nicht innerhalb der Pakete.

Ein modulares JAR kann sowohl auf dem Modulpfad als auch auf dem Klassenpfad verwendet werden. Wenn es auf dem Klassenpfad verwendet wird, wird die Datei module-info.class nicht berücksichtigt.

Hinweis   Eine modulare JAR-Datei ist kompatibel mit älteren Versionen des JDK. Sie funktioniert als reguläre JAR-Datei auf dem Klassenpfad für alle Java-Versionen vor Java 9.

Da der Moduldeskriptor in einer module-info.class-Datei in Java 9 kompiliert wird, kann ein modulares JAR als Modul fungieren, indem es auf den Modulpfad gelegt wird.

Wenn wir das modulare JAR auf den Klassenpfad legen, wird die Datei module-info.class einfach ignoriert. Aber alle anderen Dateien des modularen JAR, mit Ausnahme der Datei module-info.class, werden berücksichtigt. Auf diese Weise wird das modulare JAR wie eine normale JAR-Datei agieren.

Es ist ein großer Vorteil, eine JAR-Datei zu haben, die entweder auf dem Klassenpfad oder auf dem Modulpfad verwendet werden kann. Wir könnten eine Bibliothek kompilieren und sie auf dem Klassenpfad für JDK 8 (oder früher) verwenden oder sie mit JDK 9+ kompilieren und sie auf dem Modulpfad verwenden.

Hinweis   Ein modulares JAR kann nur ein Modul enthalten. Es kann nicht aus mehr als einem Modul bestehen.

Die Alternative zu modularen JARs wäre, die kompilierten Module auf dem Dateisystem zu explodieren. Beide Lösungen funktionieren, aber es ist definitiv besser und geeigneter, ein einzelnes modulares JAR anstelle einer Gruppe von Dateien zu haben.

Stellen Sie sich eine Situation vor, in der der Modulpfad zwei modulare JAR-Dateien enthält, die sich im selben Verzeichnis befinden. Wenn das Modul, das Teil der ersten modularen JAR-Datei ist, denselben Namen hat wie das Modul, das Teil der zweiten modularen JAR-Datei ist, wird es einen Fehler zur Kompilierzeit geben.

Um ein modulares JAR zu erstellen, können wir das jar-Tool verwenden, das in Java 9 verbessert wurde. Wir werden später in diesem Abschnitt mehr darüber erfahren. Als Nächstes sprechen wir über die Struktur einer modularen JAR-Datei.

Struktur eines modularen JAR

Die Struktur einer modularen JAR-Datei ähnelt der einer normalen JAR-Datei, mit Ausnahme einer vorhandenen module-info.class-Datei. Hier ist ein Beispiel für eine modulare JAR-Datei:

```
META-INF/
META-INF/MANIFEST.MF
module-info.class
com/apress/moduleA/Main.class
```

```
com/apress/moduleB/ClassB1.class
com/apress/moduleB/ClassB2.class
...
```

Es gibt auch eine MANIFEST.MF-Datei im Verzeichnis META-INF. Die Datei module-info.class befindet sich im Wurzelverzeichnis. Alle unsere kompilierten .class-Dateien sind in der modularen JAR vorhanden.

Bis jetzt haben wir über modulare JAR-Dateien und ihre Struktur gelernt. Aber wie können wir eine erstellen? Die Antwort finden wir im nächsten Abschnitt, wenn wir über das Verpacken sprechen und das jar-Tool vorstellen, das zum Erstellen von modularen JAR-Dateien verwendet wird.

Verpackung

Java 9 ermöglicht es, ein Modul neben der bereits bekannten normalen JAR-Datei in einer modularen JAR-Datei, Multi-Release-JAR-Datei, JMOD-Datei oder JIMAGE-Datei zu verpacken. Die JMOD-Dateien und Multi-Release-JAR-Dateien werden in Kap. 10 besprochen. Es ist wichtig zu erwähnen, dass das Java-Platform-Module-System auf keine Weise erzwingt, dass ein Modul als modulares JAR verpackt wird.

Beginnen wir mit der Diskussion, wie wir ein Modul in einem modularen JAR verpacken können. Sie können dies mit dem jar-Tool tun, das sich im Verzeichnis JDK_HOME\bin befindet.

Verpacken als modulares JAR mit dem jar-Tool

Das jar-Tool wurde verbessert, um das neu eingeführte Konzept der Module zu unterstützen. Tab. 4-2 zeigt die neuen Optionen, die in JDK 9 zum jar-Tool hinzugefügt wurden, gemäß der offiziellen JDK-9-API-Spezifikation.

Die in Tab. 4-2 vorgestellten Optionen können verwendet werden, wenn wir modulare JARs erstellen oder wenn wir ein nicht-modulares JAR aktualisieren. Der Befehl jar --help wurde ebenfalls in JDK 9 verbessert. Er enthält detailliertere Beschreibungen zu jedem Befehl.

Mit dem jar-Tool erstellen wir eine neue modulare JAR-Datei namens moduleA.jar im lib-Verzeichnis, indem wir alles verpacken, was im modules-Verzeichnis existiert:

Tab. 4-2. *Neue Optionen zum jar-Tool in JDK 9 hinzugefügt*

Kurzformat	Langformat	Beschreibung
-d	--describe-module	Gibt den Moduldeskriptor aus
	--module-version=VERSION	Gibt die Modulversion an, wenn ein modulares JAR erstellt oder ein nicht-modulares JAR aktualisiert wird
	--hash-modules=PATTERN	Berechnet und speichert die Hashes von Modulen, die dem gegebenen Muster entsprechen und direkt oder indirekt von einem zu erstellenden modularen JAR oder von einem zu aktualisierenden nicht-modularen JAR abhängen
-p	--module-path	Gibt den Ort der Modulabhängigkeit für die Generierung des Hashs an
	--release VERSION	Legt die Dateien in ein versioniertes Verzeichnis der JAR-Datei

```
$ jar --create --file lib/moduleA.jar --main-class com.apress.moduleA.Main
-c modules
```

- Die Option --create erstellt die modulare JAR-Datei.

- Die Option --file gibt den Namen des modularen JAR an, das erstellt wird. Sie gibt auch den Ort an, an dem es erstellt wird (in unserem Fall das lib-Verzeichnis).

- Die Option --main-class setzt die Main-Klasse während des Verpackens des Moduls.

- Die Option -c gibt den Ort an, an dem sich die kompilierten Module befinden (in unserem Fall befinden sie sich im modules-Verzeichnis, das die kompilierten Klassen-Dateien für das Modul com.apress. moduleA enthält).

Hinweis   Um ein Modul als modulares JAR verpacken zu können, muss das Modul zuvor kompiliert worden sein.

Hinzufügen einer Modulversion

Beim Erstellen eines modularen JAR kann auch eine Modulversion hinzugefügt werden. Die Option `--module-version` kann während des Verpackens verwendet werden, um einige Metadaten bezüglich der Version des Moduls hinzuzufügen. Die Metadaten werden nicht zur Moduldeklaration hinzugefügt und werden nicht zur Laufzeit verarbeitet. Es ist wichtig, diese Unterscheidung zu machen.

Ausgabe des Moduldeskriptors

Der Moduldeskriptor wird mit der Befehlszeilenoption `--describe-module` des jar-Tools ausgegeben:

```
$ jar --describe-module
```

Oder einfach:

```
$ jar -d
```

Durch das Ausdrucken des Moduldeskriptors können wir sehen, was die entsprechende JAR-Datei enthält. Folgende Informationen werden angezeigt:

- Der Name des Moduls, das in der JAR-Datei enthalten ist

- Eine Liste von Modulen, von denen das in der JAR-Datei enthaltene Modul abhängt

- Der Name und das Paket der Hauptklasse

Eine wichtige Änderung ist die Einführung eines Langformats für die Spezifikation der Optionen. In Java 8 hatten wir nur das Kurzformat, das aus einem Buchstaben bestand. In Java 9 ist es möglich, sowohl das Kurz- als auch das Langformat zu verwenden, wie in Tab. 4-3 beschrieben. Es gibt jedoch Situationen, in denen es keine Entsprechung für das Langformat gibt.

Hinweis   Das Java Archive Tool, auch jar-Tool genannt, ist ein Archivierungstool, das eine JAR-Datei erstellt, indem es mehrere Dateien archiviert. Java 9 hat das jar-Tool verbessert, indem es Unterstützung für Module hinzugefügt hat.

Tab. 4-3. *Zugänglichkeitsfälle in Java 9*

Modul wird gelesen	Paket wird exportiert	Zugriffsmodifikator des Typs T	Zugänglich im anderen Modul
Ja	Ja	public	**Ja**
Ja	Ja	protected	**Nein**
Ja	Ja	(Standard)	**Nein**
Ja	Ja	private	**Nein**
Ja	Nein	public	**Nein**
Ja	Nein	protected	**Nein**
Ja	Nein	(Standard)	**Nein**
Ja	Nein	private	**Nein**
Nein	Ja	public	**Nein**
Nein	Ja	protected	**Nein**
Nein	Ja	(Standard)	**Nein**
Nein	Ja	private	**Nein**
Nein	Nein	public	**Nein**
Nein	Nein	protected	**Nein**
Nein	Nein	(Standard)	**Nein**
Nein	Nein	private	**Nein**

Der nächste Abschnitt beschreibt ein grundlegendes Feature in JDK 9: die Einführung des Modulpfads.

Der Modulpfad

Project Jigsaw führt ein neues Konzept zur Ersetzung des Klassenpfads ein: den Modulpfad, der eines der Folgenden darstellen kann:

- Ein Pfad zu einer Sequenz von Verzeichnissen, die Module enthalten

- Ein Pfad zu einer modularen JAR-Datei

- Ein Pfad zu einer JMOD-Datei

Im Gegensatz zum Modulpfad stellt der Klassenpfad eine Sequenz von JAR-Dateien dar. Der Modulpfad wird vom Compiler verwendet, um die Module zu finden und sie aufzulösen. Der Modulpfad kann mit dem Klassenpfad gemischt werden. In diesem Fall können die Klassen, die Teil der Module sind, von allem abhängen, was auf dem Klassenpfad existiert.

Jedes vorhandene Artefakt vom Modulpfad muss eine Moduldeklaration haben. Auf dem Modulpfad können wir keine Artefakte haben, die keine Moduldeklaration haben.

Hinweis   Auch wenn der Modulpfad in Java 9 eingeführt wurde, um den Klassen-pfad zu ersetzen, existiert der Klassenpfad immer noch und kann eigenständig oder in Kombination mit dem Modulpfad verwendet werden.

In Jigsaw wurden drei Arten von Modulpfaden eingeführt:

- Anwendungsmodulpfad

- Kompilierungsmodulpfad

- Upgrade-Modulpfad

Wir haben bereits mit dem Anwendungsmodulpfad und dem Kompilierungsmodulpfad gearbeitet, als wir mehrere Module kompiliert und ausgeführt haben. Die nächsten Unterabschnitte behandeln diese Arten von Modulpfaden.

Anwendungsmodulpfad

Der Anwendungsmodulpfad wird vom Java-Launcher verwendet, um das Verzeichnis zu markieren, das die Anwendungsmodule enthält. Er wird mit der neuen Befehlszeilenoption `--module-path` oder ihrer Kurzform `-p` ausgedrückt.

Abb. 4-9 zeigt die Befehlszeilensyntax des Modulpfadflags.

Verzeichnisse mit Modulen

--modul-path <Name_Verzeichnis1> : <Name_Verzeichnis2>

Abb. 4-9. *Syntax der Befehlszeilenoption --module-path*

Das Modulpfadflag erhält eine Liste von Verzeichnissen als Parameter, die durch einen Doppelpunkt getrennt sind. Es können eine unbegrenzte Anzahl von Verzeichnissen aufgelistet werden, aber zwischen jedem von ihnen muss ein Doppelpunkt stehen.

Hinweis   Im vorherigen Beispiel haben wir einen Doppelpunkt (:) zur Trennung von Verzeichnissen verwendet, aber ein Doppelpunkt wird nur für Linux-Umgebungen verwendet. Für Windows-Umgebungen müssen wir stattdessen ein Semikolon (;) verwenden.

Die Module, die in den Verzeichnissen enthalten sind, die den Modulpfad bilden, können sein:

- Verpackt als modulare JAR-Dateien.

- Explodiert als eigenständige Klassendateien.

Der Java-Launcher kann genau das Modul laden, das er vom Modulpfad benötigt, weil er diese Information aufgrund der Konfigurationen kennt, die in der Moduldeklaration existieren.

Hinweis   Der Modulpfad ermöglicht die Angabe von Modulen anstelle von JAR-Bibliotheken als Klassenpfad.

Zur Laufzeit ist es mit dem Modulpfad möglich, die verschiedenen Arten von Modulen anzugeben, die wir zusammen mit dem Projekt erstellt haben. Ein Modul kann nur an einem Ort sein. Wenn es an mehr als einem Ort ist, wird das erste Vorkommen beibehalten und die anderen Vorkommen werden nicht berücksichtigt.

Merken   Der Modulpfad kann nur Module enthalten.

Neben dem Anwendungsmodulpfad gibt es zwei weitere Arten von Modulpfaden: den Kompilierungsmodulpfad und den Upgrade-Modulpfad.

Kompilierungsmodulpfad

Der Kompilierungsmodulpfad, der Definitionen von Modulen in Quellform enthält und zusammen mit `javac` verwendet wird, wird mit der neuen Java-Option `--module-source-path` in der Befehlszeile angegeben. Er wird während der Kompilierung verwendet, um dem Java-Compiler den Ort der Module mitzuteilen, die gesucht werden müssen.

Abb. 4-10 veranschaulicht die Syntax der Befehlszeilenoption `--module-source-path`.

Das Flag `--module-source-path` gibt eine Liste von Java-Quelldateien an, die kompiliert werden sollen. Sie können nacheinander aufgelistet werden, getrennt durch ein Leerzeichen.

Hinweis   In den meisten Situationen wird die Liste der Java-Dateien riesig sein. Linux hilft Ihnen in dieser Hinsicht. Sie können `$(find. –name '*.java')` eingeben, um die gesamte Liste der Verzeichnisse mit der Erweiterung .java zu erhalten.

Im Allgemeinen können wir die Befehlszeilenoption `--module-source-path` als das Moduläquivalent der Option `--sourcepath` betrachten.

Upgrade-Modulpfad

Der Upgrade-Modulpfad wird mit der Java-Compiler-Option `--upgrade-module-path` in der Befehlszeile angegeben. Laut OpenJDK „enthält er kompilierte Definitionen von Modulen, die anstelle von upgradebaren Modulen verwendet werden sollen, die in

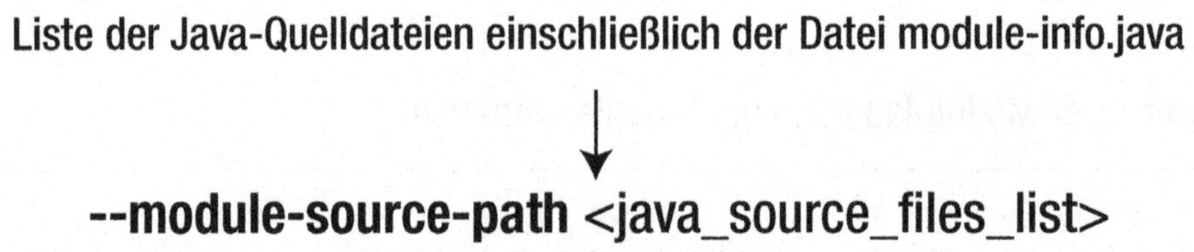

Liste der Java-Quelldateien einschließlich der Datei module-info.java

↓

--module-source-path <java_source_files_list>

Abb. 4-10. *Syntax der Befehlszeilenoption --module-source-path*

die Umgebung eingebaut sind." Der Upgrade-Modulpfad wird in diesem Buch nicht behandelt.

In diesem Abschnitt werden wir über den Modulauflösungsprozess sprechen.

Modulauflösung

Die Modulauflösung ist ein Prozess, der in Java 9 eingeführt wurde, der die Korrektheit des Modulpfads überprüft und der auch die Abhängigkeiten auflöst, die im gesamten Modulsystem bestehen. Sie findet sowohl zur Kompilierzeit als auch zur Laufzeit statt. Das Ziel des Modulauflösungsprozesses besteht darin, mit einer minimal notwendigen Menge an aufgelösten Modulen zu enden, um die Anwendung ausführen zu können.

Hinweis   Module werden während des Builds und der Installation aufgelöst. Sie sind nicht zur Laufzeit auflösbar.

Die `requires`-Klauseln aus der Moduldeklaration, die sich in der Datei module-info. java befinden, liefern dem Modulsystem wertvolle Informationen über die zu lösenden Abhängigkeiten. Diese Abhängigkeiten sind nichts anderes als Module, von denen unser aktuelles Modul abhängt. In Java 9 werden sie als *beobachtbare Module* bezeichnet, die später in diesem Kapitel im Abschnitt „Arten von Modulen" behandelt werden.

Nachdem alle beobachtbaren Module unseres aktuellen Moduls gefunden wurden, hört das Modulsystem nicht auf. Es sucht weiter nach den beobachtbaren Modulen der zuletzt gefundenen Module. Dieser Prozess setzt sich fort, bis jede Abhängigkeit jedes Moduls erfüllt ist und das Basismodul java.base erreicht ist.

Hinweis   Zur Kompilierzeit sucht Jigsaw während der Modulauflösung, ob es zyklische Abhängigkeiten gibt. Wenn es welche findet, wird die Anwendung nicht kompiliert.

Root-Modul

Das Root-Modul ist das Modul, mit dem der Auflösungsprozess beginnt. Es wird im java-Befehl mit der Option --module angegeben, wie wir in den Beispielen gesehen haben, als wir die modulare Anwendung ausgeführt haben.

Zuerst wird das Root-Modul zur Gruppe der aufgelösten Module hinzugefügt. Zweitens scannt das Modulsystem den Moduldeskriptor dieses Moduls und fügt alle Abhängigkeiten (Module) zur Gruppe der aufgelösten Module hinzu. Der Prozess setzt sich fort, und das Java-Platform-Module-System versucht, die Abhängigkeiten zu den anderen Modulen zu finden. Wenn alle gesuchten Module gefunden sind und das Modul java.base erreicht ist, stoppt der Prozess. Nachdem der Auflösungsprozess abgeschlossen ist, haben wir alle notwendigen Module, um unsere Softwareanwendung auszuführen.

In einigen Fällen befindet sich ein Modul auf dem Modulpfad, wurde aber während des Auflösungsprozesses nicht gefunden, so dass es zum Modulgraphen hinzugefügt werden kann. Hier müssen wir das Modul manuell zum Modulgraphen hinzufügen. Dies kann mit der Befehlszeilenoption --add-modules erfolgen. Wir diskutieren diese Option ausführlicher in Kap. 8.

Es ist wichtig zu wissen, dass der Modulauflösungsprozess alle Module erkennt, die eventuell fehlen könnten. Wenn ein obligatorisches Modul fehlt, stoppt der Modulauflösungsprozess und eine Ausnahme wird ausgelöst.

Hinweis Wenn wir zur Kompilierzeit einen unvollständigen Modulpfad haben, gibt der Compiler uns eine Warnung. Sowohl Plattformmodule als auch Entwicklermodule werden während des Auflösungsprozesses durchsucht.

Ein weiteres wichtiges Thema in Jigsaw ist die Zugänglichkeit, die im nächsten Abschnitt behandelt wird.

Zugänglichkeit

Die Zugänglichkeitsregeln haben sich in Java 9 grundlegend geändert. Ein als öffentlich deklarierter, aber nicht exportierter Typ ist nur innerhalb des Moduls verfügbar, in dem er sich befindet. Dies ist eine große Änderung im Vergleich zu älteren Versionen von Java. Vor Java 9 war es ausreichend zu erwähnen, dass ein Typ öffentlich ist und daher überall zugänglich war. In Java 9 bedeutet die Deklaration eines Typs als öffentlich nicht, dass er überall zugänglich sein wird.

Das einfache Lesen eines Moduls garantiert keinen Zugriff auf seine Pakete. Zusätzlich müssen Module, um zugänglich zu sein, einige ihrer Pakete exportieren. Nur die öffentlichen Typen aus den exportierten Paketen werden von einem anderen Modul zugänglich sein. Durch die Nutzung von starker Kapselung und zuverlässiger Konfiguration können wir explizit definieren, welche Typen des Moduls für den externen Zugriff verfügbar sind. Auf diese Weise können wir sehr einfach unsere Implementierungsdetails verbergen.

Das Verbergen der Implementierungsdetails wird in Java 9 zum Standard. Es wird standardmäßig erreicht – wir müssen uns nicht dafür entscheiden. Es reicht aus, einen Typ nicht zu exportieren, um diesen Typ stark zu kapseln und von außerhalb des Moduls unsichtbar zu machen. Ein Paket kann schnell von der Kraft der starken Kapselung profitieren, indem es einfach in ein Modul gelegt wird. In Java 9 können wir entscheiden, welche Typen von außen zugänglich sein sollen, indem wir sie in der Moduldeklaration auflisten. Sehr einfach und prägnant.

Zusammenfassend müssen für ein Modul A, um Paket P von Modul B zu lesen, zwei Bedingungen gleichzeitig erfüllt sein. Die erste ist, dass Modul A Modul B lesen (`requires`) sollte. Die zweite Bedingung ist, dass Modul B sein Paket P exportieren sollte.

Hinweis   In Java 9 wird die Zugänglichkeit sowohl zur Kompilierzeit als auch zur Laufzeit durchgesetzt. Ein Fehler vom Typ `IllegalAccessError` wird zur Laufzeit ausgelöst, wenn die Zugänglichkeitsregeln verletzt werden. Die Zugänglichkeitsprüfungen werden in der Java Virtual Machine durchgeführt.

In Java 9 bedeutet das einfache Setzen eines `public`-Modifiers für einen Typ nicht, dass der Zugriff gewährt wird. In den Java-Versionen vor 9 verlieh das Setzen des

Zugänglichkeitstyps `public` einem Typ globale Zugänglichkeit, aber in Java 9 müssen drei Bedingungen gleichzeitig erfüllt sein, um einen Typ namens T außerhalb des Moduls zugänglich zu machen:

- Das Paket, in dem Typ T sich befindet, muss exportiert werden.

- Das Modul, das auf Typ T zugreifen muss, muss das Modul lesen, das Typ T enthält.

- Typ T muss einen öffentlichen Bezeichner haben.

Diese Bedingungen sind in Tab. 4-3 dargestellt, die eine umfassende Liste der Fälle zeigt, in denen die Zugänglichkeit gewährt wird oder nicht:

- Die Spalte „Modul wird gelesen" hat den Wert Ja, wenn das Modul, das den Typ T enthält, von dem Modul gelesen wird, das auf den Typ T zugreifen möchte.

- Die Spalte „Paket wird exportiert" hat den Wert Ja, wenn das Modul, das den Typ T enthält, das Paket von Typ T exportiert.

- Die Spalte „Zugriffsmodifizierer des Typs T" stellt die Zugriffsmodifizierer für Typ T dar.

- Die Spalte „Zugänglich im anderen Modul" gibt Ja an, wenn der Typ T vom anderen Modul zugänglich ist, und Nein andernfalls.

Tab. 4-3 zeigt die neuen Zugänglichkeitsfälle in Java 9 zusammen mit den Ergebnissen.

Als Regel gilt, dass eine öffentliche Komponente eines exportierten Pakets von außerhalb des Moduls aufgerufen werden kann, vorausgesetzt, das Modul, das sie verwendet, liest das Ursprungsmodul. Im Gegensatz dazu ist ein öffentliches Element eines nicht exportierten Pakets nicht von außerhalb des Moduls zugänglich. Es ist standardmäßig für den gesamten Quellcode aus dem Modul, in dem es sich befindet, zugänglich, aber es wird nicht von außerhalb des Moduls zugänglich sein.

Der Java-Compiler wirft Ausnahmen, wenn wir versuchen, auf Typen zuzugreifen, die nicht zugänglich sind. Die häufigste ist eine `ClassNotFoundException`. Zur Laufzeit sind die häufigsten Fehler `IllegalAccessError` oder `InaccessibleObjectException`.

Lesbarkeit vs. implizite Lesbarkeit

Lesbarkeit ist die Beziehung zwischen zwei Modulen, die sich auf die Tatsache bezieht, dass ein Modul, das ein anderes Modul liest, auf die Typen aus seinen exportierten Paketen zugreifen kann. In diesem Fall sagen wir, dass ein Modul ein anderes Modul *liest*.

Wir haben das Thema Lesbarkeit in vorherigen Beispielen angesprochen, als wir die `requires`- und `exports`-Direktiven innerhalb einer Moduldeklaration beschrieben haben. Um das Konzept der Lesbarkeit zu wiederholen, können Sie zum Abschnitt „Moduldeklaration", Unterabschnitt „Die requires-Klausel" zurückkehren. Was wir noch nicht behandelt haben, ist das neue Konzept der impliziten Lesbarkeit.

Implizite Lesbarkeit

Implizite Lesbarkeit bezieht sich auf die Situation, wenn

- das erste Modul das zweite Modul liest,

- das zweite Modul das dritte Modul liest und

- damit das erste Modul logischerweise das dritte Modul als Ergebnis der beiden gerade erfüllten Bedingungen liest.

Angenommen, wir haben ein Modul B, das einen Typ aus einem Modul C verwendet (B liest C). Wenn ein anderes Modul A Modul B liest und Typen aus Modul C verwendet, dann sollte ohne implizite Lesbarkeit Modul A explizit angeben, dass es auch Modul C benötigt. Durch die Verwendung der impliziten Lesbarkeit ist es nicht notwendig, dies in Modul A anzugeben. Es reicht aus, in der module-info.java von Modul B „requires transitive" für die Typen aus Modul C anzugeben. Als Ergebnis wird jedes Modul, das Typen aus Modul B liest, automatisch in der Lage sein, auf die Typen aus Modul C zuzugreifen.

Abb. 4-11veranschaulicht den entsprechenden Modulgraphen der drei Module und zeigt die Lesbarkeitsbeziehungen zwischen ihnen.

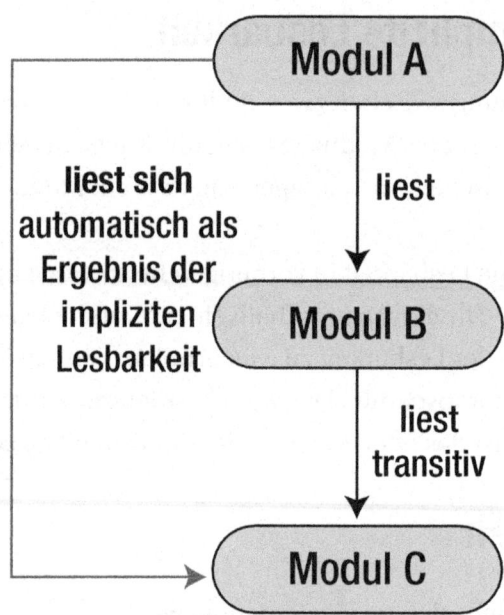

Abb. 4-11.   *Modulgraph zeigt implizite Lesbarkeit*

Listing 4-18 veranschaulicht den Moduldeskriptor von Modul A, das Modul B benötigt.

Listing 4-18.   Moduldeskriptor von Modul A

```
// module-info.java
module A {
        requires B;
}
```

Listing 4-19 zeigt den Moduldeskriptor von Modul B, das transitiv Modul C benötigt.

Listing 4-19.   Moduldeskriptor von Modul B

```
// module-info.java

module B {
        requires transitive C;
}
```

Es ist nicht notwendig, dass Modul A Modul C benötigt, weil Modul B Modul C `transitiv` benötigt. Als Ergebnis kann Modul A automatisch auf Typen aus Modul C zugreifen.

Hinweis   Implizite Lesbarkeit wird erreicht, indem die Aussage `requires transitive` in die Moduldeklaration aufgenommen wird, gefolgt von dem Namen des Moduls, von dem das aktuelle Modul abhängt.

Abb. 4-12 veranschaulicht die Syntax der Klausel `requires transitive`. Sie nimmt einen Modulnamen als Parameter.

Schauen wir uns ein Beispiel für implizite Lesbarkeit mit Plattformmodulen an, um dies besser zu verstehen. Listing 4-20 zeigt die Moduldeklaration des Plattformmoduls java.desktop, das `requires-transitive`-Klauseln definiert, um die Vorteile der impliziten Lesbarkeit zu nutzen.

Listing 4-20.   Der Moduldeskriptor von Modul java.desktop

```
// module-info.java
module java.desktop {
        requires transitive java.datatransfer;
        requires transitive java.xml;
        requires java.prefs;

        exports java.applet;
        …
}
```

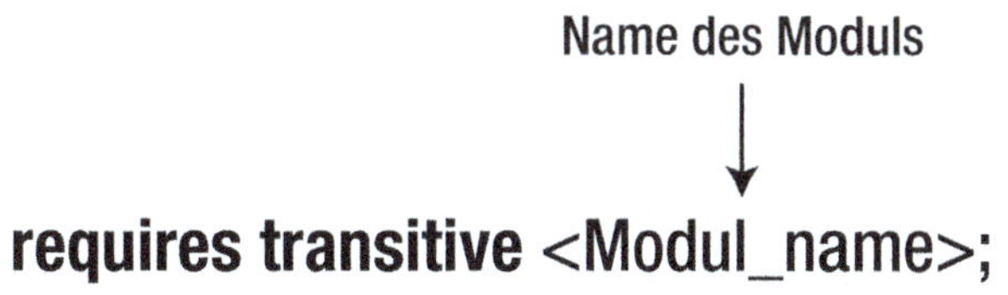

Name des Moduls
↓
requires transitive <Modul_name>;

Abb. 4-12.   *Syntax der Klausel requires transitive*

Listing 4-21 ist ein Auszug aus der Klasse DocumentHandler, die sich im Modul java. desktop im Paket com.sun.beans.decoder befindet:

Auflistung 4-21. Klasse DocumentHandler aus Modul java.desktop

```java
// jdk/src/java.desktop/share/classes/DocumentHandler.java

package com.sun.beans.decoder;

import javax.xml.parsers.ParserConfigurationException;
import javax.xml.parsers.SAXParserFactory;
...

public final class DocumentHandler extends DefaultHandler {

...

  public void parse(final InputSource input) {
        if ((this.acc == null) && (null != System.getSecurityManager())) {
            throw new SecurityException("AccessControlContext ist nicht
            gesetzt");
        }
        AccessControlContext stack = AccessController.getContext();
        SharedSecrets.getJavaSecurityAccess().doIntersectionPrivilege(new
        PrivilegedAction<Void>() {
            public Void run() {
                try {
                    SAXParserFactory.newInstance().newSAXParser().parse(in-
                    put, DocumentHandler.this);
                }
                catch (ParserConfigurationException exception) {
                    handleException(exception);
                }
                catch (SAXException wrapper) {
                    Exception exception = wrapper.getException();
                    if (exception == null) {
                        exception = wrapper;
```

```
            }
            handleException(exception);
        }
        catch (IOException exception) {
            handleException(exception);
        }
        return null;
    }
}, stack, this.acc);
    }
}
```

Wie Sie sehen können, verwendet die Klasse `DocumentHandler` aus dem Modul java.
desktop die `SaxParserFactory` aus dem Modul java.xml. Dies deutet darauf hin, dass
das Modul java.desktop einen Typ aus dem Modul java.xml verwendet, sodass eine
Lesbarkeitsbeziehung zwischen dem Modul java.desktop und dem Modul java.xml
entsteht.

Wenn wir eine Abhängigkeit zum Modul java.desktop in unserem Moduldeskriptor
hinzufügen und versuchen, die Methode `parse()` aus der `DocumentHandler` zu
verwenden, versuchen wir, auf Typen nicht nur aus dem Modul java.desktop, sondern
auch aus dem Modul java.xml zuzugreifen. Um auf die Methode aus unserem eigenen
Modul zugreifen zu können, ist es zwingend erforderlich, dass das Modul java.xml vom
Modul java.desktop transitiv benötigt wird. Auf diese Weise kann unser Modul den
impliziten Lesbarkeitsvorteil nutzen und auf die Typen aus dem Modul java.xml
zugreifen, ohne sie explizit anfordern zu müssen. Jedes Modul, das das Modul java.
desktop benötigt, benötigt automatisch die Module java.datatransfer und java.xml, da
beide im Moduldeskriptor des Moduls java.desktop vorhanden sind. Durch das
Anfordern des Moduls java.desktop erhalten wir Zugang zu den exportierten Paketen
aus den Modulen java.desktop, java.datatransfer und java.xml.

Wenn wir das Schlüsselwort `transitive` weglassen und nur die Direktive
`requires` verwenden, haben wir die Situation, dass unser Modul in der Lage ist, auf
Typen nur aus dem Modul java.desktop, aber nicht aus java.xml zuzugreifen.

Nehmen wir an, wir erstellen ein einfaches Modul namens myModule, das das
Modul java.desktop benötigt. Auflistung 4-22 zeigt den Moduldeskriptor des Moduls
myModule.

Auflistung 4-22. Moduldeskriptor des Moduls myModule

```
// module-info.java
module myModule {
        requires java.desktop;
}
```

Abb. 4-13 zeigt den Modulgraphen des Moduls myModule und drückt die Lesbarkeit zusammen mit den impliziten Lesbarkeitsbeziehungen zwischen den Modulen aus.

Wir haben folgende Situation:

- myModule benötigt java.desktop (Lesbarkeit im Graphen durch eine gestrichelte Linie dargestellt).

- Das Modul java.desktop benötigt transitiv das Modul java. datatransfer und das Modul java.xml (implizite Lesbarkeit durch eine durchgezogene Linie dargestellt).

Unser Modul myModule erhält Lesbarkeit zu den Modulen java.datatransfer und java.xml, ohne sie explizit anfordern zu müssen. Als Ergebnis kann es Typen aus diesen beiden Modulen verwenden, ohne sich um die Notwendigkeit kümmern zu müssen, die Abhängigkeiten zu ihnen spezifisch zu deklarieren.

Jetzt, da wir gelernt haben, was implizite Lesbarkeit ist, sehen wir uns an, was ein qualifizierter Export bedeutet.

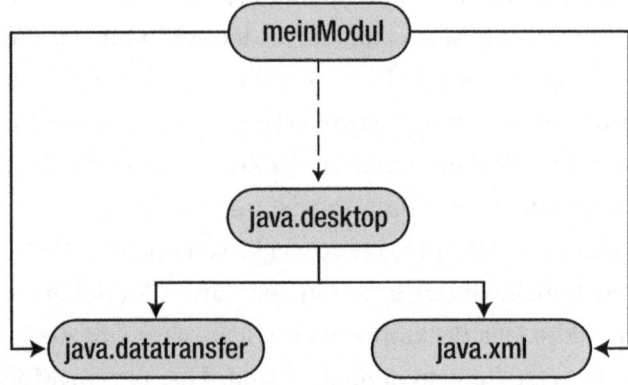

Abb. 4-13. *Der Modulgraph von myModule*

Qualifizierte Exporte

Ein Modul kann alle seine Pakete oder eine Gruppe seiner Pakete an alle Module exportieren. Die exports-Klausel wurde erweitert, um anzugeben, dass ein Modul eine Gruppe seiner Pakete nur an einen Satz benannter Module exportieren kann.

Auflistung 4-23 ist ein Auszug aus dem Moduldeskriptor des Moduls java.rmi.

Auflistung 4-23. Auszug aus dem Moduldeskriptor des Moduls java.rmi

```
// module-info.java
module java.rmi {
    …
    exports com.sun.rmi.rmid to java.base;
    exports sun.rmi.registry to
        java.management;
    exports sun.rmi.server to
        java.management,
        jdk.jconsole;
    exports sun.rmi.transport to
        java.management,
        jdk.jconsole;
}
```

Das Paket com.sun.rmi.rmid wird mit einem qualifizierten Export zum Modul java.base exportiert. Daher ist es nur innerhalb des Moduls java.base zugänglich. Die anderen Module können nicht darauf zugreifen. Nur die Module, die nach der to-Klausel angegeben sind, können auf das Paket zugreifen.

Hinweis   Ein Modul kann nicht auf ein exportiertes Paket aus einem anderen Modul zugreifen, wenn es dieses Modul nicht liest. Dies gilt auch, wenn das Paket mit einem qualifizierten Export exportiert wird.

Die Syntax, die zur Definition von qualifizierten Exporten in der Datei module-info.java verwendet wird, ist in Abb. 4-14 dargestellt.

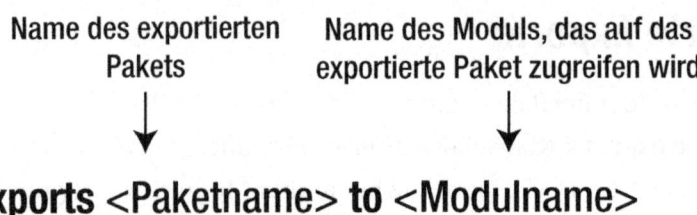

exports <Paketname> to <Modulname>

Abb. 4-14. *Syntax für qualifizierte Exporte*

Hinweis   Eine qualifizierte Exportdirektive kann mehrere Module definieren, die durch Kommas getrennt sind. Im Gegensatz dazu kann eine einfache Export-direktive nur ein Modul definieren.

Das Duplizieren der Namen der Module in einer qualifizierten Exportdeklaration ist verboten, wie in Auflistung 4-24 gezeigt.

Auflistung 4-24. Qualifizierter Export mit einem doppelten Modulnamen

```
// module-info.java (com.apress.moduleA)
module com.apress.moduleA {

}

// module-info.java (com.apress.moduleB)
module com.apress.moduleB {
        exports com.apress.moduleB to com.apress.moduleA, com.apress.
        moduleA;
}
```

In diesem Fall tritt ein Kompilierungsfehler auf:

```
Error: duplicate export: com.apress.moduleA exports com.apress.moduleB to
com.apress.moduleA, com.apress.moduleA
```

Wir haben gelernt, was die qualifizierten Exportdirektiven sind und wie sie sich von den Standard-Exportdirektiven unterscheiden. Es ist ein großer Vorteil, nur die spezifischen Module angeben zu können, die auf die Daten des Moduls zugreifen dürfen. Module sollten nicht verpflichtet sein, ihre Pakete allen vorhandenen Modulen freizugeben.

Qualifizierte Exporte sind ein großer Vorteil der starken Kapselung. Sie wurden umfangreich während des Prozesses der Modularisierung des JDK verwendet und sind in einigen module-info.java-Dateien innerhalb des JDK vorhanden.

Wir haben über Zugänglichkeit gesprochen und die Konzepte der Lesbarkeit, impliziten Lesbarkeit und qualifizierten Exporte diskutiert. Als Nächstes schauen wir uns die verschiedenen Arten von Modulen an, die in Jigsaw eingeführt wurden.

Arten von Modulen

Jigsaw definiert zwei primäre Arten von Modulen: *benannte* Module und das *unbenannte* Modul. Die benannten Module sind unterteilt in *normale* Module und *automatische* Module. Die normalen Module sind aufgeteilt in *grundlegende* Module und offene Module. Abb. 4-15 veranschaulicht die Klassifizierung der Module.

Zuerst werden wir über die benannten Module zusammen mit ihren Kindern sprechen und dann über das unbenannte Modul.

Benannte Module

Die benannten Module umfassen alle Module aus dem Modulsystem mit Ausnahme des unbenannten Moduls. Es gibt zwei wichtige Dinge, die das unbenannte Modul von den benannten unterscheiden. Erstens, das unbenannte Modul lebt auf dem Klassenpfad, während die benannten Module auf dem Modulpfad leben. Zweitens hat das unbenannte

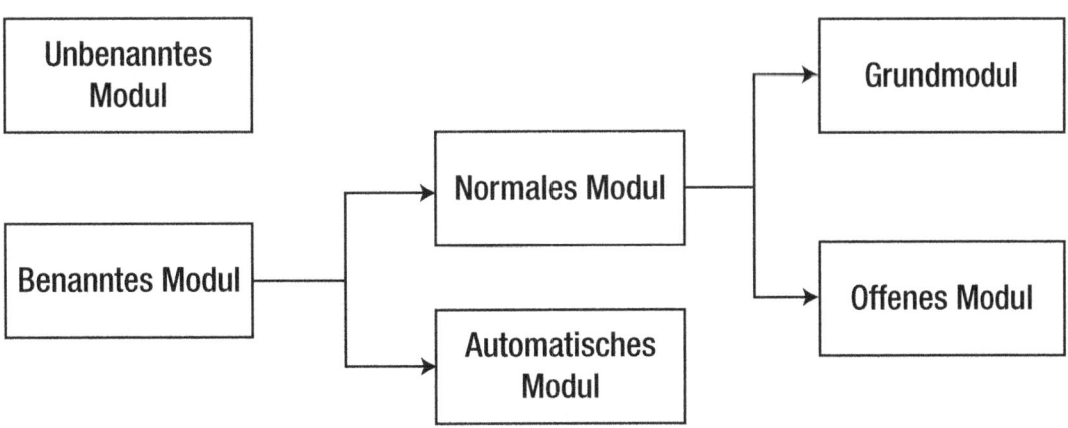

Abb. 4-15. *Die Klassifizierung der Module im JPMS*

Modul keinen Namen, während jedes benannte Modul einen Namen hat. Ein benanntes Modul kann ein normales Modul oder ein automatisches Modul sein. Benannte Module sind Module, die mit einem Namen im Moduldeskriptor module-info.java deklariert werden. Jedes Modul, das eine Deklaration der Form `module <module_name>` in seiner module-info.java hat, ist ein benanntes Modul. Dies ist die einzige Bedingung, die ein Modul erfüllen muss, um als benanntes Modul klassifiziert zu werden. Beispiele für benannte Module sind alle Plattformmodule, aber auch unsere eigenen Module können in diese Kategorie aufgenommen werden, wenn sie die einzige Bedingung, die gerade erwähnt wurde, erfüllen. Es ist möglich, eine JAR-Datei in ein benanntes Modul zu verwandeln, indem man einfach eine module-info.class-Datei hinzufügt.

Normale Module

Der Begriff „normale" Module existiert offiziell nicht. Wir verwenden diesen Begriff, um ein benanntes Modul zu definieren, das nicht automatisch ist. Der Hauptunterschied zwischen einem normalen Modul und einem automatischen besteht darin, dass ein normales Modul einen Moduldeskriptor module-info.java hat, während ein automatisches Modul dies nicht hat. Darüber hinaus wird ein normales Modul ausdrücklich von Entwicklern deklariert, die die Abhängigkeiten des Moduls im Moduldeskriptor des Moduls deklarieren. Der Moduldeskriptor eines automatischen Moduls wird nicht von Entwicklern bereitgestellt. Ein normales Modul wird mit dem Schlüsselwort `module` gefolgt vom Namen des Moduls deklariert. Alle Module, die wir bisher in diesem Kapitel vorgestellt haben, waren normale Module. Ein normales Modul exportiert standardmäßig keines seiner Pakete. Darüber hinaus müssen seine `exports`-Klauseln ausdrücklich angegeben werden. Die `exports`-Klauseln exportieren Pakete sowohl zur Kompilierzeit als auch zur Laufzeit. Ein normales Modul umfasst sowohl grundlegende Module als auch offene Module.

Automatische Module

Ein *automatisches* Modul ist ein Modul, das erstellt wird, nachdem eine JAR-Datei auf den Modulpfad gelegt wurde. Vergleicht man ein automatisches Modul mit einem normalen, ergeben sich zwei wichtige Unterschiede:

- Ein automatisches Modul erfordert standardmäßig alle vorhandenen Module aus dem System, die alle unsere eigenen Module, alle Module aus dem JDK-Image und alle anderen automatischen Module umfassen.

- Ein automatisches Modul exportiert standardmäßig alle seine Pakete.

Ein automatisches Modul kann auf Typen auf dem Klassenpfad zugreifen und ist besonders nützlich für Code von Drittanbietern. Automatische Module werden verwendet, um bestehende Anwendungen auf Java 9 zu migrieren. Kap. 8 spricht sie im Detail an.

Hinweis   Ein automatisches Modul wird nicht von uns in einem Moduldeskriptor explizit deklariert. Es wird automatisch erstellt, wenn eine JAR-Datei in den Modulpfad eingefügt wird.

Grundlegende Module

Wir nennen jedes benannte Modul, das kein offenes Modul ist, ein *grundlegendes* Modul. Der Begriff „grundlegendes" Modul existiert jedoch offiziell nicht in JDK 9. Wir verwenden ihn, um ein benanntes Modul zu definieren, das weder automatisch noch offen ist. Ein grundlegendes Modul hat die gleiche Reihe von Eigenschaften wie ein normales Modul, außer dass es nicht für tiefe Reflection geöffnet ist.

Offene Module

In einem Modul sind Pakete nicht zugänglich für Code aus einem anderen Modul zur Kompilierzeit, auch nicht bei Verwendung von tiefer Reflection. Viele Bibliotheken und Frameworks von Drittanbietern verwenden jedoch Reflection, um auf die Interna von JDK zur Laufzeit zuzugreifen. Als Ergebnis funktionieren all diese Frameworks nicht in JDK 9, es sei denn, der reflektierende Zugriff wird gewährt. In JDK 9 wird reflektierender Zugriff nur von Code in benannten Modulen auf Code vom Klassenpfad gewährt. Er wird standardmäßig nicht von Code in benannten Modulen auf Code in anderen benannten Modulen gewährt. Wenn die Bibliotheken oder Frameworks von Drittanbietern auf dem

Klassenpfad liegen, haben sie standardmäßig reflektierenden Zugriff im JDK. Wenn sie auf dem Modulpfad liegen, haben sie keinen reflektierenden Zugriff im JDK. Um jedoch reflektierenden Zugriff auf alle Pakete in einem Modul zu gewähren, sollte das Modul als offen deklariert werden.

Ein *offenes* Modul wird definiert, indem der Bezeichner open vor das Schlüsselwort module gesetzt wird, gefolgt vom Namen des Moduls.

Offene Module machen alle Pakete innerhalb des Moduls für tiefe Reflection verfügbar. Wenn wir „alle Pakete" sagen, meinen wir sowohl die öffentlichen als auch die privaten Pakete. Wir können auch zwischen der Öffnung eines gesamten Moduls für tiefe Reflection oder nur bestimmter Pakete wählen. Wenn wir Letzteres wählen, spezifizieren wir nicht ein gesamtes Modul als offen, sondern nur ein oder mehrere Pakete innerhalb des Moduls. Das Schlüsselwort open kann in der Nähe des Modulnamens oder im Moduldeskriptor platziert werden, um spezifische Pakete zu öffnen.

Hinweis   Der Grund für offene Module besteht darin, dass sie Frameworks erlauben, über die Interna des Moduls zu reflektieren, was mit grundlegenden Modulen nicht möglich ist. Frameworks wie Spring, JPA und Hibernate benötigen zur Laufzeit reflektierenden Zugriff.

Listing 4-25 definiert ein offenes Modul namens com.apress.myModule, das zwei Spring-Module, spring.tx und spring.context, benötigt.

Listing 4-25. Definition eines offenen Moduls

```
open module com.apress.myModule {
        requires spring.tx;
        requires spring.context;
        exports com.apress.myModule.myPackage;
}
```

Zwei wichtige Fakten müssen im Zusammenhang mit dem vorherigen Beispiel betont werden:

- Alle Typen aus allen Paketen des Moduls com.apress.myModule sind zur Laufzeit für tiefe Reflection verfügbar.

- Zur Kompilierzeit sind nur die öffentlichen und geschützten Typen im Paket com.apress.myModule.myPackage zugänglich.

Als Ergebnis kann das Spring-Framework die Methode setAccessible() verwenden, um auf die nicht-öffentlichen Elemente des Pakets com.apress.myModule. myPackage zuzugreifen.

Aktivierung der Kern-Reflection mit offenen Modulen

In Bezug auf die Prinzipien der starken Kapselung gibt es einige Einschränkungen in Java 9 beim Aufruf der Methode setAccessible() der Klasse java.lang.reflect. AccessibleObject. Wir können die Methode setAccessible() nicht verwenden, um private Felder oder Methoden aus anderen Modulen in unserem Modul zugänglich zu machen. Es gibt jedoch eine Lösung, um sie zugänglich zu machen: Indem das Zielmodul als offenes Modul deklariert wird.

Im folgenden Beispiel haben wir zwei Module. Die Klasse Employee aus dem Modul target enthält ein privates String-Feld namens employeeName. Wir möchten, dass dieses Feld von unserem zweiten Modul namens testReflection zugänglich gemacht wird.

Listing 4-26 zeigt die Deklaration des Moduls target, das sein Paket exportiert.

Listing 4-26. Die module-info.java des Moduls target

```
module target {
    exports target;
}
```

In der Auflistung 4-27 liest das Modul testReflection das Modul target.

Auflistung 4-27. Die module-info.java des Moduls testReflection

```
module testReflection {
    requires target;
}
```

Auflistung 4-28 zeigt die Klasse Employee aus dem Modul target, die einen privaten Typ namens employeeName enthält:

Auflistung 4-28. Definition der Klasse Employee

```
package target;

public class Employee {

    private String employeeName = null;

    public Employee(String employeeName) {
        this.employeeName = employeeName;
    }
}
```

Die Main-Klasse erstellt ein Objekt vom Typ Employee und ruft dessen Konstruktor auf, indem sie employeeName auf den Wert „John" setzt. Danach wird ein Feld-Objekt zurückgegeben, das das Feld employeeName repräsentiert, und die Methode setAccessible() mit dem Parameter true wird auf diesem Feld aufgerufen, um es im gesamten testReflection-Modul zugänglich zu machen.

Auflistung 4-29 zeigt die Main-Klasse der Anwendung.

Auflistung 4-29. Main-Klasse aus dem Paket testReflection

```
package testReflection;

import java.lang.reflect.*;
import target.*;

public class Main {

    public static void main(String[] args) {

        Employee employee = new Employee("John");
        try {
            Field  employeeField  =  Employee.class.getDeclaredField("emp-
            loyeeName");
            employeeField.setAccessible(true);
        }
        catch(NoSuchFieldException noSuchFieldException) {
```

```
        }
    }
}
```

Wir kompilieren den Code innerhalb der beiden Module und geben den Ort der kompilierten Dateien im Verzeichnis out an. Auflistung 4-30 zeigt die Verwendung der Option `--module-source-path`, um anzugeben, dass alle Dateien mit der Erweiterung `.java` auf dem Modulquellpfad liegen.

Auflistung 4-30. Kompilieren von Dateien mit dem Flag --module-source-path

```
javac -d out --module-source-path src $(find . -name "*.java")
```

Auflistung 4-31 veranschaulicht den `java`-Befehl, der verwendet wird, um die `Main`-Klasse unseres Moduls auszuführen. Wir übergeben die `Main`-Klasse an die Option `--module` und die Option `--module-path` zeigt auf das Verzeichnis out, in dem alle kompilierten Klassendateien existieren.

Auflistung 4-31. Ausführen der Main-Klasse mit der Option --module

```
$ java --module-path out --module testReflection/testReflection.Main
```

Leider wird eine Ausnahme ausgelöst, wenn wir versuchen, unsere Anwendung auszuführen, weil der Aufruf der Methode setAccessible() fehlschlägt. Daher können wir das private Feld employeeName nicht zugänglich machen.

```
Exception in Thread "main" java.lang.reflect.InaccessibleObjectException:
Unable to make field private java.lang.String target.Employee.employeeName
accessible: module target does not "opens target" to module testReflection
        at    java.base/jdk.internal.reflect.Reflection.throwInaccessibleOb-
        jectException(Reflection.java:424)
        at java.base/java.lang.reflect.AccessibleObject.checkCanSetAccessi-
        ble(AccessibleObject.java:198)
        at    java.base/java.lang.reflect.Field.checkCanSetAccessible(Field.
        java:171)
        at java.base/java.lang.reflect.Field.setAccessible(Field.java:165)
        at testReflection/testReflection.Main.main(Main.java:14)
```

Hinweis   In diesem Beispiel haben wir Lesbarkeit zwischen den beiden Modulen target und testReflection. Aber aufgrund des sehr leistungsfähigen starken Kapselungsmechanismus, der in Java 9 eingeführt wurde, wirft der Aufruf der Methode `setAccessible()` auf ein privates Feld des anderen Moduls eine `InaccessibleObjectException`.

Wir können dieses Problem sehr einfach beheben, indem wir das target Modul als ein offenes Modul anstatt als ein starkes Modul definieren. Der Aufruf der Methode `setAccessible()` auf einem privaten Feld des target Moduls wird erfolgreich sein. Das private Feld `employeeName` ist nun im testReflection Modul zugänglich.

Die Auflistung 4-32 definiert das Zielmodul als ein offenes Modul, indem das Schlüsselwort open angegeben wird.

Auflistung 4-32.   Definierung des Zielmoduls als ein offenes Modul

```
open module target {
      exports target;
}
```

Hinweis   Sie können den Quellcode für das erste Beispiel im Ordner /ch04/CoreReflectionFail und den Quellcode für das zweite Beispiel im Ordner /ch04/CoreReflectionSucceed finden.

Bis jetzt haben wir über das benannte Modul und seine Typen gesprochen. Als Nächstes werden wir über das unbenannte Modul sprechen.

Das unbenannte Modul

Ein unbenanntes Modul, wie der Begriff schon sagt, hat keinen Namen und wird nicht deklariert. Es umfasst alle JAR-Dateien oder modularen JAR-Dateien aus dem Klassenpfad. Alle diese JAR-Dateien bilden zusammen das unbenannte Modul. Das

Java-Platform-Module-System sucht zuerst nach einem bestimmten Typ auf dem Modulpfad. Der Modulpfad wird vor dem Klassenpfad durchsucht. Wenn der Typ nicht auf dem Modulpfad gefunden wird, wird die Suche auf dem Klassenpfad durchgeführt. Wenn der Typ auf dem Klassenpfad gefunden wird, wird er Teil des sogenannten unbenannten Moduls. Wir verwenden den Singular *unbenanntes Modul* anstelle des Plurals *unbenannte Module*, weil das unbenannte Modul für jeden Klassenlader einzigartig ist. Es gibt nur ein einziges unbenanntes Modul für jeden Klassenlader.

Hinweis   Ein unbenanntes Modul ist an einen Klassenlader gebunden. Es besteht eine Eins-zu-eins-Beziehung zwischen einem Klassenlader und einem unbenannten Modul. Das unbenannte Modul liest alle benannten Module im JDK-Image und auf dem Modulpfad. Es exportiert auch alle seine Pakete.

Standardmäßig liest das unbenannte Modul alle benannten Module aus dem System. Auf diese Weise kann das unbenannte Modul nach den Zugriffsregeln von Java 9 auf alle Pakete aus allen benannten Modulen zugreifen, die exportiert werden. Das Gegenteil ist nicht der Fall, das heißt, die benannten Module können das unbenannte Modul nicht lesen. Wenn wir versuchen, auf Code auf dem Klassenpfad (im unbenannten Modul) vom Modulpfad aus zuzugreifen, schlägt die Kompilierung fehl. Um erfolgreich zu sein, müssen wir den Code aus dem unbenannten Modul in automatische Module umwandeln. Daher nehmen wir die JAR-Datei aus dem Klassenpfad und platzieren sie auf dem Modulpfad, damit es ein automatisches Modul wird.

Hinweis   Ein benanntes Modul kann kein unbenanntes Modul benötigen.

Alle Klassen, die nicht in den benannten Modulen enthalten sind, sind implizit im unbenannten Modul enthalten. Alle im unbenannten Modul enthaltenen Pakete sind standardmäßig für alle Module vom Modulpfad offen, was den reflektierenden Zugriff vom Modulpfad auf den Klassenpfad ermöglicht.

Beobachtbare Module

Die *beobachtbaren* Module sind keine separate Kategorie von Modulen. Deshalb haben wir sie nicht in die Klassifizierung der Module aufgenommen. Der Begriff *beobachtbare Module* wird verwendet, um alle Module des Systems zu bezeichnen: Plattformmodule, Bibliotheksmodule und unsere eigenen Module. Die Module vom Modulpfad sind auch Teil der beobachtbaren Module.

Zusammenfassung

Dieses Kapitel stellte das neue Konzept des Moduls in Jigsaw vor. Wir haben gelernt, wie man ein Modul definiert, und die Struktur der neuen Datei module-info.java beschrieben, die den Moduldeskriptor darstellt.

Im Moduldeskriptor gibt es fünf Arten von Direktiven, die verwendet werden können: `requires`, `exports`, `opens`, `uses` und `provides`. Die ersten drei wurden in diesem Kapitel ausführlich erklärt. Wir haben gesehen, wie wir Abhängigkeiten zwischen Modulen mit der Direktive `requires` definieren können, und auch, wie wir angeben können, welche Pakete ein Modul mit der Direktive `exports` exportiert. Darüber hinaus haben wir ein paar Module definiert und die Abhängigkeiten zwischen ihnen in einem Moduldiagramm veranschaulicht.

Wir haben die Unterschiede zwischen den Klauseln `exports` und `opens` erwähnt. Die Klausel `exports` ermöglicht den Zugriff zur Kompilierzeit und zur Laufzeit auf die öffentlichen Typen eines bestimmten Pakets. Die Klausel `use` ermöglicht den Zugriff zur Laufzeit mit Hilfe von Reflection sowohl auf die öffentlichen als auch auf die privaten Typen eines bestimmten Pakets.

Wir haben ein einzelnes Modul sowie mehrere Module kompiliert und ausgeführt. Um dies zu ermöglichen, haben wir das neue Konzept des Modulpfads zusammen mit den neuen Befehlszeilenoptionen `--module-source-path` und `--module-path` verwendet. Dann haben wir über die neuen modularen JARs gesprochen und ihre interne Struktur beschrieben. Ich habe die Verbesserungen, die dem jar-Tool hinzugefügt wurden, beschrieben und gezeigt, wie man ein modulares JAR mit dem jar-Tool verpackt.

Das Kapitel erklärte die drei Arten von vorhandenen Modulpfaden: den Anwendungsmodulpfad, den Kompilierungsmodulpfad und den Upgrade-Modulpfad.

Es sprach auch über den Modulauflösungsprozess und über die neuen Zugriffsregeln, die in Java 9 eingeführt wurden. Wir haben Themen wie Lesbarkeit, implizite Lesbarkeit und qualifizierte Exporte beschrieben.

Dieses Kapitel schloss mit der Beschreibung der verschiedenen Arten von Modulen in Jigsaw: normale Module, offene Module, benannte Module, unbenannte Module, automatische Module und beobachtbare Module. Wir betonten, dass als Folge der Tatsache, dass ein benanntes Modul das unbenannte Modul nicht lesen kann, Code vom Modulpfad keinen Zugriff auf Code innerhalb der JARs auf dem Klassenpfad hat.

In Kap. 5 erfahren Sie mehr über modulare Laufzeitbilder.

KAPITEL 5

Modulare Laufzeitbilder

In diesem Kapitel werden wir uns die Struktur des neuen modularen Laufzeitbildes ansehen, das in Java 9 eingeführt wurde und einen wichtigen Vorteil in Bezug auf verbesserte Leistung und Wartbarkeit bringt. Andererseits führt das neue Format des Laufzeitbildes nicht unbedingt dazu, dass die genau gleiche Funktionalität aller bestehenden APIs erhalten bleibt.

Hinweis Dieses Kapitel ist informativ und beschreibt das Format der modularen Laufzeitbilder, die in JDK 9 eingeführt wurden.

Modulare Laufzeitbilder

Kap. 3 zeigte, wie der Quellcode im JDK um Module herum neu strukturiert wurde. In diesem Kapitel werden wir über das neue modulare Laufzeitbild sprechen, das im Java Enhancement Proposal 220 implementiert wurde. Dieses JEP änderte die Struktur des JDK und JRE als Folge der Einführung von Modulen. Es definiert auch das Layout des modularen Laufzeitbildes.

Die Einführung von Modulen in Java 9 führte zu einer wichtigen Änderung in der Struktur des JDK und der JRE. Als Ergebnis wurde ein neues Laufzeitformat eingeführt. Das minimal mögliche Laufzeitbild, das wir in Java 9 haben können, würde nur aus dem Modul java.base bestehen. Auf ein JDK-9-Bild kann nicht nur von Tools zugegriffen werden, die auf Java 9 laufen, sondern auch von Tools, die zum Beispiel auf Java 8 laufen.

Hinweis Für den Zugriff auf Klassen und Ressourcen im JDK und JRE wurde in Java 9 eine Hilfsschnittstelle eingeführt.

© Der/die Autor(en), exklusiv lizenziert an APress Media, LLC, ein Teil von Springer Nature 2024
A. Jecan, *Die Modularität von Java 9*, https://doi.org/10.1007/978-3-662-68877-9_5

Eine weitere wichtige Änderung, die nicht direkt mit Modulen zusammenhängt, sondern mehr mit dem JDK, ist der Ersatz der rt.jar-Datei und der tools.jar-Datei durch das neue Laufzeitbild.

Hinweis   Java 9 entfernt die JAR-Dateien nicht und verbietet sie nicht. JAR-Dateien funktionieren weiterhin in Java 9.

Da JAR-Dateien viele Probleme verursachen können, war die Absicht des JCP-Teams, sie im JDK und der JRE so weit wie möglich nicht mehr zu verwenden.

Das Laufzeitbild vor Java 9

In diesem Abschnitt wird die Struktur des Laufzeitbildes vor Java Version 9 behandelt. Wir haben bereits in Kap. 2 darüber gesprochen, aber jetzt werden wir ins Detail gehen. Vor Java 9 lieferte uns der JDK-Build zwei Arten von Laufzeitbildern: ein Java-Runtime-Environment(JRE)-Bild und ein Java-Development-Kit(JDK)-Bild.

Das JRE-Bild vor Java 9

Eine Java-Laufzeitumgebung war eine vollständige Implementierung der Java-SE-Plattform. Ein JRE-Bild bestand aus zwei Verzeichnissen: bin und lib.

Das bin-Verzeichnis enthielt den java-Befehl zum Starten des Laufzeitsystems und auch ausführbare Binärdateien, wie javacp, java-rmi, javaw, javaws, keytool, pack200, rmid, rmiregistry und servertool.

Das lib-Verzeichnis war größer als das bin-Verzeichnis und enthielt .properties- und .policy-Dateien. Das ext-Verzeichnis befand sich im lib-Verzeichnis und enthielt JAR-Dateien wie nashorn.jar, sunec.jar, zipfs.jar und andere. Das Wichtigste zu erwähnen ist, dass wir im lib-Verzeichnis die rt.jar-Datei finden konnten. Das lib-Verzeichnis umfasste die dynamisch verlinkten nativen Bibliotheken des Laufzeitsystems auf den Betriebssystemen Mac OS und Linux.

Das JDK-Bild vor Java 9

Andererseits enthielt ein JDK-Bild vor Java 9 ein JRE. Es hatte eine Kopie des JRE in seinem jre-Unterverzeichnis. Ein JDK-Bild enthielt viele Verzeichnisse, aber die drei wichtigsten waren die Verzeichnisse lib, bin und include.

Hinweis   Ein JDK-Bild enthielt Bibliotheken und Entwicklungswerkzeuge.

Das lib-Verzeichnis bestand aus JAR-Dateien, die die Implementierungen der JDK-Tools umfassten. Die tools.jar-Datei, die die Klassen enthielt, die den javac-Compiler zusammensetzten, befand sich in diesem lib-Verzeichnis. Das bin-Verzeichnis hatte Kommandozeilen-Debugging- und Entwicklungswerkzeuge wie javac, javadoc und jconsole. Das include-Verzeichnis enthielt C- und C++-Headerdateien für die Verwendung beim Kompilieren von nativem Code, der direkt mit dem Laufzeitsystem interagiert.

Warum ein neues Format für die Laufzeitbilder?

Laut Open JDK gibt es verschiedene Gründe, warum ein neues Format für die Laufzeitbilder erforderlich ist. Erstens ist das neue Laufzeitformat leistungsfähiger als das alte JAR-Format. Zweitens kann das neue Laufzeitformat leicht erweitert werden, um vorkompilierten nativen Code für Java-Klassen oder vorausberechnete JVM-Datenstrukturen zu halten. Drittens kann das neue Laufzeitformat Klassen- und Ressourcendateien aus Anwendungsmodulen, JDK-Modulen und Bibliotheksmodulen speichern.

Der wichtigste Grund für die Entscheidung, das JDK und die JRE zu überarbeiten, wird von Open JDK auf ihrer Website genannt: „um eine klare Unterscheidung zu treffen zwischen Dateien, auf die Entwickler, Bereitsteller und Endbenutzer sich verlassen können und, wenn angemessen, ändern können, sowie Dateien, die intern zur Implementierung gehören und ohne Vorankündigung geändert werden können."

Open JDK listet drei weitere Gründe auf:

- „Um unterstützte Wege zur Durchführung von gängigen Operationen zu bieten, die heute nur durch Inspektion der internen Struktur eines Laufzeitbildes durchgeführt werden können, wie zum Beispiel das Auflisten aller in einem Bild vorhandenen Klassen."

- „Um die selektive Entprivilegierung von JDK-Klassen zu ermöglichen, die heute alle Sicherheitsberechtigungen erhalten, diese aber tatsächlich nicht benötigen."

- „Um das bestehende Verhalten von gutartigen Anwendungen zu
  erhalten, das heißt Anwendungen, die nicht von internen Aspekten
  von JRE- und JDK-Laufzeitbildern abhängen."

Das Laufzeitbild in Java 9

Dieser Abschnitt beschreibt die Struktur des neuen Laufzeitbildes, das in Java 9
eingeführt wurde.

Identische Struktur des JDK und JRE

Das JRE und das JDK haben in Java 9 die gleiche Struktur. Dies unterscheidet sich von
älteren Versionen von Java, in denen, wie zuvor beschrieben, eine klare Unterscheidung
zwischen dem JDK und dem JRE bestand. Ein JDK-Bild ist einfach ein Laufzeitbild, das
die Entwicklungswerkzeuge aus dem JDK enthält.

Konfigurationsdateien, die sich früher im Verzeichnis lib befanden, befinden sich
jetzt im Verzeichnis conf. Dies sind Dateien, die wir bearbeiten können. Die Dateien im
Verzeichnis lib sind Implementierungsdetails des Laufzeitsystems.

Hinweis   Die Dateien aus dem Verzeichnis lib sollten nicht geändert werden.

Die Struktur des neuen Laufzeitbildes

Abb. 5-1 zeigt die neue Struktur des Laufzeitbildes in Java 9.

Lassen Sie uns sehen, welche Art von Verzeichnissen das neue modulare
Laufzeitbild enthält:

Abb. 5-1.   *Die Struktur des Laufzeitbildes in Java 9*

- Das Verzeichnis bin enthält Kommandozeilen-Starter, die durch die
  Module repräsentiert werden, die in das Bild verlinkt sind. Einige
  der wichtigsten Kommandozeilen-Starter sind java, javac, javadoc,
  javah, javap, jcmd, jconsole, jdeps, jimage, jlink, jmod, jshell und
  jstat. Wir werden hier nicht alle beschreiben. Sie können das
  Verzeichnis bin des JDK-9-Builds überprüfen.

- Das Verzeichnis lib besteht aus den dynamisch verlinkten nativen
  Bibliotheken des Laufzeitsystems.

- Das Verzeichnis conf enthält Dateien, die bearbeitet werden
  können. Dazu gehören .properties-Dateien und .policy-Dateien.

- Das Verzeichnis jmods enthält alle JMOD-Dateien.

- Das Verzeichnis legal enthält die Urheberrechtsdateien.

Das Stammverzeichnis eines modularen Laufzeitbildes enthält Urheberrechts-,
Lese- und Freigabedateien.

Die Freigabedatei

Die Struktur der Freigabedatei enthält Informationen über die Module, die OS-Version,
die Quelle, die Architektur des Betriebssystems, den Namen des Betriebssystems, die
Java-Version und die vollständige Java-Version:

```
IMPLEMENTOR="Oracle Corporation"

JAVA_VERSION="9"

MODULES="java.base java.datatransfer java.logging java.activation java.
compiler java.rmi java.transaction java.xml java.prefs java.desktop java.
security.sasl java.naming jdk.unsupported java.corba java.instrument java.
jnlp java.management java.management.rmi java.scripting java.xml.ws.
annotation java.xml.crypto java.security.jgss java.sql java.sql.rowset
java.se jdk.httpserver java.xml.bind java.xml.ws java.se.ee java.
smartcardio javafx.base jdk.jsobject javafx.graphics javafx.controls jdk.
deploy jdk.javaws jdk.plugin javafx.deploy javafx.fxml javafx.media javafx.
swing jdk.xml.dom javafx.web jdk.accessibility jdk.internal.jvmstat jdk.
```

```
attach jdk.charsets jdk.compiler jdk.crypto.ec jdk.crypto.cryptoki jdk.
crypto.mscapi jdk.deploy.controlpanel jdk.dynalink jdk.internal.ed jdk.
editpad jdk.hotspot.agent jdk.incubator.httpclient jdk.internal.le jdk.
internal.opt jdk.internal.vm.ci jdk.jartool jdk.javadoc jdk.jcmd jdk.
management.agent jdk.management jdk.jconsole jdk.jdeps jdk.jdwp.agent jdk.
jdi jdk.jfr jdk.jlink jdk.jshell jdk.jstatd jdk.localedata jdk.naming.dns
jdk.naming.rmi jdk.net jdk.pack jdk.packager.services jdk.packager jdk.
plugin.dom jdk.plugin.server jdk.security.jgss jdk.policytool jdk.rmic jdk.
scripting.nashorn jdk.scripting.nashorn.shell jdk.sctp jdk.security.auth
jdk.snmp jdk.xml.bind jdk.xml.ws jdk.zipfs oracle.desktop oracle.net"
```

```
OS_ARCH="x86_64"
```

```
OS_NAME="Windows"
```

```
SOURCE=".:a4371edb589c+ closed:3b9bef864bcf corba:c72e9d3823f0
deploy:d12d0210bc37 hotspot:1ca8f038fceb hotspot/make/closed:0b47834a0294
hotspot/src/closed:f5870a8748c9 hotspot/test/closed:2a88d69ed789
install:6549b99d10f0 jaxp:332ad9f92632 jaxws:b44a721aee3d jdk:80acf577b7d0
jdk/make/closed:1793d3af1ed9 jdk/src/closed:8e4a66cb15a6 jdk/test/
closed:860a0f54d259 langtools:2f01728210c1 nashorn:aa7404e062b9
sponsors:d751e23bea1e"
```

Der nächste Abschnitt diskutiert die rt.jar-, tools.jar- und dt.jar-Dateien, die in JDK 9 entfernt wurden.

Entfernte Dateien
rt.jar entfernt

Die Datei rt.jar umfasste die gesamten kompilierten Klassendateien, die die JRE bildeten. Diese repräsentierten alle kompilierten Klassen aus der Core Java API, einschließlich der Pakete sun und com. rt.jar befand sich früher im lib-Ordner der JRE. In Java 8 war die Datei rt.jar ungefähr 52 MB groß. In allen Java-Versionen vor Version 9 war es absolut notwendig, die Datei rt.jar in den Klassenpfad aufzunehmen, um auf die Core Java-Bibliotheken zugreifen zu können. Aber die Datei rt.jar wurde in Java 9 vollständig entfernt. Sie existiert nicht mehr unter den Dateien, die das JDK 9 bilden.

Tools, Compiler und integrierte Entwicklungsumgebungen (IDEs), die rt.jar verwenden, sind von der Entfernung der Datei rt.jar betroffen. Sie müssen von ihren Autoren angepasst werden, um in Java 9 weiterhin ordnungsgemäß zu funktionieren.

Laut der Spezifikation von JEP 220 werden „die Klassen- und Ressourcendateien, die zuvor in lib/rt.jar, lib/tools.jar und lib/dt.jar und verschiedenen anderen internen JAR-Dateien gespeichert waren, nun in einem effizienteren Format in implementierungsspezifischen Dateien im lib-Verzeichnis gespeichert.“

In JDK 9 wurde die Datei rt.jar durch die neue Laufzeitumgebung ersetzt.

Tools.jar und dt.jar entfernt

Vor JDK 9 wurde die Datei tools.jar vom JDK verwendet und befand sich im lib-Verzeichnis der JDK-Version 8 oder niedriger. Sie enthielt Klassen, die von javac verwendet wurden, sowie Unterstützung für Tools wie javah, javap, jdeps, javadoc und mehr. Die Datei dt.jar befand sich ebenfalls im lib-Verzeichnis und enthielt Swing-Klassen.

Hinweis   Sowohl tools.jar als auch dt.jar wurden in Java 9 entfernt.

In Java 9 sind Ressourcen und Klassendateien, die zuvor in der Datei tools.jar gespeichert waren, über die Bootstrap- oder Anwendungsklassenlader in einem JDK-Image sichtbar. Ebenso sind Ressourcen- und Klassendateien, die zuvor in der Datei dt.jar gespeichert waren, über den Bootstrap-Klassenlader in Java 9 sichtbar.

Neues URI-Schema

In JDK 9 wurde ein neues URI-Schema eingeführt. Um das neue URI-Schema zu demonstrieren, zeigen wir zunächst ein einfaches Beispiel. In diesem Beispiel verwenden wir die Methode getSystemResource() der Klasse ClassLoader, um eine URL-Ressource der Klasse String aus dem Suchpfad zu finden, der zum Laden von Klassen verwendet wird. Die Ressource wird über den Systemklassenlader gefunden.

In Auflistung 5-1 ruft die Methode getSystemResource() die URL-Ressource der Klasse java.lang.String ab.

Auflistung 5-1. Die Hauptklasse des Moduls com.apress.getSystemResource

```java
// Main.java (Modul com.apress.getSystemResource)
package com.apress.getSystemResource;
import java.net.URL;

public class Main {
        public static void main(String[] args) {
            URL url = ClassLoader.getSystemResource("java/lang/String.
            class");
            System.out.println(url);
        }
}
```

Auflistung 5-2 definiert den Moduldeskriptor des Moduls com.apress.
getSystemResource.

Auflistung 5-2. Die Datei module-info.java des Moduls com.apress.
getSystemResource

```java
module com.apress.getSystemResource {

}
```

Wir führen das vorherige Modul aus und sehen die resultierende URL in der Konsole
gedruckt:

```
jrt:/java.base/java/lang/String.class
```

Lassen Sie uns nun dasselbe Beispiel auf Java 8 ausführen. Die resultierende URL in
diesem Fall wäre wie folgt:

```
jar:file:/C:/Program%20Files/Java/jdk1.8.0_101/jre/lib/rt.jar!/java/lang/
String.class
```

Hinweis   Den Quellcode für dieses Beispiel finden Sie im Verzeichnis /ch05/get-
SystemResource.

Wir stellen fest, dass die Ausgabe zwischen Java 8 und Java 9 völlig unterschiedlich ist. In Java 8 hat die URL die Form einer JAR-Datei und die `String.class` befindet sich in der Datei rt.jar. Es ist nicht möglich, die gleiche Ausgabe in Java 9 zu haben, weil Java 9 keine rt.jar-Datei hat.

Um dieses Problem zu lösen, führt Java 9 ein neues URL-Schema namens jrt ein, das Zugriff auf den Inhalt des Laufzeitbildes bietet. Der Begriff *jrt* leitet sich von *java runtime* ab. Laut Open JDK wird das jrt-URL-Schema „zum Benennen der Module, Klassen und Ressourcen verwendet, die in einem Laufzeitbild gespeichert sind, ohne die interne Struktur oder das Format des Bildes zu offenbaren."

Hinweis   Eine jrt-URL kann insgesamt vier verschiedene Formen haben.

Abb. 5-2 zeigt die einfachste Struktur der jrt-URL.

Diese jrt-URL, die nichts anderes als das jrt:/ angibt, spezifiziert alle Dateien, die im aktuellen Laufzeitbild existieren. Aber wir können mehr Darstellungen der jrt-URL haben. Abb. 5-3 zeigt eine andere Form der jrt-URL, die nur den Modulnamen angibt.

In diesem Fall spezifiziert die jrt-URL alle Dateien aus dem angegebenen Modul.

Abb. 5-4 stellt eine andere Form der jrt-URL dar, die nur den Pfad, aber keinen Modulnamen enthält.

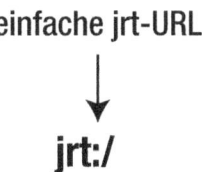

Abb. 5-2. *Einfachste Struktur der jrt-URL*

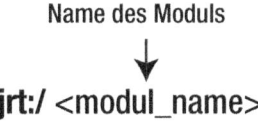

Abb. 5-3. *Struktur der jrt-URL mit Modul*

Pfad zu einer Ressourcendatei

jrt:/ <Pfad>

Abb. 5-4. *Struktur der jrt-URL mit Pfad*

In diesem Fall repräsentiert der Pfad eine Ressourcendatei oder eine Klasse aus dem aktuellen Laufzeitbild. Der Pfad ist nicht an ein spezifisches Modul gebunden.

Abb. 5-5 zeigt die vollständige Struktur der jrt-URL, die sowohl ein Modul als auch einen Pfad angibt.

Die vollständige Struktur der jrt-URL bezieht sich auf eine spezifische Ressourcendatei innerhalb des angegebenen Moduls. Das jrt-Schema erlaubt auch das Abrufen des Inhalts von Plattformmodulen.

Jetzt, da wir das neue URI-Schema kennengelernt haben, lassen Sie uns weitermachen und über die Kompatibilitätsprobleme sprechen, die aufgrund all dieser Änderungen auftreten können.

Kompatibilität

Wie erwähnt, können in Java 9 für einige bestehende Anwendungen aufgrund der neuen Struktur des JDK wichtige Kompatibilitätsprobleme auftreten. Kompatibilitätsprobleme treten in Java 9 für Anwendungen auf, die strikt von der internen Struktur des JDK abhängen. Da das JDK das Unterverzeichnis jre nicht mehr enthält, wird jeder Code, der dieses Unterverzeichnis verwendet, nicht mehr wie erwartet funktionieren.

Darüber hinaus wurden in Java 9 die Systemeigenschaften `java.endorsed.dirs` und `java.ext.dirs` entfernt. Das bedeutet, dass Anwendungen, die auf diese beiden Systemeigenschaften angewiesen sind, in Java 9 nicht korrekt funktionieren werden.

Name des Moduls   Name der Ressource

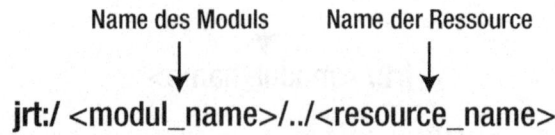

jrt:/ <modul_name>/../<resource_name>

Abb. 5-5. *Vollständige Struktur der jrt-URL*

Die Entfernung der Dateien rt.jar, tools.jar und dt.jar hat ebenfalls negative Auswirkungen auf Anwendungen, die auf sie angewiesen sind.

Ein weiteres Kompatibilitätsproblem wird in Java 9 für Quellcode auftreten, der jar-URLs für die Benennung von Klassen- und Ressourcendateien innerhalb des Laufzeitbildes erwartet. Wie erwähnt, wurden die jar-URLs durch jrt-URLs ersetzt.

Ein weiteres Thema, das einige Aufmerksamkeit erfordert, betrifft die Klassenlader. Tab. 5-1 zeigt die Klassenlader, die in Java 9 geändert wurden, zusammen mit den neuen Klassenladern und den entsprechenden Paketen. Kap. 10 behandelt die Klassenlader ausführlicher.

Als Ergebnis funktioniert Quellcode, der von den Klassenladern der hier aufgeführten Pakete abhängt, möglicherweise nicht korrekt in Java 9.

Zusammenfassung

In diesem Kapitel wurden die in Java 9 eingeführten neuen modularen Laufzeitbilder und die Gründe für die Entscheidung, sie einzuführen, behandelt. Es verglich das Laufzeitbild, das wir vor Java 9 hatten, mit dem in Java 9.

Wir erklärten im Detail, was jeder Ordner des neuen Laufzeitbildes enthält, und zeigten den Inhalt der Release-Datei. Wir sprachen über die Entfernung der Dateien rt.jar, tools.jar und dt.jar und betonten die Konsequenzen für bestehende Anwendungen.

Tab. 5-1. *Die Änderungen der Klassenlader*

Paket	Alter Klassenlader	Neuer Klassenlader
sun.tracing.dtrace	boot	application
sun.tools.jar	boot	application
sun.security.tools.policytool	boot	application
com.sun.tracing	boot	application
com.sun.tools.script	application	boot
com.sun.tools.corba.se.idl	application	boot
com.sun.jndi.url.dns	boot	extension
com.sun.jndi.dns	boot	extension
com.sun.crypto	extension	boot

Wir setzten fort, indem wir das neue URI-Schema vorstellten, das aus einer jrt-URL anstelle einer jar-URL besteht.

Das Kapitel schloss mit einer Zusammenfassung der Kompatibilitätsprobleme, die aufgrund der in JEP 220 implementierten Änderungen auftreten können. Weitere Informationen zu den in diesem Kapitel behandelten Themen finden Sie in der Dokumentation von JEP 220 unter `http://openjdk.java.net/jeps/220`.

Kap. 6 zeigt, wie Module mit Hilfe von Diensten entkoppelt werden können.

KAPITEL 6

Services

Ein *Dienst* oder auch *Service* ist im Grunde genommen ein Stück Funktionalität, das durch eine Schnittstelle oder eine Klasse definiert wird, für die Dienstanbieter existieren. Die Rolle von Diensten besteht darin, eng gekoppelte Module zu entkoppeln und eine lose Kopplung zwischen Dienstanbietern und Dienstnutzern zu ermöglichen. Die Verwendung von Diensten in JDK 9 ist nicht obligatorisch, aber sie bieten eine schöne Lösung für entkoppelte Module.

Nehmen wir an, wir möchten die Bremssysteme für verschiedene Arten von Autos testen. Ein Bremsservice könnte allgemeine Richtlinien, gesetzliche Regeln und Best Practices für das Testen der Bremssysteme definieren. Die Autohersteller könnten ihre eigenen Dienste für das Testen der Bremssysteme in ihren Autos implementieren, da jedes Bremssystem von Modell zu Modell unterschiedlich ist. Diese Dienste werden als *Dienstanbieter* bezeichnet, weil sie spezifische Implementierungen für den Bremsservice bereitstellen. Interne Tools, die von Autoherstellern zur Visualisierung und Analyse der Funktionen in einem Auto verwendet werden, könnten den Bremsservice nutzen. Diese werden als *Dienstnutzer* bezeichnet, weil sie den Dienst nutzen oder verbrauchen.

Die grundlegende Idee hinter Diensten in Jigsaw ist, dass wir in einem Modul unsere Implementierungsklasse nicht freigeben wollen, sondern nur etwas, das über eine Schnittstelle freigegeben wird. Dies führt zu folgender Frage: Wie können wir dies im Java-Platform-Module-System von Java 9 implementieren? Die Antwort ist einfach: Wir können eine Schnittstelle als Vertrag verwenden.

Bevor wir auf diese Antwort eingehen, werfen wir kurz einen Blick darauf, was Dienste sind und wie sie in Java 9 funktionieren. Ein *Dienst* kann sowohl aus Schnittstellen als auch aus Klassen bestehen, die die Funktionalität des Dienstes spezifizieren. Ein Dienstanbieter implementiert einen Dienst. Mehrere Dienstanbieter können einen Dienst implementieren, indem sie benutzerdefinierte Implementierungen davon bereitstellen.

© Der/die Autor(en), exklusiv lizenziert an APress Media, LLC, ein Teil von Springer Nature 2024
A. Jecan, *Die Modularität von Java 9*, https://doi.org/10.1007/978-3-662-68877-9_6

Um eine Trennung und Entkopplung zwischen Dienstanbietern und Dienstnutzern zu gewährleisten, bietet Java die Klasse `ServiceLoader<S>` im Paket `java.util` des Moduls java.base an. Diese Klasse wurde nicht in Java 9 eingeführt. Sie existiert in Java seit JDK 6, wurde aber in JDK 9 verbessert, um Module zu unterstützen. Ihre Aufgabe besteht darin, alle Dienstanbieter für einen Dienst vom Typ `S` zu suchen, zu finden und zu laden. Dies geschieht zur Laufzeit, nicht zur Kompilierzeit. Anwendungscode ruft nur den Dienst auf und bezieht sich nicht auf Dienstanbieter.

Stellen Sie sich vor, dass jeder der drei größten deutschen Autohersteller – Volkswagen, Daimler und BMW – seine eigenen Dienstanbieter hat, die einen Dienst namens `Bremssystem` implementieren. Der Dienst `Bremssystem` stellt die gesetzlichen Regeln bereit, die ein Auto-Bremssystem erfüllen muss. Da die von den Autoherstellern produzierten Bremssysteme unterschiedlich sind, hat jeder von ihnen beschlossen, seine eigenen Implementierungen der `Bremssystem`-Regel bereitzustellen, indem er sich an seine Vorschrift hält. Jeder Hersteller hat beschlossen, Tools zu erstellen, um die von seinen Bremssystemen erzeugten Ausgaben visualisieren zu können. Diese Tools fungieren als Dienstnutzer und sind nur über den Dienst `Bremssystem` informiert. Sie sind sich nicht der Dienstanbieter bewusst, die die Bremssystem-Dienstschnittstelle implementieren. Was macht die Interaktion zwischen Dienstanbietern und Dienstnutzern möglich, da sie sich nicht gegenseitig kennen? Hier kommt der `ServiceLoader` ins Spiel. Er macht die Instanzen von Dienstanbietern für Dienstnutzer verfügbar. In unserem Fall macht der `ServiceLoader` die verschiedenen Implementierungen des `Bremssystem`-Dienstes für die Datenvisualisierungstools verfügbar.

Hinweis   Die Rolle des ServiceLoaders besteht darin, alle Dienstanbieter zu finden und zu laden und sie den Dienstnutzern zugänglich zu machen.

Jetzt gehen wir zur modularen Welt über und erklären, wie die gerade vorgestellten Konzepte in das neue Java-Platform-Module-System passen. In einem modularen Kontext könnten wir ein Anbietermodul verwenden, das die Rolle hat, einen Dienst im Dienstregister zu registrieren. Zusätzlich könnten wir ein Verbrauchermodul verwenden, das die Rolle hat, nach einem Dienst im Dienstregister zu suchen.

Hinweis   Das Dienstregister gibt eine Dienstinstanz an das Verbrauchermodul zurück.

Auch wenn wir Module verwenden, ist der Arbeitsablauf der gleiche wie wir ihn aus
der nicht-modularen Welt kennen. Erstens registriert ein Anbieter einen Dienst oder
eine Schnittstelle. Zweitens sucht ein Verbraucher in einem Register nach
Implementierungen der Schnittstelle. Wenn Implementierungen gefunden werden,
können sie den Dienst über die Schnittstelle aufrufen, ohne die konkrete
Implementierung kennen zu müssen.

Die ServiceLoader API wird verwendet, um Module zu entkoppeln. Ein Modul sollte
von einer Schnittstelle abhängen und nicht von der Implementierung eines anderen
Moduls. Die Implementierungsklassen sollten nicht exportiert werden. Stattdessen
sollte eine Schnittstelle exportiert werden. Eine der starken Eigenschaften der
ServiceLoader API ist, dass das System nicht alle Dienstanbieterimplementierungen zur
Kompilierzeit kennen muss. Sie werden nur zur Laufzeit berechnet. Daher muss diese
Art von Abhängigkeit zwischen Modulen zur Kompilierzeit nicht in Moduldeklarationen
deklariert werden.

Starke Kopplung zwischen Modulen

In Kap. 4 haben Sie gelernt, was die requires- und exports-Klauseln bedeuten. Wenn
ein Modul ein anderes Modul benötigt, entsteht eine starke Kopplung zwischen den
beiden Modulen. Wenn ein Modul sich ändert, kann es notwendig sein, alle abhängigen
Module anzupassen. Dies macht den Quellcode nicht nur viel schwerer zu warten, es
kann auch das Zeitintervall für die Implementierung von Änderungsanforderungen im
Code erheblich erhöhen.

Lassen Sie uns die starke Kopplung zwischen Modulen anhand eines erläuternden
Beispiels veranschaulichen. Wir wissen aus der Moduldeklaration des Moduls java.rmi,
dass es das Modul java.logging benötigt. Das Modul java.rmi hat eine Abhängigkeit vom
Modul java.logging und hat auch Zugriff auf die öffentlichen Typen in der API, die vom
Modul java.logging exportiert werden. Dadurch entsteht eine starke und enge Kopplung
zwischen den Modulen java.rmi und java.logging. Dies hat sowohl zur Kompilierzeit als
auch zur Laufzeit eine wichtige Auswirkung.

Zur Kompilierzeit kann das Modul java.rmi nicht erstellt werden, wenn das Modul java.logging nicht gefunden wird. Ein Fehler „module not found" wird zur Kompilierzeit ausgelöst.

Zur Laufzeit kann keine Anwendung, die von java.rmi abhängt, gestartet werden, wenn java.logging nicht gefunden wird. Dies geschieht, weil die Abhängigkeit von java.rmi auf java.logging nicht aufgelöst wird. Der folgende Fehler wird ausgelöst:

```
Error occurred during initialization of VM
java.lang.module.ResolutionException: Modul java.logging not found, required
by java.rmi
        at java.lang.module.Resolver.fail(java.base@9-ea/Resolver.java:841)
        at java.lang.module.Resolver.resolve(java.base@9-ea/Resolver.java:
        154)
        at java.lang.module.Resolver.resolveRequires(java.base@9-ea/
        Resolver.java:116)
        at java.lang.module.Configuration.resolveRequiresAndUses(java.
        base@9-ea/Configuration.java:311)
        at java.lang.module.ModuleDescriptor$1.resolveRequiresAndUses(java.
        base@9-ea/ModuleDescriptor.java:2483)
        at jdk.internal.module.ModuleBootstrap.boot(java.base@9-ea/
        ModuleBootstrap.java:272)
        at java.lang.System.initPhase2(java.base@9-ea/System.java:1927)
```

Verwendung von Diensten in JDK 9

Dieser Abschnitt beschreibt, was Dienste in Java 9 sind und wie wir sie verwenden können, um eine enge Kopplung zwischen Modulen zu vermeiden. Project Jigsaw kann das Dienstregister als Kommunikationsschicht für die Interaktion zwischen Modulen verwenden.

Module können ihre Implementierungsklasse als Dienst im Dienstregister registrieren. Diese Module werden als *Dienstanbietermodule* bezeichnet. Ihre Hauptaufgabe besteht darin, Implementierungen einer Schnittstelle bereitzustellen. Die *Dienstverbrauchermodule* verwenden Dienste, die die im Dienstregister definierte

Schnittstelle implementieren. Sie befassen sich nicht mit den Implementierungsklassen, die die im Dienstregister definierte Schnittstelle implementieren. Dienstverbrauchermodule erhalten Objekte aus dem Dienstregister, die die Schnittstelle implementieren. Auf diese Weise können sie erfolgreich Methoden auf dieser Schnittstelle aufrufen.

Hinweis   Ein Dienstverbrauchermodul und ein Dienstanbietermodul sind nicht voneinander abhängig.

Die im Dienstregister definierte Schnittstelle, die von der entsprechenden Klasse implementiert wird, stellt die Interaktion zwischen Dienstanbietern und Dienstverbrauchern dar. Das Dienstregister instanziiert die Klassen und stellt diese Instanz anschließend dem Dienstverbraucher zur Verfügung. Der Dienstverbraucher muss nur die Schnittstelle kennen. Er gibt ein Objekt zurück, das die Schnittstelle implementiert. Er kann auch Methoden auf diesem Objekt aufrufen.

Hinweis   Ein Dienst kann als abstrakte Klasse oder als Schnittstelle deklariert werden. Aus Designgesichtspunkten ist es jedoch besser, eine Schnittstelle anstelle einer abstrakten Klasse zu verwenden. Bei Verwendung einer abstrakten Klasse anstelle einer Schnittstelle muss eine öffentliche statische Anbietermethode definiert werden.

Betrachten wir die Syntax der `uses`- und `provides`-Klauseln, die obligatorisch sind, um die in diesem Kapitel vorgestellten Konzepte implementieren zu können.

Bereitstellung und Verbrauch von Diensten

In diesem Abschnitt lernen Sie, wie Sie Dienste in JDK 9 verbrauchen und bereitstellen können. Wir stellen die Klauseln vor, die in den Moduldeklarationen verwendet werden, um zu deklarieren, dass ein Modul eine Dienstimplementierung bereitstellt und dass ein Modul einen Dienst verwendet.

Bereitstellung eines Dienstes

Das Java-Platform-Module-System führte eine neue Konstruktion namens `provides` im Moduldeskriptor ein, damit ein Modul deklarieren kann, dass es eine Dienstimplementierung für einen bestimmten Dienst bereitstellt und freigibt. Abb. 6-1 veranschaulicht seine Syntax.

Die `provides-with`-Klausel nimmt zwei Parameter:

- `<interface_name>` repräsentiert den Namen der Service-Schnittstelle. Es gibt den Namen des Dienstes an, für den das aktuelle Modul eine Implementierung bereitstellt. Der Dienst kann entweder eine Klasse oder eine Schnittstelle sein.

- `<class_name>` repräsentiert den Namen der Klasse. Es gibt den Namen der Klasse an, die die Service-Schnittstelle implementiert. Diese Klasse muss im aktuellen Modul vorhanden sein. Ist sie nicht im aktuellen Modul vorhanden, erhalten wir einen Kompilierungsfehler.

Ein Modul verwendet die `provides`-Klausel, um dem ServiceLoader mitzuteilen, dass es eine Implementierung eines Dienstes bereitstellt. Ohne dieses Wissen hätte der ServiceLoader den Dienstanbieter nicht laden können, da er nicht von dessen Existenz gewusst hätte.

Hinweis   JDK 9 ermöglicht es, eine Dienstimplementierung als Schnittstelle zu haben. Dies war in früheren Versionen von Java nicht möglich.

Jigsaw ermöglicht es auch, dass ein einzelnes Modul eine Implementierung für einen Dienst bereitstellt und diesen Dienst auch verbraucht. Es erlaubt jedoch nicht, dass

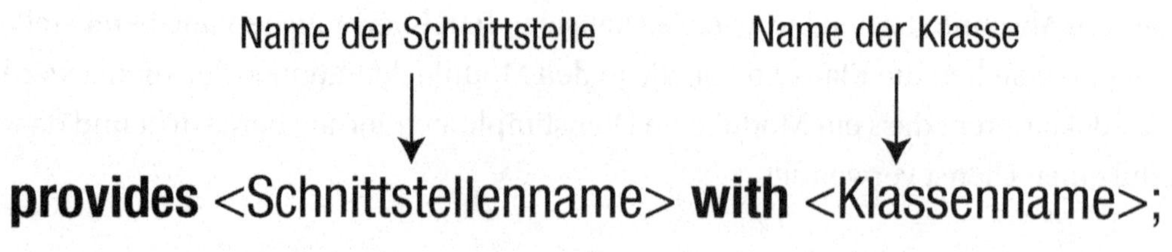

Name der Schnittstelle   Name der Klasse
          ↓   ↓

provides <Schnittstellenname> **with** <Klassenname>;

Abb. 6-1. *Die provides-with-Klausel*

mehr als eine provides-Anweisung die gleiche Schnittstelle in einer Moduldeklaration angibt. Eine Moduldeklaration wie diese wird nie kompilieren:

```
module myModule {
        provides myInterface with firstClass;
        provides myInterface with secondClass;
}
```

Wir haben zuvor den Begriff des Verbrauchs eines Dienstes erwähnt. Der nächste Unterabschnitt erklärt, was das bedeutet und wie es in Jigsaw deklariert werden kann.

Verbrauch eines Dienstes

In JDK 9 kann ein Modul explizit deklarieren, dass es einen Dienst verbraucht. Dafür muss der Dienst entdeckt werden. Daher wurde die uses-Klausel in JDK 9 in der Moduldeklaration eingeführt. Sie nimmt eine Schnittstelle als Parameter.

Abb. 6-2 zeigt die Syntax der uses-Klausel.

Wann sollten wir diese Klausel verwenden? Diese Klausel sollte in Modulen verwendet werden, die einen ServiceLoader<interface_name> definieren, der Dienstanbieter für den Dienst mit dem Namen <interface_name> lädt. Wenn unser Modul die ServiceLoader-Klasse verwendet, um Dienste zu laden, dann ist es zwingend erforderlich, dies in der Deklaration des Moduls mit der uses-Klausel zu deklarieren, gefolgt vom Namen der verwendeten Service-Schnittstelle.

Das bedeutet, dass innerhalb des Moduls, das die uses-Klausel deklariert, ein ServiceLoader verwendet wird, wie im folgenden Beispiel:

```
Iterable<interface_name>  ourInterfaces  =  ServiceLoader.load(interface_
name.class);
```

Hier wurde ein ServiceLoader für Dienste des Typs interface_name verwendet.

Abb. 6-2. *Die uses-Klausel*

Hinweis   Der Dienst, der mit der `uses`-Klausel deklariert wird, muss nicht im selben Modul residieren. Er kann auch in einem anderen Modul residieren, vorausgesetzt, es besteht Lesbarkeit zwischen den beiden Modulen.

Abfragen eines ServiceLoaders

Wir haben bereits gesehen, wie man einen ServiceLoader erhält. Dies kann mit der `load()`-Methode erfolgen, die laut der JDK-9-API-Spezifikation in vier Varianten verfügbar ist:

- `public static <S> ServiceLoader<S> load(Class<S> service)`

    Diese Methode erstellt einen neuen ServiceLoader für den gegebenen Diensttyp. Sie verwendet den Kontext-Klassenlader des aktuellen Threads.

- `public static <S> ServiceLoader<S> load(Class<S> service, ClassLoader loader)`

    Diese Methode erstellt einen neuen ServiceLoader und verwendet den gegebenen Klassenlader, um Dienstanbieter für den Dienst zu finden. Anbieter werden zuerst in benannten Modulen und dann in unbenannten Modulen gefunden. Anbieter werden in allen benannten Modulen des Klassenladers oder in jedem Klassenlader, der über die Eltern-Delegation erreichbar ist, gefunden.

- `public static <S> ServiceLoader<S> load(ModuleLayer layer, Class<S> service)`

    Diese Methode erstellt einen neuen ServiceLoader für den gegebenen Diensttyp, um Dienstanbieter aus Modulen in der gegebenen Modulschicht und ihren Vorfahren zu laden. Sie findet keine Anbieter in unbenannten Modulen.

- `public static <S> ServiceLoader<S> loadInstalled(Class<S> service)`

    Diese Methode erstellt einen neuen ServiceLoader für den gegebenen Diensttyp. Sie verwendet den Plattform-Klassenlader.

Nachdem wir einen `ServiceLoader` abgerufen haben, können wir mit der `iterate()`-Methode über alle Dienstanbieter iterieren. Eine andere Möglichkeit wäre, die `stream()`-Methode aufzurufen, die einen Stream zurückgibt, um verfügbare Anbieter nach Bedarf zu laden. Die Syntax der `stream()`-Methode ist wie folgt:

Stream<ServiceLoader.Provider<S>> stream()

Bis jetzt haben wir gesehen, wie man einen ServiceLoader abruft und auch, wie man einen Dienst bereitstellt und nutzt. Es ist Zeit, ein praktisches Beispiel zu sehen. Wir werden ein Beispiel mit einem Dienstnutzer und einem Dienstanbieter verwenden. Dann werden wir das Beispiel erweitern und zeigen, wie man mehrere Dienstanbieter hinzufügt.

Verwendung von einem Nutzer und einem Anbieter

Dieser Abschnitt zeigt ein einfaches Beispiel, um die zuvor präsentierten Konzepte zu veranschaulichen. Angenommen, wir haben drei Module:

- Modul com.apress.moduleA enthält eine einfache Schnittstelle namens ServiceExample.

- Modul com.apress.providerA definiert einen Dienstanbieter, der die Klasse `ServiceExampleImplementation1` enthält, die die Schnittstelle aus dem Modul com.apress.moduleA, `ServiceExample`, implementiert.

- Modul com.apress.consumer definiert einen Dienstnutzer, der einen neuen ServiceLoader für den `ServiceExample`-Dienst erstellt und diesen Dienst nutzt.

Listing 6-1 zeigt die Schnittstelle `ServiceExample`, definiert innerhalb des Moduls com.apress.moduleA.

Listing 6-1. Die Schnittstelle ServiceExample aus dem Modul com.apress.moduleA

```
package com.apress.moduleA.interfaces;

public interface ServiceExample {

        String printHelloWorld();
}
```

Der Moduldeskriptor des Moduls com.apress.moduleA ist in Listing 6-2 dargestellt. Das Paket com.apress.moduleA.interfaces, in dem sich die Schnittstelle befindet, wird exportiert.

Listing 6-2. Der Moduldeskriptor des Moduls com.apress.moduleA

```
module com.apress.moduleA {

        exports com.apress.moduleA.interfaces;
}
```

Bis jetzt haben wir nur eine Schnittstelle innerhalb eines Moduls definiert. Als Nächstes definieren wir das Anbietermodul. Listing 6-3 zeigt die Implementierungsklasse der Schnittstelle aus dem Modul com.apress.providerA.

Listing 6-3. Die Implementierungsklasse der Schnittstelle ServiceExample aus dem Modul com.apress.providerA

```
package com.apress.providerA;

import com.apress.moduleA.interfaces.ServiceExample;

public class ServiceExampleImplementation1 implements ServiceExample {

    public ServiceExampleImplementation() {
    }

    @Override
    public String printHelloWorld() {

        return "Hello World from ServiceExampleImplementation1";
    }
}
```

In Listing 6-4 sehen Sie den Moduldeskriptor des Moduls com.apress.providerA.

Listing 6-4. Der Moduldeskriptor des Moduls com.apress.providerA

```
module com.apress.providerA {
        requires com.apress.moduleA;
```

```
    provides  com.apress.moduleA.interfaces.ServiceExample  with  com.
    apress.providerA.ServiceExampleImplementation1;
}
```

Der Moduldeskriptor gibt an, dass er eine Implementierung der ServiceExample-Schnittstelle mit der Klasse ServiceExampleImplementation1 bereitstellt. Das bedeutet, dass wir innerhalb des Moduls eine Klasse namens ServiceExampleImplementation1 haben, die die Schnittstelle ServiceExample implementiert. Der Moduldeskriptor benötigt außerdem das Modul com.apress.moduleA, da er auf die Schnittstelle zugreifen muss, um sie implementieren zu können.

Listing 6-5 zeigt den Inhalt des Moduls com.apress.consumer.

Listing 6-5. Die Hauptklasse des Moduls com.apress.consumer

```
package com.apress.consumer;

import com.apress.moduleA.interfaces.ServiceExample;
import java.util.ServiceLoader;

public class Main {

        public static void main(String[] args) {
                Iterable<ServiceExample> services = ServiceLoader.load(Ser-
                viceExample.class);
                for(ServiceExample serviceExample : services) {
                                System.out.println(serviceExample.printHel-
                                loWorld());
                }
        }
}
```

Die Main-Klasse erhält Instanzen von ServiceExample mit Hilfe des ServiceLoaders aus dem java.util-Paket. Dies geschieht durch das Erstellen eines neuen ServiceLoaders für den ServiceExample-Typ innerhalb der Main-Klasse des Moduls com.apress.consumer. Alle Instanzen des Typs ServiceExample werden abgerufen, indem die load()-Methode mit dem Parameter ServiceExample.class aufgerufen wird. Schließlich iterieren wir durch sie und rufen die Methode printHelloWorld() auf ihnen auf.

Listing 6-6 zeigt die module-info.java-Datei des Moduls com.apress.consumer.

Listing 6-6.   Der Moduldeskriptor des Moduls com.apress.consumer

```
module com.apress.consumer {
        requires com.apress.moduleA;
        uses com.apress.moduleA.interfaces.ServiceExample;
}
```

Das Modul com.apress.consumer benötigt das Modul com.apress.moduleA, da es Zugriff auf die Schnittstelle benötigt, um die entsprechende Methode darauf aufrufen zu können. Zusätzlich gibt es an, dass es die Schnittstelle ServiceExample verwendet. Dies teilt dem Modulsystem mit, dass das Modul com.apress.consumer Instanzen der Schnittstelle com.apress.moduleA.interfaces.ServiceExample konsumieren möchte.

Schließlich kompilieren wir die angegebenen Module mit dem folgenden Befehl:

```
javac -d output --module-source-path src $(find . -name "*.java")
```

Dann führen wir den folgenden Befehl aus:

```
java --module-path output -m com.apress.consumer/com.apress.consumer.Main
```

Die Ausgabe wird in der Konsole angezeigt:

```
Hello World from ServiceExampleImplementation1
```

In diesem Beispiel haben wir gesehen, wie man einen einfachen Dienstanbieter, einen Dienstverbraucher und eine Schnittstelle in einem separaten Modul für die Kommunikation zwischen dem Dienstanbieter und dem Dienstverbraucher definiert. Sowohl der Dienstanbieter als auch der Dienstverbraucher benötigen nur die Schnittstelle. Das bedeutet, dass es eine Abhängigkeit zwischen dem Dienstanbieter und der Schnittstelle und entsprechend eine Abhängigkeit zwischen dem Dienstverbraucher und der Schnittstelle gibt. Es ist wichtig zu bedenken, dass es keine Abhängigkeit zwischen dem Dienstanbieter und dem Dienstverbraucher gibt. Als Konsequenz haben wir keine enge Kopplung zwischen diesen beiden Modulen.

Hinweis   Den Quellcode für dieses Beispiel finden Sie im Verzeichnis /ch06/one-ConsumerOneProvider.

Verwendung von einem Verbraucher und zwei Anbietern

Bisher hatten wir nur einen Dienstanbieter, aber wir können viele Dienstanbieter definieren und gleichzeitig die lose Kopplung zwischen den Dienstanbietern und den Dienstverbrauchern beibehalten. Wir werden dieses Konzept anhand eines Beispiels veranschaulichen, indem wir ein weiteres Anbietermodul definieren.

Auflistung 6-7 zeigt die Implementierungsklasse der Schnittstelle ServiceExample im Modul com.apress.providerB.

Auflistung 6-7.   Die Implementierungsklasse der Schnittstelle ServiceExample aus dem Modul com.apress.providerB

```
package com.apress.providerB;

import com.apress.moduleA.interfaces.ServiceExample;

public class ServiceExampleImplementation2 implements ServiceExample {

    public ServiceExampleImplementation2() {
    }

    @Override
    public String printHelloWorld() {
        return "Hello World from ServiceExampleImplementation2";
    }
}
```

Auflistung 6-8 zeigt den Moduldeskriptor des Moduls com.apress.providerB.

Auflistung 6-8.   *Der Moduldeskriptor des Moduls com.apress.providerB*

```
module com.apress.providerB {
    requires com.apress.moduleA;
```

153

```
    provides com.apress.moduleA.interfaces.ServiceExample with com.apress.
providerB.ServiceExampleImplementation2;
}
```

Der Moduldeskriptor des Moduls com.apress.providesB bietet eine Implementierung der ServiceExample Schnittstelle mit der Klasse ServiceExampleImplementation2.

Durch Kompilieren und Ausführen der Module wird das folgende Ergebnis in der Konsole ausgegeben:

```
Hello World von ServiceExampleImplementation2
Hello World von ServiceExampleImplementation1
```

In diesem Beispiel haben wir zwei Anbietermodule definiert und gesehen, wie sie im Kontext des Modulsystems interagieren. Keines der Anbietermodule hat eine Abhängigkeit vom Verbrauchermodul.

In unserem Beispiel exportieren weder die Anbietermodule noch das Verbrauchermodul ihre Pakete. Auf diese Weise sind sie gekapselt und können nicht von außen zugegriffen werden. Trotzdem hat Jigsaw die Fähigkeit, Klassen vom Typ ServiceExampleImplementation1 zu instanziieren, weil es das Interface ServiceExample implementiert, das mit der provides-Direktive innerhalb der module-info.java des Moduls com.apress.providerB definiert ist.

Hinweis   Den Quellcode für dieses Beispiel finden Sie im Verzeichnis /ch06/one-ConsumerTwoProviders.

Zusammenfassung

In diesem Kapitel haben wir über Dienste gesprochen. Dienste werden verwendet, um Module durch Festlegen eines Vertrags in Form einer Schnittstelle zu entkoppeln. Sie ermöglichen eine lose Kopplung zwischen Dienstverbraucher und Dienstanbietern. Das Konzept der losen Kopplung ist sehr wichtig in der Softwareentwicklung, insbesondere wenn wir über große Softwareanwendungen sprechen. Wir haben gezeigt, wie man deklariert, dass ein Modul einen Dienst bereitstellt, indem man das neue Konstrukt `provides … with` innerhalb des Moduldeskriptors module-info.java verwendet. Danach haben wir darüber gesprochen, wie man deklariert, dass ein Modul einen Dienst verbraucht, indem man das neue Konstrukt `uses` innerhalb des Moduldeskriptors verwendet. Weiterhin haben wir diskutiert, wie man einen `ServiceLoader` abruft.

Wir haben uns zwei Beispiele angesehen, wie wir einen Dienstverbraucher und einen Dienstanbieter bzw. einen Dienstverbraucher und zwei Dienstanbieter definieren können.

In Kap. 7 erfahren Sie mehr über das Jlink-Tool, mit dem wir benutzerdefinierte Laufzeitbilder erstellen können, die nur die Module enthalten, die wir benötigen.

KAPITEL 7

Jlink: Der Java Linker

Im Laufe des Softwareentwicklungsprozesses können wir auf Situationen stoßen, in denen wir gezielte Java Runtime Environments (JREs) für das Betriebssystem benötigen, das wir verwenden. Die Gründe dafür sind vielfältig: Wir möchten vielleicht eine bessere Leistung erzielen oder wir haben einige angepasste Bibliotheken, die nur auf einem bestimmten Betriebssystem funktionieren.

Beispielsweise möchten wir beim Einsatz von Mikroservices möglicherweise nicht das gesamte JDK verwenden, sondern nur einen Teil davon. Mikroservices sind klein und verwenden in der Regel keine Bibliotheken aus dem gesamten JDK.

Jlink hilft, diese Probleme zu lösen, indem es eine angepasste, zielgerichtete Version der JRE erstellt, die spezifisch für ein Betriebssystem ist und nur die Module enthält, die wir benötigen.

Der Java Linker

Java 9 führt ein neues Tool für das dynamische Verlinken von Modulen ein, genannt Jlink. Seine Aufgabe ist es, eine Gruppe von Modulen zusammenzustellen, um ein Laufzeitbild zu erstellen. Während des Zusammenstellungsprozesses können verschiedene Optimierungen über Modulgrenzen hinweg angewendet werden. Die folgenden Abschnitte behandeln einige Methoden zur Durchführung dieser Art von Optimierungen.

Jlink beginnt mit den von uns angegebenen Modulen und sucht rekursiv nach allen `requires`-Anweisungen innerhalb der Modulbeschreibungen der angegebenen Module. Auf diese Weise kann Jlink alle Module finden, die in einem neuen benutzerdefinierten Laufzeitbild zusammengefügt werden müssen.

Ein Laufzeitbild, das mit dem Jlink-Tool erstellt wurde, enthält die minimale Anzahl von erforderlichen Modulen zusammen mit ihren Abhängigkeiten. Wir können auch

© Der/die Autor(en), exklusiv lizenziert an APress Media, LLC, ein Teil von Springer Nature 2024
A. Jecan, *Die Modularität von Java 9*, https://doi.org/10.1007/978-3-662-68877-9_7

angeben, welche Module wir dem Laufzeitbild hinzufügen möchten. Als Ergebnis wird eine plattformspezifische binäre ausführbare Datei erstellt.

Jlink kann die folgenden Arten von Dateien als Eingabe nehmen:

- Modulare JAR-Dateien

- JMOD-Dateien

- JAR-Dateien

- Klassendateien

Die folgenden Arten von Dateien können die Ausgabe des Jlink-Tools darstellen:

- JMOD-Dateien

- JAR-Dateien

- JVM-Bilder

- Benutzerdefinierte JREs

Das Jlink-Tool kann diese vier Arten von Dateien zur Link-Zeit generieren. Jlink kann sogar benutzerdefinierte JVM-Bilder erstellen. Abb. 7-1 veranschaulicht die Arten von

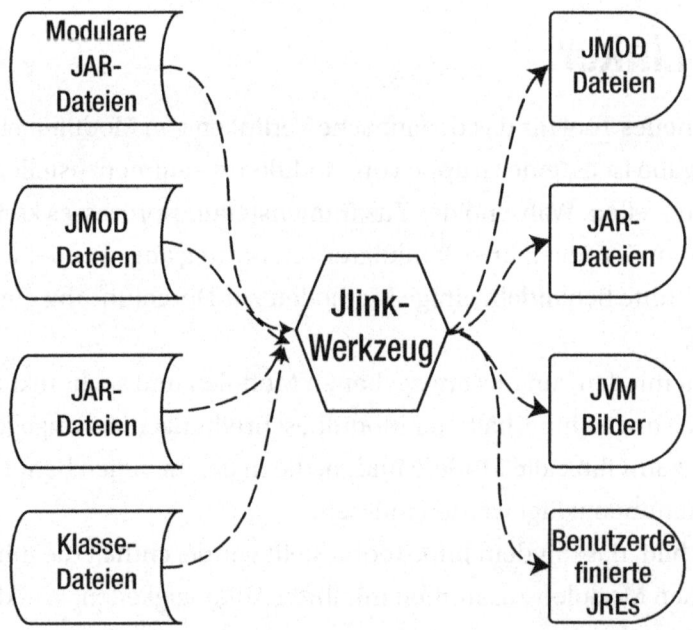

Abb. 7-1. *Arten von Eingabe- und Ausgabedateien für das Jlink-Tool*

Eingabedateien, die vom Jlink-Tool akzeptiert werden, und auch welche Art von Ausgabedateien es erstellen kann.

Das Jlink-Tool fungiert wie ein Code-Transformer und führt den Auflösungsprozess durch, um die kleinstmögliche Menge an Modulen zu berechnen, die für die Erstellung des Laufzeitbildes benötigt werden. Das kleinste Laufzeitbild, das wir hypothetisch erstellen können, ist ein Laufzeitbild, das nur das Basismodul java.base enthält. Jlink ist ein Tool, das zur Build-Zeit verwendet wird, das Cross-Kompilieren und Cross-Modul-Optimierungen verwenden kann, aber es kann keine plattformübergreifenden ausführbaren Dateien erstellen.

Sie fragen sich vielleicht, wie Jlink weiß, was unsere Zielplattform ist. Es weiß das aufgrund der Art der Plattformmodule, die wir zu verlinken versuchen. Wenn wir beispielsweise auf einem Linux-Betriebssystem arbeiten und einen Modulpfad zu einer Windows-Distribution übergeben, wird Jlink die Windows-Versionen dieser Module verlinken und ein Windows-Laufzeitbild erstellen.

Hinweis   Der Modulpfad, den wir angeben, wenn wir Jlink verwenden, muss das Modul für die Zielplattform sein.

Es sind keine Änderungen auf Code-Ebene erforderlich, um Jlink zu verwenden. Jlink fügt die Module zu einem benutzerdefinierten Laufzeitbild zusammen und ändert die module-info.class-Dateien überhaupt nicht.

Jlink-Bilder

Jlink-Bilder sind spezifisch für jedes Betriebssystem. Sie stellen eine Anpassung des JDK und der JRE dar. Wir können sie als benutzerdefinierte Laufzeitbilder einer JRE betrachten, die nur die Module enthält, die unsere Anwendung benötigt. Jlink erstellt ein benutzerdefiniertes Verzeichnis, das zum Ausführen unserer Java-Anwendung verwendet werden kann.

Ein Jlink-Bild enthält die folgenden Verzeichnisse:

- bin

- conf

- include

- legal

- lib

- release

Jlink verlinkt auch Module, die die Direktive `requires static myModule` haben. Zur Laufzeit, wenn das Modul myModule auf dem Modulpfad gefunden wird, wird die Klausel `requires static` erfüllt. Wenn wir eine Anwendung haben, die nur das Modul java.base und sonst nichts verwendet, dann wird unser benutzerdefiniertes Laufzeitbild nur aus unseren Anwendungsmodulen plus dem Modul java.base bestehen.

Sie erfahren später in diesem Kapitel mehr über Jlink-Bilder und die Syntax des Jlink-Befehls, wenn wir ein benutzerdefiniertes Laufzeitbild erstellen.

Jlink Befehlssyntax

Um ein benutzerdefiniertes Laufzeitbild mit Jlink zu erstellen, wird der `jlink`-Befehl zusammen mit den notwendigen Optionen verwendet. Abb. 7-2 zeigt die Syntax dieses Befehls zusammen mit seinen wichtigsten Optionen.

- `[jlink_options]` gibt eine Reihe von Optionen an, die durch Leerzeichen getrennt sind. Sie erfahren mehr über diese Optionen im nächsten Abschnitt.

- Die Option `--module-path` gibt den Ort der Module an, die vom Jlink-Tool entdeckt werden sollen. Es können explodierte Module, modulare JAR-Dateien oder JMOD-Dateien sein.

- Die Option `--add-modules` gibt die Namen der Module an, die dem Laufzeitbild hinzugefügt werden sollen. Die angegebenen Module werden zusammen mit ihren transitiven Abhängigkeiten zum Laufzeitbild hinzugefügt.

jlink [jlink_options] --modul-path <modul_path> --add-modules <Module_liste> --output <Verzeichnis>

Abb. 7-2. *Die Syntax des jlink-Befehls*

- Die Option --output gibt das Verzeichnis an, in dem das benutzerdefinierte Laufzeitbild erstellt wird.

Wie bereits erwähnt, erhält das Jlink-Tool den Modulpfad, der zeigt, wo die Module zu finden sind. Es findet die Module, indem es den Modulauflösungsprozess startet, der nach allen transitiven Abhängigkeiten jedes Moduls sucht, bis das unterste Modul, java.base, erreicht ist. Vorausgesetzt, wir fügen ein Modul mit der Befehlszeilenoption --add-modules hinzu, wird Jlink nach allen seinen requires- und requires-static-Klauseln suchen und alle entsprechenden abhängigen Module in das benutzerdefinierte Laufzeitbild einfügen.

Hinweis   Das Jlink-Tool ermöglicht das Querverlinken, wenn wir die JMOD-Dateien für die Zielplattform haben.

Jlink-Befehlsoptionen

Das Jlink-Tool ist nicht auf die im vorherigen Abschnitt besprochenen Optionen beschränkt. Laut der offiziellen JDK-9-API-Spezifikation erlaubt es viele andere Optionen, die alle in Tab. 7-1 gezeigt werden.

Link-Phase

In Java 9 wurde eine neue *Link-Phase* eingeführt. Ihre Aufgabe besteht darin, ein Laufzeitbild zu erzeugen, indem eine Sammlung von Modulen zusammen mit ihren transitiven Abhängigkeiten zusammengestellt wird. Open JDK gibt an, dass die „Link-Zeit eine Gelegenheit ist, um Optimierungen für die gesamte Welt durchzuführen, die sonst schwierig zu kompilieren oder kostspielig zur Laufzeit sind."

Linking ist eine neue Entwicklungsphase, die im gesamten Java-Entwicklungsprozess hinzugefügt wurde. Es ist sehr wichtig zu bedenken, dass die Link-Phase optional ist – Sie müssen sie nicht verwenden, wenn Sie nicht wollen oder müssen.

Linking kann in Java 9 verwendet werden, wenn wir eine modulare Anwendung haben. Das resultierende Bild ist plattformunabhängig. Der Linker kann zwei oder mehr

Tab. 7-1. *Die Optionen des Jlink-Befehls*

Optionsname	Beschreibung
`--help`	Gibt eine Hilfemeldung aus
`--module-path <module_path>`	Definiert den Modulpfad
`--limit-modules <list_of_modules_names>`	Beschränkt die Gruppe der beobachtbaren Module auf diejenigen in der transitiven Schließung der angegebenen Module. Wenn Module mit der Option --add-modules angegeben sind, werden sie ebenfalls zu den beobachtbaren Modulen hinzugefügt, auch wenn sie nicht in der Liste der --limit-modules vorhanden sind. Das Hauptmodul, falls es existiert, wird ebenfalls zu den beobachtbaren Modulen hinzugefügt
`--add-modules <module_name>`	Gibt die Root-Module an, die aufgelöst werden müssen
`--output <directory_name>`	Gibt den Namen des Verzeichnisses an, in dem das Laufzeitbild generiert wird
`--launcher <command_name>=<module_name>`	Gibt den Launcher-Befehlsnamen für das Modul an
`--launcher command=<module_name> / main`	Gibt den Launcher-Befehlsnamen für das Modul zusammen mit der Main-Klasse an
`--endian <little | big>`	Definiert die Byte-Reihenfolge des zu generierenden Laufzeitbildes
`--version`	Zeigt die Versionsinformationen an
`--save-opts <name_of_file>`	Speichert die Jlink-Optionen in der angegebenen Datei
`--strip-debug`	Entfernt die Debug-Informationen
`--no-man-pages`	Schließt die man-Seiten aus
`--no-header-files`	Schließt die Header-Dateien aus
`--disable-plugin <name_of_plugin>`	Deaktiviert das Plugin
`--list-plugins`	Listet alle verfügbaren Jlink Plugins auf, die über die Befehlszeile erreichbar sind
`--ignore-signing-information`	Überwindet einen Fehler, wenn signierte modulare JARs mit dem Laufzeitbild verlinkt werden

(Fortsetzung)

Tab. 7-1. *(Fortsetzung)*

Optionsname	Beschreibung
@<name_of_file>	Liest alle Optionen aus der als Argument angegebenen Datei
--bind-services	Führt eine vollständige Dienstbindung durch und verlinkt Dienstanbietermodule und ihre Abhängigkeiten in das Laufzeitbild
--suggest-providers <list_of_names_ of_service>	Hilft bei der Suche nach Anbietern, die die Diensttypen vom Modulpfad implementieren
--verbose	Aktiviert ausführliches Tracing

Ziele verknüpfen – zum Beispiel, wenn Sie Betriebssystem A verwenden, können Sie erfolgreich Betriebssystem B anvisieren, vorausgesetzt, Ihr Modulpfad besitzt die Module für Betriebssystem B anstelle derjenigen für Betriebssystem A. Aber es ist nicht möglich, eine WAR-Datei zusammen zu verknüpfen.

Das Modul jdk.jlink

Abb. 7-3 zeigt den Modulgraphen, der das Modul jdk.jlink zusammen mit seinen Abhängigkeiten enthält.

Das Modul jdk.jlink enthält verschiedene Java-Klassen im Verzeichnis tools. Es gibt ein jimage-, ein jlink- und ein jmod-Verzeichnis im Verzeichnis tools. Das Modul jdk.jlink hat Abhängigkeiten von den Modulen jdk.internal.opt und jdk.jdeps, wie in seinem Moduldeskriptor, der Datei module-info.java, ausgedrückt. Das Modul jdk.jdeps hat eine Abhängigkeit vom Modul jdk.compiler, welches eine Abhängigkeit vom Modul java.compiler hat. Schließlich benötigt das Modul java.compiler das Modul java.logging.

Hinweis   Das Modul jdk.jlink ist nicht dafür ausgelegt, von Programmierern verwendet zu werden.

Abb. 7-3 zeigt die nicht standardmäßigen JDK-Module (jdk.jlink, jdk.internal.opt, jdk.jdeps und jdk.compiler) und die standardmäßigen JDK-Module (java.compiler, java.

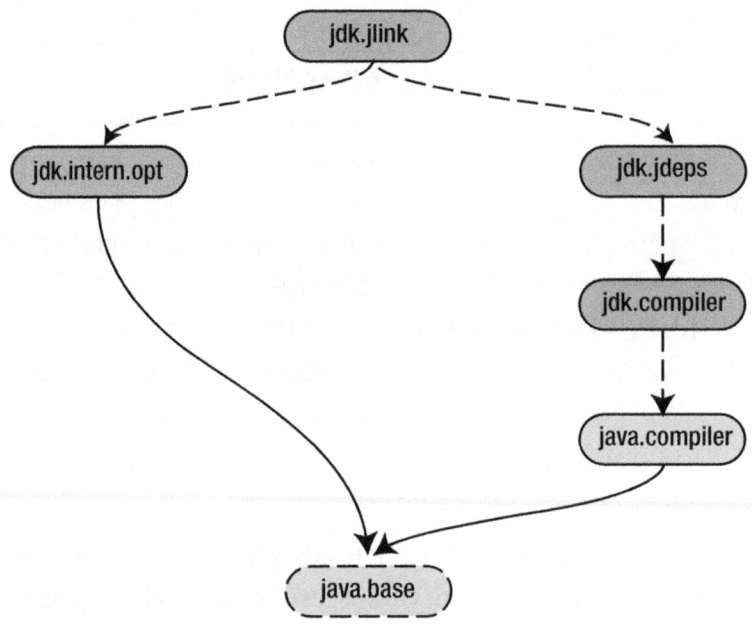

Abb. 7-3. *Der Modulgraph des internen Moduls jdk.jlink*

logging und java.base). Wie im Modulgraphen in Kap. 3 dargestellt, repräsentieren die durchgezogenen Linien implizite Lesbarkeit und die gestrichelten Linien einfache Lesbarkeit zwischen Modulen.

Auflistung 7-1 zeigt den Moduldeskriptor des jdk.jlink Moduls.

Auflistung 7-1. Der Moduldeskriptor des Moduls jdk.jlink

```
module jdk.jlink {
    requires jdk.internal.opt;
    requires jdk.jdeps;

    uses jdk.tools.jlink.plugin.Plugin;

    provides java.util.spi.ToolProvider with
        jdk.tools.jmod.Main.JmodToolProvider,
        jdk.tools.jlink.internal.Main.JlinkToolProvider;

    provides jdk.tools.jlink.plugin.Plugin with
        jdk.tools.jlink.internal.plugins.StripDebugPlugin,
```

```
        jdk.tools.jlink.internal.plugins.ExcludePlugin,
        jdk.tools.jlink.internal.plugins.ExcludeFilesPlugin,
        jdk.tools.jlink.internal.plugins.ExcludeJmodSectionPlugin,
        jdk.tools.jlink.internal.plugins.LegalNoticeFilePlugin,
        jdk.tools.jlink.internal.plugins.SystemModulesPlugin,
        jdk.tools.jlink.internal.plugins.StripNativeCommandsPlugin,
        jdk.tools.jlink.internal.plugins.OrderResourcesPlugin,
        jdk.tools.jlink.internal.plugins.DefaultCompressPlugin,
        jdk.tools.jlink.internal.plugins.ExcludeVMPlugin,
        jdk.tools.jlink.internal.plugins.IncludeLocalesPlugin,
        jdk.tools.jlink.internal.plugins.GenerateJLIClassesPlugin,
        jdk.tools.jlink.internal.plugins.ReleaseInfoPlugin,
        jdk.tools.jlink.internal.plugins.ClassForNamePlugin;
}
```

In diesem Moduldeskriptor können Sie die gesamte Liste der Plugins sehen, die das Jlink-Tool hat.

Beispiel: Erstellen eines Laufzeitbildes mit Jlink

In diesem Abschnitt wird ein Beispiel für die Erstellung eines benutzerdefinierten Laufzeitbildes gezeigt. Unsere kleine Anwendung speichert eine Textnachricht in einer Datei und dann in einer Datenbank.

Wir definieren vier Module und verwenden die ServiceLoader API erneut, wie in Kap. 6. Warum wieder die ServiceLoader API? Weil, und das möchten wir betonen, Jlink standardmäßig keine Servicebindung bereitstellt. Das bedeutet, dass Jlink standardmäßig die Module, die mit den Klauseln „use" und „provides" beobachtet werden, nicht zum Laufzeitbild hinzufügt. Es fügt nur die Module hinzu, die mit den requires-Klauseln angegeben sind. Das JCP-Team hat jedoch das Jlink-Tool mit einer Option namens --bind-services erweitert, die eine Servicebindung durchführt und Serviceprovider-Module und ihre Abhängigkeiten verlinkt.

Die Auflistung 7-2 zeigt die Schnittstellen DatabasePersistenceService und FilePersistenceService des Moduls com.apress.service.

165

Auflistung 7-2. Die Schnittstellen DatabasePersistenceService und FilePersistence-Service des Moduls com.apress.service

```
// DatabasePersistenceService.java
package com.apress.service.interfaces;

public interface DatabasePersistenceService {

    void saveMessageIntoDatabase(String message);
}

// FilePersistenceService.java
package com.apress.service.interfaces;

public interface FilePersistenceService {

    void saveMessageIntoFile(String message);
}
```

Diese Schnittstellen enthalten Methodendefinitionen zum Speichern einer Nachricht in der Datenbank und zum Speichern einer Nachricht in einer Datei.

Die Auflistung 7-3 zeigt den Moduldeskriptor des Moduls com.apress.service, das einfach das Paket com.apress.service.interfaces exportiert.

Auflistung 7-3. Der Moduldeskriptor des Moduls com.apress.service

```
module com.apress.service {
    exports com.apress.service.interfaces;
}
```

Die Auflistung 7-4 zeigt die Klasse DatabasePersistenceProvider des Moduls com.apress.databasepersistence.

Auflistung 7-4. Die Klasse DatabasePersistenceProvider des Moduls com.apress.databasepersistence

```
package com.apress.databasepersistence;

import com.apress.service.interfaces.*;
import java.sql.*;
```

```java
public class DatabasePersistenceProvider implements DatabasePersistence-
Service {

    private Connection connection;
    private static final String JDBC_URL = "jdbc:postgresql://localhost/my-
    Database";

    public void saveMessageIntoDatabase(String message) {

        String insertSql = "INSERT INTO MESSAGES(CONTENT) VALUES(" + mes-
        sage + ")";

        try {
            connection   =   DriverManager.getConnection(JDBC_URL,   "root",
            "password");
            Statement statement = connection.createStatement();

            int result = statement.executeUpdate(insertSql);
             if (result > 0) {
                System.out.println("Nachricht erfolgreich in der Datenbank
                gespeichert");
            } else {
                System.out.println("Nachricht konntc nicht in dcr Datenbank
                gespeichert werden");
            }
            } catch (SQLException sqlException) {
            sqlException.printStackTrace();
        }
    }
}
```

Diese Klasse ist ein Dienstanbieter, der die Methode saveMessageIntoDatabase()
der Schnittstelle DatabasePersistenceService implementiert. Sie importiert auch das
Paket java.sql. Die Rolle der Klasse besteht einfach darin, einen String in einer
Datenbank zu speichern, indem JDBC verwendet wird.

Die Auflistung 7-5 zeigt den Moduldeskriptor des Moduls com.apress.
databasepersistence.

Auflistung 7-5. Der Moduldeskriptor des Moduls com.apress.databasepersistence

```
module com.apress.databasepersistence {

    requires com.apress.service;
    requires java.sql;

    provides  com.apress.service.interfaces.DatabasePersistenceService  with
    com.apress.databasepersistence.DatabasePersistenceProvider;
}
```

Dieses Modul benötigt das Modul com.apress.service, da es dessen Schnittstellen verwendet. Es benötigt auch das Modul java.sql, da es Typen aus diesem Modul verwendet. Dennoch erklärt es, dass es die Implementierung der Schnittstelle DatabasePersistenceService mit der Klasse DatabasePersistenceProvider bereitstellt.

Die Auflistung 7-6 zeigt die Klasse FilePersistenceProvider des Moduls com.apress.filepersistence.

Auflistung 7-6. Die Klasse FilePersistenceProvider des Moduls com.apress.filepersistence

```
package com.apress.filepersistence;

import com.apress.service.interfaces.*;
import java.io.*;

public class FilePersistenceProvider implements FilePersistenceService {

    private static final String FILENAME = "C:\\Java9\\example.txt";

    // für Linux
    // private static final String FILENAME = "Java9/example.txt";
    private BufferedWriter bufferedWriter = null;
    private FileWriter fileWriter = null;

    public void saveMessageIntoFile(String message) {

        try {
```

```
            fileWriter = new FileWriter(FILENAME);
            bufferedWriter = new BufferedWriter(fileWriter);
            bufferedWriter.write(message);
        }
        catch (IOException e) {

            e.printStackTrace();
        }
        finally {
            try {
                if (bufferedWriter != null)
                    bufferedWriter.close();

                if (fileWriter != null)
                    fileWriter.close();
            } catch (IOException ex) {
                ex.printStackTrace();
            }
        }
    }
}
```

Diese Klasse ist ein Dienstanbieter, der die Methode saveMessageIntoFile() der Schnittstelle FilePersistenceService implementiert. Die Rolle der Klasse besteht darin, einen String mit Hilfe von Java I/O in eine Datei zu speichern.

Die Auflistung 7-7 zeigt den Moduldeskriptor des Moduls com.apress.filepersistence.

Auflistung 7-7. Der Moduldeskriptor des Moduls com.apress.filepersistence

```
module com.apress.filepersistence {

    requires com.apress.service;
    provides com.apress.service.interfaces.FilePersistenceService with com.
apress.filepersistence.FilePersistenceProvider;
}
```

Dieses Modul benötigt das Modul com.apress.service und erklärt, dass es die Implementierung der Schnittstelle FilePersistenceService mit der Klasse FilePersistenceProvider bereitstellt.

Die Auflistung 7-8 zeigt die Main-Klasse, die sich im Modul com.apress.application befindet.

Auflistung 7-8. Die Main-Klasse des Moduls com.apress.application

```
package com.apress.application;

import com.apress.service.interfaces.*;
import java.util.ServiceLoader;

public class Main {

        public static void main(String[] args) {

                FilePersistenceService filePersistenceService = ServiceLoa-
                der.load(FilePersistenceService.class).iterator().next();
                filePersistenceService.saveMessageIntoFile("Erste Nachricht
                in die Datei gespeichert");

                DatabasePersistenceService    databasePersistenceService    =
                ServiceLoader.load(DatabasePersistenceService.class).itera-
                tor().next();
                databasePersistenceService.saveMessageIntoDatabase("Zweite
                Nachricht in die Datenbank gespeichert");
        }
}
```

Diese Klasse verwendet die ServiceLoader API, um die Schnittstellen FilePersistenceService und DatabasePersistenceService zu laden. Anschließend ruft sie die entsprechenden Methoden auf den Schnittstellen auf. Als Ergebnis wird die Nachricht in der Textdatei bzw. in der Datenbank gespeichert.

Die Auflistung 7-9 stellt den Moduldeskriptor des Moduls com.apress. application dar.

Auflistung 7-9. Der Moduldeskriptor des Moduls com.apress.application

```
module com.apress.application {

    requires com.apress.service;

    uses com.apress.service.interfaces.FilePersistenceService;
    uses com.apress.service.interfaces.DatabasePersistenceService;
}
```

Wir stellen fest, dass com.apress.application unser Hauptmodul darstellt. Wir kompilieren alle Java-Klassen mit dem `javac`-Befehl:

```
javac -d output --module-source-path src $(find . -name "*.java")
```

Als Ergebnis wird das Ausgabeverzeichnis alle kompilierten Klassen unserer vier Module enthalten, die wir haben. Weiterhin erstellen wir ein benutzerdefiniertes Laufzeitbild mit dem Jlink-Werkzeug, indem wir den folgenden Befehl ausführen (in unserem Fall auf dem Windows-Betriebssystem):

```
jlink --module-path "output;$JAVA_HOME/jmods" --add-modules com.apress.ap-
plication --output runtimeImage
```

Wir geben zwei Verzeichnisse an, getrennt durch ein Semikolon, für den Modulpfad. Das Ausgabeverzeichnis enthält die Klassendateien aller unserer Module. JAVA_HOME ist eine Umgebungsvariable, die auf die aktuelle Installation von Java 9 zeigt. Innerhalb von JAVA_HOME befindet sich das JMODS-Verzeichnis, das die Module des JDK enthält. Denken Sie daran, dass wir den Modulpfad explizit auf das JDK zeigen lassen müssen, für das wir ein Laufzeitbild erstellen möchten.

Mit der Option `--add-modules` geben wir den Namen des Hauptmoduls an. Schließlich gibt die Ausgabeoption das Verzeichnis an, in dem das neue benutzerdefinierte Laufzeitbild erstellt wird.

Das Jlink-Werkzeug analysiert zuerst die Moduldeskriptor-Datei des Moduls com.apress.application und fügt dann rekursiv alle Module hinzu, die im Laufzeitbild benötigt werden. Das Verzeichnis runtimeImage enthält nun das Laufzeitbild, das wir gerade erstellt haben. Wir können sehen, welche Module das Laufzeitbild enthält, indem wir den Befehl `java --list-modules` im Verzeichnis runtimeImage ausführen:

```
./bin/java --list-modules
```

Das Ergebnis ist:

```
com.apress.application
com.apress.service
java.base
```

Unser Laufzeitbild enthält diese drei Module. Das Modul java.base ist das einzige Plattformmodul, das immer automatisch zu unserem Laufzeitbild hinzugefügt wird. Darüber hinaus haben wir zwei weitere Anwendungs-Module in unserem Laufzeitbild: com.apress.application, das ist das Root-Modul, das wir mit der Option `--add-options` angegeben haben, und das Modul com.apress.service. Das Modul com.apress. application benötigt das Modul com.apress.service in seinem Moduldeskriptor. Als Ergebnis haben wir das Modul com.apress.service in unserem Laufzeitbild.

Hinweis   Die Module com.apress.databasepersistence und com.apress.filepersistence sind nicht in unserem neu erstellten Laufzeitbild vorhanden, auch wenn sie zuvor erfolgreich im Ausgabeverzeichnis kompiliert wurden. Darüber hinaus sollte das Modul java.sql auch im Laufzeitbild vorhanden sein, da es vom Modul com. apress.databasepersistence benötigt wird. Der Grund, warum diese Module nicht im Laufzeitbild sind, ist, dass das Jlink-Werkzeug standardmäßig keine Dienstbindung durchführt. Das Werkzeug identifiziert die notwendigen Module, indem es nach den `requires`-Klauseln in den Moduldeskriptoren sucht. Es sucht nicht nach den uses- oder provides-Klauseln. In unserem Modul com.apress.application benötigen wir die Module com.apress.databasepersistence und com.apress.filepersistence nicht. Daher werden sie nicht zum Laufzeitbild hinzugefügt.

Um dieses Problem zu lösen, gibt es zwei Möglichkeiten. Die erste ist auch die einfachste: Verwenden Sie die Option new `--bind-services`, die zum `jlink`-Befehl hinzugefügt wurde. Diese Option führt eine vollständige Dienstbindung durch. Daher sucht sie nach allen uses-Klauseln und fügt dann für alle Dienste, die durch die uses-Klauseln angegeben sind, alle Dienstanbietermodule im Laufzeitbild hinzu. Wir könnten es so verwenden:

```
jlink --module-path "output;$JAVA_HOME/jmods" --bind-services
      --add-modules com.apress.application
      --output runtimeImage
```

Eine zweite Lösung, um sie zum Laufzeitbild hinzuzufügen, wäre, sie innerhalb der Befehlszeilenoption --add-modules anzugeben, aber das ist ein Workaround, der hauptsächlich vor der Einführung der Option --bind-services verwendet wurde. Die Verwendung des Workarounds mit der Option --add-modules ist definitiv kostspieliger als die Verwendung der Option --bind-services. Daher sprechen wir hier über diese zweite Lösung. Wir löschen unser Laufzeitbild und fügen zusätzlich die expliziten --add-modules-Flags für jedes der Dienstanbietermodule hinzu, die wir in unser Laufzeitbild aufnehmen möchten:

```
jlink --module-path "output;$JAVA_HOME/jmods"
      --add-modules com.apress.application
      --add-modules com.apress.databasepersistence
      --add-modules com.apress.filepersistence
      --output runtimeImage
```

Wenn wir vergessen, das JMODS-Verzeichnis in unserem Modulpfad zu erwähnen, wird ein Fehler ausgelöst:

```
Error: module java.sql not found, required by com.apress.databasepersistence
```

Dieser Fehler besagt, dass das Modul java.sql, das vom Modul com.apress.databasepersistence benötigt wird, nicht auf dem Modulpfad gefunden wurde, weil wir seinen Standort, das JMODS-Verzeichnis, nicht auf dem Modulpfad angegeben haben.

Wir haben ausdrücklich angegeben, dass wir die Module com.apress.databasepersistence und com.apress.filepersistence zum Laufzeitbild hinzufügen möchten, neben dem Hauptmodul com.apress.application. Wenn wir den Befehl --list-modules im Verzeichnis runtimeImage ausführen, erhalten wir das folgende Ergebnis:

```
./bin/java --list-modules
com.apress.application
com.apress.databasepersistence
com.apress.filepersistence
```

```
com.apress.service
java.base
java.logging
java.sql
java.xml
```

Beachten Sie, dass das neue Laufzeitbild nicht nur die beiden von uns mit den --add-modules-Flags angegebenen Dienstanbietermodule enthält, sondern auch drei neue Module: java.logging, java.sql und java.xml. Der Grund dafür ist, dass das Modul com.apress.databasepersistence java.sql benötigt, so dass dieses Modul ebenfalls zum Laufzeitbild hinzugefügt wird. Aber das Modul java.sql benötigt auch die Module java. logging und java.xml. Daher werden auch diese beiden Module zum Laufzeitbild hinzugefügt, damit alle Abhängigkeiten erfüllt sind.

Unser Laufzeitbild hat eine Struktur, die der eines JRE ähnelt. Das neu erstellte Verzeichnis runtimeImage hat die folgende Struktur:

```
-bin (Verzeichnis)
-conf (Verzeichnis)
-include (Verzeichnis)
-legal (Verzeichnis)
-lib (Verzeichnis)
-release (Datei)
```

Das bin-Verzeichnis hat den folgenden Inhalt:

```
-server (Verzeichnis) => enthält eine jvm.dll-Datei
-java.dll (Datei)
-java.exe (Datei)
-javaw.exe (Datei)
-jimage.dll (Datei)
-jli.dll (Datei)
-keytool.exe (Datei)
-msvcp120.dll
-msvcr120.dll
-net.dll
-nio.dll
-verify.dll
```

```
-zip.dll
```

Das conf-Verzeichnis hat die folgende Struktur:

```
-net.properties (Datei)
-security (Ordner)    => -policy (Ordner)
                                -java.policy (Datei)
                             -java.security (Datei)
-net.properties (Datei)
```

Das include-Verzeichnis hat die folgende Struktur:

```
-win32 (Ordner) => -jni_md.h
-classfile_constants.h
-jni.h
-jvtmi.h
-jvmticmlr.h
```

Das legal-Verzeichnis hat den folgenden Inhalt:

```
-java.base (Ordner) => aes.md, asm.md, cldr.md, icu.md, zlib.md
-java.logging => COPYRIGHT
-java.sql => COPYRIGHT
-java.xml => bcel.md, COPYRIGHT, dom.md, jcup.md, xalan.md, xerces.md, xmlre-
solver.md
```

Das lib-Verzeichnis hat den folgenden Inhalt:

```
-security (Ordner) => blacklist, blacklisted.certs, cacerts, default.policy,
trusted.libraries
-server (Ordner) => Xusage.txt
-classlist (Datei)
-jrt-js.jar
-jvm.cfg
-jvm.lib
-modules (Datei)
-tzdb.dat
-tzmappings (Datei)
```

Hinweis Wir haben Windows 7 Professional Edition als Betriebssystem verwendet, während wir dieses Laufzeitbild mit Jlink erstellt haben. Deshalb ist das benutzerdefinierte Laufzeitbild spezifisch für das Windows-Betriebssystem.

Jlink führt standardmäßig keine Dienstbindung durch. Das bedeutet, wir haben zwei unterschiedliche Optionen:

- Verwenden Sie die Option `--bind-services`, damit die Dienstanbietermodule explizit entdeckt und zum Laufzeitbild hinzugefügt werden.

- Definieren Sie jedes Dienstanbietermodul, das wir in der Option `--add-modules` hinzufügen möchten.

Als Nächstes überprüfen wir die Größe des neu generierten Laufzeitbildes:

```
$ du -hs
48M
```

Unser gesamtes Laufzeitbild hat eine Größe von 48 MB, was viel kleiner ist als die Größe des gesamten JDK.

Wir löschen unser Laufzeitbild und erzeugen ein neues mit Kompression, um seine Größe zu reduzieren:

```
jlink --module-path "output;$JAVA_HOME/jmods"
        --add-modules com.apress.application
        --add-modules com.apress.databasepersistence
        --add-modules com.apress.filepersistence
        --compress=2
        --output runtimeImage
```

Wir haben Kompressionsstufe 2 verwendet. Sie erfahren später in diesem Kapitel mehr darüber während der Diskussion des Kompressions Plugins. Das neue Laufzeitbild hat eine Gesamtgröße von 29 MB. Dank der Kompression konnten wir die Größe des Laufzeitbildes um mehr als 40 Prozent reduzieren. Es wird empfohlen, Kompression zu verwenden, um kompaktere Laufzeitbilder zu erstellen, insbesondere wenn wir sie auf kleinen Geräten installieren müssen.

Wir können die Größe des Laufzeitbildes weiter reduzieren, indem wir die Option --strip-debug verwenden, die die Debug-Informationen aus dem Bild entfernt. In unserem Beispiel wird die neue Größe des Laufzeitbildes 26 MB statt 29 MB sein, nachdem wir die Option --strip-debug genutzt haben.

Hinweis   Wenn wir das Windows-Betriebssystem verwenden, müssen wir den Trenner : statt ; für den Modulpfad verwenden.

Ausführen des Laufzeitbildes

Um das Bild auszuführen, verwenden wir den Java-Launcher innerhalb des Laufzeitbildes:

```
$ ./bin/java -m com.apress.application/com.apress.application.Main
```

Wir haben auf den bin-Ordner im Laufzeitbild verwiesen und den Java-Launcher mit der Option -m aufgerufen, die den Modulnamen zusammen mit dem Namen der Main-Klasse enthält. Wir haben angegeben, dass wir die Main-Klasse aus dem Modul com.apress.application ausführen möchten.

Beachten Sie, dass wir im Laufzeitbild ein ausführbares Programm haben, das auf eine bestimmte Plattform (in unserem Fall Windows) abzielt.

Modulare JAR-Dateien als Eingabe für das Jlink-Tool

Wir haben zu Beginn dieses Kapitels festgestellt, dass das Jlink-Tool die folgenden Dateiformate als Eingabe akzeptieren kann: modulare JAR-Dateien, JAR-Dateien, Klassendateien und JMOD-Dateien.

Bis jetzt haben wir Klassendateien und JMOD-Dateien auf den Modulpfad gelegt. In diesem Beispiel verwenden wir modulare JAR-Dateien anstelle von erweiterten Klassendateien. Zuerst löschen wir unser Laufzeitbild, weil wir ein neues mit modularen JAR-Dateien und JMOD-Dateien erstellen werden. Für jedes Modul erstellen wir modulare JAR-Dateien im Ausgabeverzeichnis nach folgendem Muster:

```
$ jar --create --file output/com.apress.application.jar --main-class com.
apress.application.Main -C output/com.apress.application.
```

Nachdem alle vier modularen JAR-Dateien im Ausgabeverzeichnis erstellt wurden, löschen wir alle Klassendateien aus diesem Verzeichnis. Anschließend führen wir genau denselben jlink-Befehl wie zuvor aus, um ein benutzerdefiniertes Laufzeitbild zu erstellen.

Das neu erstellte Laufzeitbild, das aus modularen JAR-Dateien erstellt wurde, ist dasselbe wie das zuvor aus erweiterten Klassendateien erstellte Laufzeitbild.

Struktur des generierten Laufzeitbildes

Das Laufzeitbild, das wir zuvor erstellt haben, ist eine kleinere Implementierung von Java, die genau für unseren Code gemacht wurde, um erfolgreich laufen zu können. Es enthält nichts anderes als die minimal notwendigen Bibliotheken, um laufen zu können. Der Inhalt des generierten Laufzeitbildes wurde im vorherigen Abschnitt besprochen. Dieser Abschnitt konzentriert sich auf Details zu jedem Ordner des Laufzeitbildes.

Im bin-Verzeichnis gibt es drei Java-Launcher. Das Schlüssel-Tool wird zur Verwaltung von Zertifikaten und anderen sicherheitsrelevanten Dingen verwendet. Java ist der Launcher, den wir bereits kennen.

- Im lib-Verzeichnis befinden sich alle Klassen und Ressourcen, und es gibt keine rt.jar-Datei.

- Das conf-Verzeichnis enthält die Benutzerkonfiguration. Alle Dateien in diesem Verzeichnis können vom Benutzer bearbeitet werden.

- Das legal-Verzeichnis enthält Urheberrechtliches von Oracle. Es gibt Lizenzdateien pro Modul. Wenn wir Jlink verwenden, um unsere eigenen Laufzeitbilder zu erstellen, stammen die rechtlichen Informationen von den verpackten Modulen.

Um alle Module zu finden, die in einem Laufzeitbild enthalten sind, können wir java --list-modules innerhalb des Bildes ausführen, wie in den vorherigen Beispielen mehrfach gezeigt.

Keine Unterstützung für die Verknüpfung automatischer Module

Project Jigsaw bietet keine Unterstützung für die Verknüpfung automatischer Module. Der Versuch, ein Modul hinzuzufügen, das keine module-info.class-Datei im Laufzeitbild enthält, führt zu einem Fehler.

In unserem nächsten Beispiel laden wir die guava.jar in das Ausgabeverzeichnis herunter und fügen sie hinzu. Dann versuchen wir, das Laufzeitbild zu erstellen, indem wir zusätzlich die guava.jar-Datei angeben:

```
--add-modules guava
```

Da die guava.jar eine einfache JAR und keine modulare ist und daher keine module-info.class in sich trägt, wird der folgende Fehler ausgelöst:

```
Error: module-info.class not found vor guava module
```

Es gibt einen berechtigten Grund dafür, dass Jlink keine Unterstützung für automatische Module hinzufügt. Wie wir wissen, können automatische Module auf den Klassenpfad zugreifen. Daher kann niemand davon ausgehen, dass ein von Jlink erstelltes benutzerdefiniertes Laufzeitbild korrekt funktioniert, wenn es auch automatische Module enthält. Da automatische Module für die Durchführung von Migrationen verwendet werden, können sie Verweise auf Typen auf dem Klassenpfad haben. Wenn beispielsweise ein automatisches Modul in ein benutzerdefiniertes Laufzeitbild eingebunden wird, könnte dies schließlich zu fehlerhaften Verweisen führen, es sei denn, es wird mit dem Klassenpfad verwendet.

Um automatische Module in Jlink zu verwenden, sollten wir module-info.class-Dateien zu jeder der vorhandenen JAR-Dateien hinzufügen. Dafür könnten wir das jdeps-Tool mit der Option --generate-module-info verwenden.

Hinweis   Den Quellcode für dieses Beispiel finden Sie im Verzeichnis /ch07/jlink.

Bisher haben wir gesehen, wie man ein Laufzeitbild erstellt und dessen Struktur betrachtet. Das Jlink-Tool hat ein paar nützliche Plugins, die Sie verwenden können. Der nächste Abschnitt spricht über drei davon.

Jlink Plugins

Das Jlink-Tool basiert auf Plugins. Open JDK gibt an, dass „Jlink die Klassen, nativen Bibliotheken und Konfigurationsdateien zu einer Reihe von Ressourcen zusammenfasst. Diese Ressourcen werden durch eine Pipeline von Transformatoren geleitet, die durch Plugins definiert sind."

Jlink enthält einige wichtige Plugins, die von Entwicklern erweitert werden können. Wir können unsere eigenen Jlink Plugins entwickeln, um beispielsweise die Laufzeitbilder zu optimieren. Tab. 7-2 listet die vorhandenen Jlink Plugins auf, gemäß der offiziellen JDK-9-API-Spezifikation.

Die nächsten Unterabschnitte behandeln drei Jlink Plugins: die Plugins compress, release-info und exclude-files.

Das compress Plugin

Das compress Plugin hat die Aufgabe, alle Ressourcen im Ausgabebild zu komprimieren. Die Syntax des Plugins ist einfach:

```
--compress=<Kompressionsstufe>
```

Es gibt insgesamt drei Kompressionsstufen:

- *Stufe 0:* Konstante Zeichenkettenfreigabe

- *Stufe 1:* ZIP-Kompression

- *Stufe 2:* Sowohl konstante Zeichenkettenfreigabe als auch ZIP-Kompression von Bildklassen

Stufe 0 scannt den konstanten Pool der Bildklassen. Stufe 1 führt eine ZIP-Kompression der Bildklassen durch. Stufe 2 umfasst sowohl Stufe 0 als auch 1.

Früher in diesem Kapitel haben wir erklärt, wie man ein Laufzeitbild erstellt. In Tab. 7-3 finden Sie einen Vergleich der Größe unseres Laufzeitbildes bei Verwendung verschiedener Kompressionsstufen.

Wie Sie sehen können, ist die Kompression auf Stufe 2 am leistungsfähigsten. Wenn wir eine Kompressionsstufe angeben, die nicht 0, 1 oder 2 ist, wird beim Erstellen des Laufzeitbildes ein Fehler ausgelöst.

Tab. 7-2. *Die Jlink Plugins*

Plugin	Beschreibung
`--class-for-name`	Optimiert Klassen, indem `Class.forName()`-Aufrufe zu konstanten Lasten umgewandelt werden
`--compress=<0 | 1 | 2> [:filter=pattern-list]`	Ermöglicht die Komprimierung von Ressourcen
`--strip-debug`	Entfernt die Debug-Informationen aus dem Ausgabebild
`--strip-native-commands`	Schließt native Befehle aus dem Bild aus
`--vm={client | server | minimal | all}`	Wählt die HotSpot VM im Ausgabebild aus, der Standard ist „all"
`--generate-jli-classes=@filename`	Nimmt eine Datei, die Jlink anzeigt, welche java.lang.invoke-Klassen vorab generiert werden sollen. Wenn Sie dieses Flag nicht angeben, generiert Jlink einen Standardsatz von Klassen
`--include-locales=langtag[,langtag]*`	Beinhaltet die Liste der Gebietsschemata
`--dedup-legal-notices=[error_if_not_same_content]`	Entfernt Duplikate aller rechtlichen Hinweise
`--exclude-files=[pattern_list]`	Gibt die auszuschließenden Dateien an
`--exclude-jmod-section`	Gibt einen auszuschließenden JMOD-Bereich an
`--exclude-resources`	Gibt die auszuschließenden Ressourcen an
`--order-resources`	Gibt eine Datei an, die die java.lang.invoke-Klassen auflistet, die vorab generiert werden sollen
`--release-info=<file> | add:<key1>=<value1> | del:<key list>`	Lädt Release-Eigenschaften aus der bereitgestellten Datei. add wird verwendet, um Eigenschaften zur Release-Datei hinzuzufügen. del wird verwendet, um die Liste der Schlüssel in der Release-Datei zu löschen
`--system-modules`	Stellt ein schnelles Laden von Modulbeschreibungen dar, es ist immer aktiviert

Tab. 7-3. *Größe unseres Laufzeitbildes unter Verwendung verschiedener Kompressionsstufen*

Kompressionsstufe	Größe des Laufzeitbildes
Keine Kompression	48 MB
Stufe 0	48 MB
Stufe 1	38 MB
Stufe 2	29 MB

Das release-info Plugin

Das release-info Plugin gibt nützliche Informationen über das Bild aus. In diesem Beispiel möchten wir sehen, was die „Release"-Datei unseres Laufzeitbildes enthält: `runtimeImage>cat release`

```
OS_NAME="Windows"
MODULES="java.base com.apress.service com.apress.application java.logging
comapress.filepersistence java.xml java.sql com.apress.databasepersistence"
OS_VERSION="5.2"
OS_ARCH="amd64"
JAVA_VERSION="9"
JAVA_FULL_VERSION="9-ea"
```

Die Release-Datei enthält verschiedene Eigenschaften. Die `MODULES`-Eigenschaft gibt alle Module an, die im Bild vorhanden sind. Wir können neue Eigenschaften in die Release-Datei einfügen, indem wir den folgenden Befehl verwenden:

```
--release-info add:<Schlüssel>=<Wert>
```

Es ist auch möglich, Eigenschaftsdateien aus der Release-Datei zu löschen, indem die Liste der zu löschenden Schlüssel angegeben wird:

```
--release-info del:<Liste der Schlüssel>
```

Im folgenden Beispiel erstellen wir unser Laufzeitbild, indem wir einen Schlüssel namens `date` in die Release-Datei einfügen:

```
jlink --release-info add:date=17.07.2017 ...........
```

Die Release-Datei enthält nun unseren neu hinzugefügten Schlüssel:

```
$ cat release
date=19.03.2017
...
```

Das excludes-files Plugin

Das excludes-files Plugin ermöglicht es uns, Dateien vom Laufzeitbild auszuschließen. Es erhält als Parameter ein Muster.

Jetzt wollen wir alle *.diz-Dateien von unserem Laufzeitbild ausschließen. Die *.diz-Dateien sind komprimierte Debug-Informations-Dateien. Da unser Bild durch all diese Debug-Dateien aufgebläht ist, lohnt es sich, sie loszuwerden:

```
--exclude-files *.diz
```

Als Ergebnis enthält unser Laufzeitbild keine *.diz-Dateien mehr, weil wir sie ausgeschlossen haben.

Zusammenfassung

Jlink begann als Befehlszeilen-Dienstprogramm zur Erzeugung von Laufzeitbildern, wurde aber nach einer Weile zum Standard. Jlink ist besonders nützlich und geeignet, wenn wir beabsichtigen, eine gezielte ausführbare Datei zu erstellen.

In diesem Kapitel wurde erklärt, was Jlink ist, die neu eingeführte Link-Phase beschrieben und die Syntax des Jlink-Befehls zusammen mit seinen Optionen vorgestellt. Es wurde das jdk.jlink-Modul beschrieben und in seinen Modulbeschreiber hineingeschaut. Danach wurde ein klares Beispiel für die Erstellung eines benutzerdefinierten Laufzeitbildes gezeigt, das vier Anwendungs-Module und vier JDK-Module enthält. Dafür haben wir die ServiceLoader API verwendet. Wir haben auch gesehen, wie man das Laufzeitbild ausführt und wie man ein Laufzeitbild mit modularen JAR-Dateien als Eingabe anstelle von Klassendateien erstellt.

Als Nächstes sprachen wir über die Struktur des erzeugten Laufzeitbildes und erklärten die Gründe für die fehlende Unterstützung von automatischen Modulen durch Jlink. Der nächste Abschnitt behandelte die vorhandenen Jlink Plugins und zeigte praktische Beispiele mit den Plugins compress, release-info und excludes-file. Wir haben gesehen, wie wir ein Laufzeitbild komprimieren und Debug-Informationen entfernen können, um seine Größe zu reduzieren.

Wir haben es geschafft, ein kleineres, kompakteres und maßgeschneidertes Laufzeitbild zu erstellen, das wir verteilen oder ausführen können. Wir haben gelernt, dass wir, wenn wir die Vorteile nutzen, die Jlink uns bietet, nicht das gesamte JDK installieren müssen, da das von Jlink erstellte gezielte Binärformat kleiner ist als das JDK.

Das nächste Kapitel behandelt ein sehr komplexes und wichtiges Thema: die Migration.

KAPITEL 8

Migration

Dieses Kapitel behandelt Schlüsselkonzepte und Werkzeuge, die die Migration zu JDK 9 erleichtern. Es behandelt häufig auftretende Probleme, die auftreten können, wenn wir bestehende Java-Anwendungen auf JDK 9 migrieren und schlägt Lösungen und Tipps zur Lösung von Migrationsproblemen vor.

Zunächst, warum brauchen wir eine Migration? Die Antwort ist offensichtlich: Ohne die Migration zu JDK 9 können wir die leistungsstarken Funktionen, die von Jigsaw eingeführt wurden, nicht nutzen, noch können wir die anderen Funktionen nutzen, die in Java 9 von den anderen JEPs eingeführt wurden, wie die folgenden:

- Die Java Shell

- Die Aktualisierungen in der Process API

- Der HTTP 2 Client

- Die Stack-Walking API

- Die Platform Logging API

- Die Multi-Release-JAR-Dateien

Wenn wir in der Geschichte von Java zurückblicken, gab es jedes Mal, wenn eine neue Version von Java SE veröffentlicht wurde, einige Änderungen, die Inkompatibilitäten mit den vorherigen Versionen von Java verursachten. Das oberste Ziel von Oracle war es immer, so weit wie möglich eine Rückwärtskompatibilität zu gewährleisten. Doch die Modularisierung des JDK ist eine so disruptive Änderung, dass eine 100-prozentige Rückwärtskompatibilität nicht gewährleistet werden kann. Oracle bemühte sich, den höchstmöglichen Grad an Rückwärtskompatibilität zu bieten, aber es gibt einige Änderungen, die die Rückwärtskompatibilität beeinträchtigen können. Dies hängt alles davon ab, wie unser Code strukturiert ist. Bevor wir über Kompatibilitätsprobleme sprechen, müssen wir zwei sehr wichtige Dinge hervorheben:

- Code, der interne JDK APIs verwendet, funktioniert möglicherweise nicht in JDK 9. Einige Änderungen könnten notwendig sein.

- Code, der nur offizielle Java SE Platform APIs und unterstützte JDK-spezifische APIs verwendet, funktioniert in JDK 9 ohne notwendige Änderungen.

Bei der Entscheidung zur Migration zu Java 9, ist es wichtig zu wissen, welches Ergebnis wir erreichen wollen:

- Wir möchten, dass unsere bestehende Java-Anwendung einfach auf JDK 9 läuft, aber wir möchten keine Module in unserem Code definieren.

- Wir möchten nur einen Teil unserer Anwendung modularisieren und den anderen Teil nicht modularisieren.

- Wir möchten die gesamte Anwendung modularisieren.

Wir werden jeden Fall im Detail erklären. Für jeden Fall nehmen wir an, dass wir eine Java-Anwendung haben, die in einer Version niedriger oder gleich Java 8 geschrieben wurde und dass wir sie mit Java 9 kompilieren und ausführen wollen.

Der erste Fall beinhaltet nur die Sicherstellung, dass unsere Anwendung auf Java 9 funktioniert, ohne irgendwelche Module zu erstellen. Das bedeutet, dass wir auf dem Klassenpfad bleiben und den neu eingeführten Modulpfad überhaupt nicht verwenden. Beginnen Sie damit, die JAVA_HOME-Umgebungsvariable so einzustellen, dass sie auf eine JDK-9-Installation zeigt, und dann kompilieren und führen Sie unsere Anwendung aus, ohne irgendwelche Änderungen im Code vorzunehmen. Unsere Anwendung funktioniert wahrscheinlich auf Java 9, wenn sie keine internen JDK APIs verwendet. Die meisten internen JDK APIs wurden in Java 9 gekapselt und können daher nicht zugegriffen werden. Eine kleine Anzahl der internen JDK APIs, die aus dem Modul jdk. unsupported stammen, sind noch zugänglich, aber alle anderen sind unzugänglich. Wenn wir von internen JDK APIs sprechen, beziehen wir uns sowohl auf unseren Anwendungscode als auch auf Bibliothekscode. Es spielt keine Rolle, ob unsere Anwendung keine internen JDK APIs verwendet, denn wenn eine unserer Bibliotheken, die wir in unserer Anwendung verwenden, interne JDK APIs verwendet, wird unsere Anwendung trotzdem abstürzen. Dennoch gibt es ein paar Änderungen, die in JDK 9 vorgenommen wurden und die unsere Anwendung schließlich zum Absturz bringen können, wie das neue Versionierungsschema oder die neue Struktur des JDK und der JRE. Diese Änderungen werden im Laufe dieses Kapitels ausführlich behandelt. Der größte Nachteil, sich nur auf den Klassenpfad zu verlassen, besteht darin, dass wir zwei der wichtigsten Funktionen, die von JDK 9 gebracht wurden, nicht nutzen können: zuverlässige Konfiguration und starke Kapselung. Das bedeutet, dass wir zum Beispiel keine Abhängigkeiten von anderen Modulen deklarieren können, wir können die Interna von Teilen unserer Anwendung nicht verbergen, und wir können auch keine benutzerdefinierten Laufzeitbilder erstellen.

Der zweite Fall beinhaltet die Modularisierung nur eines Teils unserer Anwendung und das Beibehalten des anderen, nicht modularisierten Teils. Das bedeutet, dass wir den Modulpfad mit dem Klassenpfad kombinieren: Der Teil des Codes, der Module enthält, befindet sich auf dem Modulpfad, und der nicht modularisierte Teil des Codes befindet sich auf dem Klassenpfad. Ein großes Problem ist, dass Code vom Modulpfad standardmäßig nicht auf Typen vom Klassenpfad zugreifen kann! Glücklicherweise gibt es dafür mindestens zwei Lösungen. Eine Lösung besteht darin, den Code vom Klassenpfad zu nehmen und ihn in automatische Module umzuwandeln. Dies ist besonders nützlich für Drittanbieter-JAR-Dateien, die möglicherweise noch nicht von ihren Betreuern modularisiert wurden. Eine andere Lösung wäre die Verwendung einer neuen Befehlszeilenoption namens --add-exports, die unsere Pakete exportiert, damit sie von anderen Modulen oder vom Klassenpfad aus zugegriffen werden können.

Der dritte Fall beinhaltet die vollständige Modularisierung unserer Anwendung. Als Ergebnis wird der Klassenpfad nicht mehr verwendet. Der gesamte Code liegt nur auf dem Modulpfad. Jedes Stück Code ist in einem Modul enthalten, das durch einen Moduldeskriptor definiert ist. Kein Stück Code befindet sich außerhalb eines Moduls. Dieser Ansatz bringt viele Vorteile, weil wir alle Funktionen nutzen können, die das Java-Platform-Module-System bietet, einschließlich starker Kapselung, zuverlässiger Konfiguration, verbesserter Sicherheit, Wartbarkeit, Wiederverwendbarkeit, Skalierbarkeit und so weiter. Wir empfehlen, diesem Ansatz zu folgen und die gesamte Anwendung zu modularisieren.

Hinweis Der Klassenpfad wurde in Java 9 nicht entfernt. Er kann weiterhin alleine oder in Kombination mit dem Modulpfad verwendet werden.

Es gibt drei Situationen, die wir in Java 9 in Bezug auf die drei zuvor diskutierten Anwendungsfälle haben können:

- *Nur der Klassenpfad wird verwendet:* Der Modulpfad wird nicht verwendet. Entspricht dem zuvor erwähnten ersten Anwendungsfall.

- *Sowohl der Klassenpfad als auch der Modulpfad werden verwendet:* Entspricht dem zweiten zuvor erwähnten Anwendungsfall.

- *Nur der Modulpfad wird verwendet:* Der Klassenpfad wird nicht verwendet. Entspricht dem zuvor erwähnten dritten Anwendungsfall.

Wir werden beginnen, einige Schlüsselkonzepte zu lernen, um später in der Lage zu sein, eine Anwendung auf Java 9 zu migrieren. Viele Themen werden in diesem Kapitel behandelt, weil das Thema Migration recht umfassend ist. Wir führen die Schlüsselkonzepte ein, die Sie kennen müssen. Beginnen wir mit der Vorstellung des neuen Konzepts der automatischen Module, die eine sehr wichtige Komponente in der Migration zum Java-9-Ökosystem sind.

Automatische Module

Automatische Module sind eine spezielle Art von Modulen, die zur Erleichterung der Migration zu Java 9 und zur Erreichung der Rückwärtskompatibilität verwendet werden. Ein automatisches Modul ist ein benanntes Modul, das erstellt wird, nachdem eine JAR-Datei auf den Modulpfad gelegt wurde. Ein automatisches Modul wird nicht direkt vom Java-Platform-Module-System oder von uns deklariert – es wird automatisch für eine JAR-Datei generiert, die wir auf den Modulpfad legen.

Automatische Module bringen einen großen Nutzen in der Modularisierungslandschaft. Sie ermöglichen es uns, mit der Modularisierung unseres eigenen Codes zu beginnen, ohne darauf warten zu müssen, dass alle benötigten Bibliotheken und Frameworks modularisiert sind. Es wäre äußerst schlecht gewesen, warten zu müssen, bis jeder Betreuer jeder Drittanbieter-Bibliothek oder jedes Framework seine Arbeit modularisiert hat.

Ein automatisches Modul wird erstellt, indem eine JAR-Datei abgeleitet und modularisiert wird, ohne ihren Inhalt zu ändern. Auf diese Weise kann jede JAR-Datei wie ein Modul behandelt werden. Automatische Module helfen uns, mit Modulen anstelle von nicht modularisierten JAR-Dateien zu arbeiten. Sie stellen eine Brücke für jede JAR-Datei zur modularen Welt dar.

Ein automatisches Modul hat mindestens fünf wichtige Eigenschaften:

- Es erfordert transitiv alle vorhandenen Module des Systems, die alle unsere eigenen Module plus alle Module des JDK-Images plus alle anderen automatischen Module umfassen.

- Es exportiert und öffnet alle seine Pakete.

- Es besteht nicht aus einer module-info.class-Datei in seinem obersten Verzeichnis.

- Es kann auf jeden Typ aus dem namenlosen Modul (aus dem Klassenpfad) zugreifen.

- Es kann nicht deklarieren, dass es Abhängigkeiten zu anderen Modulen hat.

Wir haben zuvor festgestellt, dass ein automatisches Modul alle seine Pakete exportiert und öffnet. Das bedeutet Folgendes:

- Alle Pakete eines automatischen Moduls werden sowohl zur Kompilierzeit als auch zur Laufzeit zugänglich gemacht.

- Alle Pakete eines automatischen Moduls sind für den Zugriff mittels tiefer Reflection geöffnet.

Hinweis   Ein automatisches Modul wird nicht explizit von uns deklariert, da es automatisch erstellt wird, wenn eine JAR-Datei auf den Modulpfad gelegt wird.

Ein automatisches Modul kann auf Typen auf dem Klassenpfad zugreifen und ist besonders nützlich für Code von Drittanbietern. Automatische Module werden verwendet, um bestehende Anwendungen auf Java 9 zu migrieren. Nehmen wir an, unsere Anwendung verwendet die Log4j-Bibliothek. Wenn wir die Log4j-JAR-Datei auf den Modulpfad legen, können wir sie in unserem Modul verwenden, wenn wir sie im Moduldeskriptor unserer Anwendung als benötigt angeben:

```
module com.apress.myModule {
        requires log4j;
}
```

Auf diese Weise wird die Log4j-JAR in ein automatisches Modul umgewandelt und kann in unserer modularen Anwendung verwendet werden. Wir können auf alle Pakete des Log4j-Moduls zugreifen, da es als automatisches Modul standardmäßig alle seine Pakete exportiert.

Wir müssen nicht warten, bis die Betreuer der Log4j-Bibliothek ihre Bibliothek modularisiert haben, da wir die Log4j-Bibliothek in ein automatisches Modul umwandeln und sie auf dem Modulpfad verwenden können (selbst wenn die Apache-Committer fleißig waren und Log4j zum Zeitpunkt des Schreibens dieses Buches bereits modularisiert haben).

Wenn wir ein automatisches Modul verwenden, müssen wir nur den Namen des automatischen Moduls kennen, das generiert wird. Dafür verwendet Jigsaw einen dateinamenbasierten Algorithmus, den wir in Kürze behandeln.

Machen Sie sich keine Sorgen, wenn Sie den vorhergehenden Code ausführen und einige Warnungen sehen. Die Warnungen wurden absichtlich zur Laufzeit vom JDK-Team hinzugefügt, um die Benutzer darauf aufmerksam zu machen, dass sie automatische Module verwenden.

Ein automatisches Modul erfordert transitiv alle vorhandenen Module. Wenn wir ein automatisches Modul benötigen, dann erlangen wir Lesbarkeit zu allen Modulen, weil das automatische Modul transitiv alle Module benötigt. Die Veröffentlichung eines Moduls, das ein automatisches Modul auf öffentlichen Repositories wie Maven Central benötigt, wird nicht empfohlen. Das liegt daran, dass einige Eigenschaften eines automatischen Moduls, wie seine exportierten Pakete, sich ändern könnten, wenn es später in ein explizites Modul umgewandelt wird. Dies macht das automatische Modul instabil und erhöht das Risiko erheblich.

Die Namen der automatischen Module werden automatisch vom Java-Platform-Module-System generiert, es sei denn, wir setzen sie explizit in der MANIFEST.MF-Datei. Der Name des automatischen Moduls kann direkt in der MANIFEST.MF-Datei aus dem META-INF-Verzeichnis der JAR-Datei definiert werden. In MANIFEST.MF müssen wir einen Wert für das Attribut `Automatic-Module-Name` setzen, um den Namen des automatischen Moduls zu definieren, das generiert wird:

```
Automatic-Module-Name: myModule
```

Diese Lösung bietet uns den Vorteil und die Flexibilität, den Namen des automatischen Moduls wählen zu können. Alternativ, wenn wir den Namen des automatischen Moduls nicht setzen, wird Jigsaw einen Algorithmus verwenden, um den Namen des automatischen Moduls aus dem Namen der JAR abzuleiten, was als Nächstes behandelt wird.

Berechnung des Namens des automatischen Moduls

Wenn das Attribut `Automatic-Module-Name` nicht gesetzt ist, wird der Name des automatischen Moduls automatisch aus dem Namen der JAR-Datei abgeleitet. Wenn das Attribut `Automatic-Module-Name` gesetzt ist, die JAR aber auch eine module-info.class-Datei enthält, dann werden die Informationen, die im Attribut `Automatic-Module-Name` gespeichert sind, einfach ignoriert. Der Name des automatischen Moduls wird derselbe sein wie der, der in der module-info.class-Datei definiert ist.

Als Nächstes sprechen wir über den dateinamenbasierten Algorithmus, den Jigsaw zur Berechnung des Namens des automatischen Moduls aus dem Namen des JAR verwendet. Zwei Zeichenketten werden aus der JAR-Datei abgeleitet: der Name des automatischen Moduls und seine Version:

1. Die .jar-Endung wird vom Namen der JAR-Datei entfernt. Die resultierende Zeichenkette wird weiterhin verwendet, um den Namen und die Version des automatischen Moduls zu bestimmen und zu extrahieren.

2. Der Modulname wird extrahiert. Laut der JDK-9-API-Dokumentation, „wenn der Name dem regulären Ausdruck -(\\d+(\\.|$)) entspricht, dann wird der Modulname aus der Teilsequenz vor dem Bindestrich des ersten Vorkommens abgeleitet. Die Teilsequenz nach dem Bindestrich wird als Version interpretiert oder ignoriert, wenn sie nicht als Version interpretiert werden kann."

3.   Einige Ersetzungen am Namen des Moduls werden durchgeführt. Die JDK-9-API-Dokumentation besagt, dass „alle nicht-alphanumerischen Zeichen ([^A-Za-z0-9]) im Modulnamen durch einen Punkt („.") ersetzt werden, alle wiederholten Punkte werden durch einen Punkt ersetzt, und alle führenden und abschließenden Punkte werden entfernt."

Tab. 8-1 zeigt einige Beispiele für die Ableitung des Namens und der Version aus ein paar JAR-Dateien. Die erste Spalte stellt den Namen der JAR-Datei dar, und die zweite und dritte Spalte repräsentieren den automatisch extrahierten Namen des Moduls und die Version. Die vierte Spalte teilt uns mit, ob ein Fehler aufgetreten ist oder nicht.

Der Name und die Version der JAR-Datei guava-19.0.jar konnten erfolgreich abgeleitet werden. Gemäß dem dateinamenbasierten Algorithmus wird zunächst das jar-Suffix gelöscht. Das Ergebnis ist „guava-19.0". Danach wird der Name des Moduls extrahiert, indem nach dem ersten Auftreten des Bindestrichs gesucht wird. Die neue Zeichenkette wird vom Anfang der resultierenden Zeichenkette bis zur letzten Position vor dem Bindestrich extrahiert. In unserem Fall ist die gefundene Zeichenkette „guava", die dem Namen des Moduls entspricht. Die Zeichenkette nach dem Bindestrich repräsentiert die Version des Moduls: „19.0".

Tab. 8-1. *Beispiele für die Ableitung von Modulnamen und Versionen aus JAR-Dateien*

Name der JAR	Name des Moduls	Version des Moduls	Fehler
guava-19.0.jar	guava	19.0	nein
hadoop-common-2.8.0.jar	hadoop.common	2.8.0	nein
mockito-all-2.0.2-beta.jar	mockito.all	2.0.2-beta	nein
spark-core_2.10-2.1.0.jar	-	-	ja
spring-core-4.3.7.RELEASE.jar	spring.core	4.3.7.RELEASE	nein
com.apress.myModule0.0.1.jar	-	-	ja
log4j-1.2.17.redhat-2.jar	log4j	1.2.17.redhat-2	nein
jackson-core-2.9.0.pr3.jar	jackson.core	2.9.0.pr3	nein
jaxrs-api-3.0.12.Final.jar	jaxrs.api	3.0.12.Final	nein
maven-plugin-api-3.5.0-beta-1.jar	maven.plugin.api	3.5.0-beta-1	nein
123.jar	-	-	ja
1my-module.jar	-	-	ja

Der Name und die Version der JAR hadoop-common-2.8.0.jar können erfolgreich extrahiert werden. Der Name des Moduls ist hadoop.common, weil der Bindestrich von hadoop-common durch einen Punkt ersetzt wird.

Es gibt Situationen, in denen wir den Namen des automatischen Moduls nicht extrahieren können. Ein Beispiel ist die JAR-Datei namens spark-core_2.10-2.1.0.jar. Beim Versuch, ihren Namen zu extrahieren, erhalten wir folgenden Fehler:

```
Unable to derive module descriptor for: spark-core_2.10-2.1.0.jar
spark.core.2.10: Invalid module name: '2' isn't a Java identifier
```

Der dateinamenbasierte Algorithmus sucht nach dem letzten Bindestrich in der Zeichenkette „spark_core-2.10-2.1.0" und teilt die Zeichenkette in Namen und Version. Die resultierende Zeichenkette für den Namen ist „spark_core-2.10". Die Bindestriche in dieser Zeichenkette werden durch Punkte ersetzt. Daher wird die Zeichenkette „spark.core.2.10" als Name des Moduls berechnet. Diese Zeichenkette ist jedoch ungültig, da sie die Identifikatoren 2 und 10 enthält, die nicht als Java-Identifikatoren gültig sind. Als Ergebnis wird ein Fehler ausgelöst und der Name des automatischen Moduls kann nicht extrahiert werden. Wenn wir diese JAR auf den Modulpfad legen, erhalten wir folgende Ausnahme:

```
java.lang.module.ResolutionException: Unable to derive module descriptor
for: spark-core_2.10-2.10.jar
```

Wir erhalten den gleichen Fehler, wenn wir versuchen, den Modulnamen aus unserer com.apress.myModule0.0.1.jar, aus unserer 123.jar oder aus unserer 1my-module.jar zu extrahieren:

```
Unable to derive module descriptor for: com.apress.myModule0.0.1.jar
com.apress.myModule0.0.1: Invalid module name: '0' isn't a Java identifier
```

```
Unable to derive module descriptor for: 123.jar
123: Invalid module name: '123' isn't a Java identifier
```

```
Unable to derive module descriptor for: 1my-module.jar
1my.module: Invalid module name: '1my' isn't a Java identifier
```

Der Versuch, eine dieser drei JARs auf den Modulpfad zu legen, führt zu einer ResolutionException.

Hinweis   Ein fataler Fehler wird ausgelöst, wenn eine JAR auf den Modulpfad gelegt wird, für die der Modulname nicht extrahiert werden kann.

Für die JAR commons-lang3-3.0.jar ist der Name des automatischen Moduls commons.lang3. Wie wir sehen können, werden die Ziffern am Ende des Modulnamens beibehalten.

Die JDK-9-Spezifikation empfiehlt, dass die Modulnamen der umgekehrten Internet-Domain-Namen-Konvention folgen. Laut Spezifikation „sollte der Name eines Moduls dem Namen seines hauptsächlich exportierten API-Pakets entsprechen, das ebenfalls dieser Konvention folgen sollte. Wenn ein Modul ein solches Paket nicht hat oder wenn es aus Legacy-Gründen einen Namen haben muss, der nicht einem seiner exportierten Pakete entspricht, dann sollte sein Name zumindest mit der umgekehrten Form einer Internet-Domain beginnen, mit der der Autor verbunden ist."

Beschreibung einer JAR-Datei

Wenn wir eine JAR haben, die wir als automatisches Modul verwenden möchten und herausfinden möchten, welchen Namen das JPMS-System daraus ableitet, können wir die Option --describe-module des jar-Tools verwenden:

```
jar --describe-module --file <unser_JAR_Name>
```

Die Option --describe-module gibt Folgendes aus:

- Den Namen des Moduls und die Version

- Den Moduldeskriptor

- Die gesamte Liste der Pakete, aus denen die JAR besteht

Auflistung 8-1 zeigt die Ergebnisse des Ausführens des jar-Befehls mit der Option --describe-module auf der Datei guava.jar.

Auflistung 8-1. Ausführen von jar --describe-module auf der guava-19.0.jar-Datei

```
$ jar --describe-module --file guava-19.0.jar
No module descriptor found. Derived automatic module.
```

```
guava@19.0 automatic
requires java.base mandated
contains com.google.common.annotations
contains com.google.common.base
contains com.google.common.base.internal
contains com.google.common.cache
contains com.google.common.collect
contains com.google.common.escape
contains com.google.common.eventbus
contains com.google.common.hash
contains com.google.common.html
contains com.google.common.io
contains com.google.common.math
contains com.google.common.net
contains com.google.common.primitives
contains com.google.common.reflect
contains com.google.common.util.concurrent
contains com.google.common.xml
contains com.google.thirdparty.publicsuffix
```

Das Modulsystem findet keinen Moduldeskriptor in der guava-19.0.jar, daher leitet es ein automatisches Modul aus der JAR-Datei ab. Das neue automatische Modul hat den Namen „guava" und die Version „19.0". Es benötigt java.base und besteht aus den oben aufgeführten Paketen.

Keine Unterstützung für automatische Module zur Link-Zeit

Es gibt eine Einschränkung bezüglich der Verwendung von automatischen Modulen zur Link-Zeit mit Jlink. Es gibt keine Unterstützung für automatische Module zur Link-Zeit, was bedeutet, dass das Verlinken von automatischen Modulen in ein Laufzeitbild bewusst nicht unterstützt wird. Automatische Module können nicht mit Jlink verwendet werden, da sie Zugriff auf den Klassenpfad haben. Das bedeutet, dass, wenn automatische Module hypothetisch von Jlink unterstützt würden, Fehler vom Typ NoClassDefFoundError zur Laufzeit geworfen würden.

Hinweis   Es ist nicht möglich, ein Laufzeitsystem mit Jlink zu erstellen, es sei denn, alle Komponenten sind Standardmodule (keine automatischen Module).

Die Klasse `ModuleDescriptor` der neuen Modul-API enthält eine Methode namens `isAutomatic()`. Diese Methode gibt true zurück, wenn das Modul ein automatisches ist, und sonst false. Wir sprechen im nächsten Kapitel über die neue Modul-API und die API-Unterstützung für automatische Module.

Hinweis   Automatische Module öffnen standardmäßig alle ihre Pakete, daher müssen wir die Option `--add-opens` nicht verwenden, wenn wir mit automatischen Modulen arbeiten.

Jetzt, da wir fast alles Wissenswerte über automatische Module abgedeckt haben, ist es an der Zeit, das JDeps-Tool zu betrachten, das ein äußerst wichtiges Tool zur Ermittlung von Abhängigkeiten einer Bibliothek ist.

Das JDeps-Tool

Das Java Dependency Analysis Tool (JDeps) ist ein Befehlszeilen-Tool, das für verschiedene Zwecke verwendet wird: um alle statischen Abhängigkeiten einer Bibliothek zu entdecken, um die Verwendung von internen JDK APIs zu entdecken oder um automatisch einen Moduldeskriptor für eine JAR-Datei zu generieren. Das Tool wurde in Java 8 eingeführt, aber in Java 9 mit einigen nützlichen neuen Optionen und Funktionen erweitert. Es befindet sich im bin-Verzeichnis des JDK. JDeps ist ein sehr nützliches Tool für die Migration zu Java 9. Wir werden erklären, warum.

Finden Sie Abhängigkeiten von nicht unterstützten JDK-internen APIs

JDeps hat eine Option namens `--jdk-internals`, die Abhängigkeiten von nicht unterstützten JDK-internen APIs findet, die privat für die JDK-Implementierung sind. Die Syntax lautet wie folgt:

Auflistung 8-2. Ausführen von jdeps --jdk-internals auf der JAR-Datei guava-19.0.jar

```
jdeps --jdk-internals --class-path <input_file>
```

Als Eingabe können wir eine JAR-Datei oder eine .class-Datei angeben, die analysiert wird.

Die Auflistung 8-2 zeigt ein Beispiel für die Verwendung von JDeps mit der Option --jdk-internals, indem die Guava-Bibliothek genommen und überprüft wird, ob sie nicht unterstützte APIs hat.

```
$ jdeps --jdk-internals guava-19.0.jar
guava-19.0.jar -> jdk.unsupported
   com.google.common.cache.Striped64 -> sun.misc.Unsafe JDK internal API
(jdk.unsupported)
   com.google.common.cache.Striped64$1 -> sun.misc.Unsafe JDK internal API
(jdk.unsupported)
   com.google.common.cache.Striped64$Cell -> sun.misc.Unsafe JDK internal
API (jdk.unsupported)
   com.google.common.primitives.UnsignedBytes$LexicographicalComparatorHol-
der$UnsafeComparator -> sun.misc.Unsafe
JDK internal API (jdk.unsupported)
   com.google.common.primitives.UnsignedBytes$LexicographicalComparatorHol-
der$UnsafeComparator$1 -> sun.misc.Unsafe
JDK internal API (jdk.unsupported)
   com.google.common.util.concurrent.AbstractFuture$UnsafeAtomicHelper    ->
sun.misc.Unsafe
JDK internal API (jdk.unsupported)
   com.google.common.util.concurrent.AbstractFuture 1 -> sun.misc.Unsafe
JDK internal API (jdk.unsupported)
```

```
Warning: JDK internal APIs are unsupported and private to JDK implementation
that are subject to be removed or changed incompatibly and could break your
application.
Please modify your code to eliminate dependency on any JDK internal APIs.
For the most recent update on JDK internal API replacements, please check:
https://wiki.openjdk.java.net/display/JDK8/Java+Dependency+Analysis+Tool
```

```
JDK Internal API                    Suggested Replacement
----------------                    ---------------------
sun.misc.Unsafe                     See http://openjdk.java.net/jeps/260
```

In der Ausgabe können wir sehen, dass JDeps alle JDK-internen Bibliotheken findet, die die Guava-Bibliothek verwendet. In unserem Fall findet es die JDK-interne Klasse sun.misc.Unsafe an fünf verschiedenen Stellen, die im vorhergehenden Code aufgeführt sind.

JDeps schlägt auch Ersatz für die gefundenen internen APIs vor. Für sun.misc.Unsafe schlägt es vor, auf der Open JDK Website unter JEP 260 nachzusehen. Im Allgemeinen ist JDeps in der Lage, klare Informationen über mögliche Ersatzmöglichkeiten zu geben, indem es den Klassennamen vorschlägt, der eventuell stattdessen verwendet werden könnte.

Um sich auf die Verwendung von Java 9 vorzubereiten, ist JDeps sehr nützlich, weil wir überprüfen können, ob unsere JAR-Dateien aus dem Klassenpfad JDK-interne APIs verwenden. Es ist nicht zwingend erforderlich, die JDK-internen APIs durch die von JDeps vorgeschlagenen zu ersetzen. Wir können sie durch jede Bibliothek ersetzen, die wir möchten. Aber wir sollten sie ersetzen, damit wir unsere Anwendung mit JDK 9 kompilieren und ausführen können.

Hinweis   JDeps kann auch auf Module angewendet werden.

Generieren Sie Modulbeschreibungen mit JDeps

JDeps kann verwendet werden, um einen Modulbeschreiber für eine oder mehrere JAR-Dateien mit der Befehlszeilenoption --generate-module-info zu generieren:

```
jdeps --generate-module-info <output_directory> <list_of_jar_files>
```

Dieser Befehl erhält zwei Parameter:

- <output_directory> stellt das Verzeichnis dar, in dem die module-info.java-Dateien erstellt werden.

- `<list_of_jar_files>` stellt eine oder mehrere JAR-Dateien dar, für
  die eine Modulinfo generiert wird. Die Liste wird durch ein
  Leerzeichen getrennt. Für jede JAR muss jede Abhängigkeit hier
  aufgelistet sein.

Dieser Befehl erstellt einen Modulbeschreiber module-info.java für jede JAR-Datei, die wir übergeben. Um dies zu demonstrieren, generieren wir als Nächstes eine module-info.java-Datei für die Datei junit-4.12.jar. Wir müssen auch die Datei hamcrest-core-1.3.jar übergeben, weil diese JAR eine Abhängigkeit von JUnit ist:

```
jdeps --generate-module-info output hamcrest-core-1.3.jar junit-4.12.jar
```

Als Ergebnis werden zwei module-info-Dateien im Ausgabeverzeichnis erstellt, eine für JUnit und eine für Hamcrest Core:

```
output\junit\module-info.java
output\hamcrest.core\module-info.java
```

Die Auflistung 8-3 zeigt einen Auszug aus den erstellten module-info.java-Dateien.

Auflistung 8-3. Modulbeschreibungen für JUnit und Hamcrest Core, die von JDeps generiert wurden

```
module junit {
    requires transitive hamcrest.core;
    requires java.management;
    exports junit.extensions;
    exports junit.framework;
    exports junit.runner;
    exports junit.textui;
    exports org.junit;
    exports org.junit.experimental;
    ...
    exports org.junit.runners;
    exports org.junit.runners.model;
    exports org.junit.runners.parameterized;
    exports org.junit.validator;
}
```

```
module hamcrest.core {
    exports org.hamcrest;
    exports org.hamcrest.core;
    exports org.hamcrest.internal;
}
```

Hinweis   Der von JDeps generierte Moduldeskriptor exportiert standardmäßig alle vorhandenen Pakete seines entsprechenden JAR.

JDeps kann auch eine module-info.java-Datei für ein offenes Modul generieren. Der Befehl lautet generate-open-module und er nimmt die gleiche Art von Parametern:

```
jdeps --generate-open-module <output_director> <name_of_jar_file>
```

Der einzige Unterschied besteht darin, dass dieser Befehl einen Moduldeskriptor erstellt, der ein offenes Modul anstelle eines einfachen Moduls definiert. Infolgedessen werden keine Pakete exportiert. Dies ist geeignet für Frameworks, die die JDK mit Hilfe von Reflection nutzen.

JDeps bietet auch andere nützliche Funktionen. Tab. 8-2 zeigt eine Liste der nützlichsten Optionen, die von JDeps angeboten werden, wie in der JDK-9-API-Spezifikation definiert.

Wir haben uns automatische Module und JDeps angesehen. Jetzt konzentrieren wir uns auf das Thema Kapselung in Java 9. Wir lernen, wie man die Kapselung in Java 9 bricht, wie man Pakete und Module öffnet und wie man die Befehlszeilenoptionen --add-opens, --add-reads und --add-modules verwendet.

Kapselung in Java 9

Java hat zwei Kategorien von APIs in der JDK: unterstützte APIs und nicht unterstützte APIs. Die unterstützten APIs umfassen JCP-Standard-APIs wie java.* und javax.*, JDK-spezifische APIs wie com.sun.* und jdk.*. Diese APIs sind dafür vorgesehen, außerhalb der JDK verwendet zu werden.

Die nicht unterstützten APIs umfassen die sun.*-Pakete. Diese APIs waren nie für den externen Gebrauch außerhalb des JDK vorgesehen. Typischerweise sind alle Pakete,

Tab. 8-2. *JDeps Optionen*

JDeps Option	Beschreibung
`--check <module_name>` `[,<module_name>...`	Gibt den Moduldeskriptor und die resultierenden Modulabhängigkeiten nach der Analyse der Abhängigkeit der angegebenen Module aus
`--list-deps`	Listet die Abhängigkeiten von JDK-internen APIs auf
`--class-path <path>`	Gibt den Pfad an, wo Klassendateien zu finden sind
`--module-path <module_path>`	Gibt den Modulpfad an
`--upgrade-module-path <module_path>`	Gibt den Upgrade-Modulpfad an
`--module <name_module>`	Gibt das Root-Modul an, das analysiert wird
`--multi-release <version>`	Gibt die Version für die Verarbeitung von Multi-Release-JAR-Dateien an
`-filter:module`	Filtert Abhängigkeiten innerhalb desselben Moduls
`--regex <regex>`	Findet Abhängigkeiten, die dem gegebenen Muster entsprechen

die den Namen „`internal`" enthalten, interne JDK APIs. Das Problem ist, dass in der Vergangenheit viele Entwickler die `sun.*` Pakete verwendet haben, auch wenn ihnen gesagt wurde, dass sie diese Pakete außerhalb des JDK nicht verwenden dürfen.

Java 9 hat fast alle internen JDK APIs gekapselt, was bedeutet, dass diese APIs standardmäßig, ohne jegliche Hacks, weder zur Kompilierungszeit noch zur Laufzeit zugänglich sind.

Hinweis   Oracle hat eine Studie durchgeführt, die die am häufigsten verwendeten internen JDK-Klassen aufdeckte: `sun.misc.BASE64Encoder`, `sun.misc.BA-SE64Decoder` und `sun.misc.Unsafe`.

Das JCP-Team hat die JDK-internen APIs in zwei Kategorien eingeteilt: nicht kritische JDK-interne APIs und kritische JDK-interne APIs.

Die Kategorie der nicht kritischen JDK-internen APIs umfasst die APIs, die außerhalb des JDK in einem extrem geringen Maße verwendet werden. Daher ist auch das Risiko, Anwendungen durch die Kapselung dieser APIs zu beschädigen, gering. Diese Kategorie von APIs enthält auch die Klassen `sun.misc.BASE64Encoder` und `sun.misc.BASE64Decoder`.

Die Kategorie der kritischen JDK-internen APIs umfasst die APIs, deren Funktionalität außerhalb des JDK extrem schwierig zu implementieren wäre. Es ist anspruchsvoll, wenn nicht fast unmöglich, Ersatz für diese APIs außerhalb des JDK zu entwickeln. Diese Kategorie enthält beispielsweise die Klasse `sun.misc.Unsafe`, die als kritisch eingestuft wurde, weil es sehr anspruchsvoll ist, eine ähnliche Klasse außerhalb des JDK zu erstellen.

Daher hat das JCP-Team beschlossen, Folgendes zu tun:

- Alle nicht kritischen internen APIs zu kapseln

- Alle kritischen internen APIs zu kapseln, für die unterstützte Ersatzmöglichkeiten in JDK 8 existieren

- Kritische interne APIs nicht zu kapseln, sondern nur als veraltet zu deklarieren.

Die kritischen internen APIs, die nicht gekapselt wurden, sind `sun.misc.Unsafe`, `sun.misc.Signal`, `sun.misc.SignalHandler`, `sun.misc.Cleaner`, `sun.reflect.Reflection`, `sun.reflect.ReflectionFactory`. Diese sind noch in JDK 9 zugänglich.

Das folgende Beispiel aus der Auflistung 8-4 demonstriert die Kapselung von internen JDK APIs. Dafür verwenden wir eine Instanz der Klasse `URLCanonicalizer` aus dem Paket sun.net. Alle Klassen aus dem Paket sun.net wurden in JDK 9 gekapselt.

Auflistung 8-4. Verwendung einer Klasse aus einer internen JDK API

```
package com.apress.jdkinternal;

import sun.net.URLCanonicalizer;

public class Main {

        public static void main(String[] args) {
                URLCanonicalizer urlCanonicalizer = new URLCanonicalizer();
                String apressUrl = urlCanonicalizer.canonicalize("www.apress.
                com");
```

```
        System.out.println(apressUrl);
    }
}
```

Die Kompilierung schlägt fehl, weil wir versuchen, auf eine gekapselte interne
JDK API zuzugreifen:

```
error: package sun.net isn't visible
import sun.net.URLCanonicalizer;
  (package sun.net is declared in module java.base, which doesn't export it
  to module com.apress.jdkinternal)
```

Der Fehler besagt, dass das Paket sun.net, das sich im Modul java.base befindet, von
unserem Modul com.apress.jdkinternal aus nicht sichtbar ist. Wir wissen, dass das Paket
sun.net gekapselt wurde, daher benötigen wir eine Möglichkeit, unser Modul com.
apress.jdkinternal dazu zu bringen, auf das Paket sun.net zur Kompilierungszeit
zuzugreifen.

Glücklicherweise gibt es eine Lösung, um Zugang zum Paket sun.net zu erhalten –
indem man dieses Paket während der Kompilierung mit der Option --add-exports auf
der Kommandozeile zu unserem Modul exportiert, wie im Folgenden beschrieben.

Exportieren eines Pakets zur Kompilierungszeit und zur Laufzeit

Die Option --add-exports, die dem Java-Compiler (javac) hinzugefügt wurde, exportiert
ein Paket zu einem bestimmten benannten Modul oder zum unbenannten Modul. Sie
entspricht der qualifizierten Exportaussage „exports ... to" aus der Moduldeklaration.
Sie kann verwendet werden, um die Kapselung von internen JDK APIs zu durchbrechen
und sie in einem benannten Modul oder im unbenannten Modul zugänglich zu machen.

Im Folgenden ist die Syntax der Option --add-exports auf der Kommandozeile
zu sehen:

```
--add-exports<source_module>/<name_of_package_to_be_exported>=<list_of_tar-
get_modules>
```

- <source_module> repräsentiert das Modul, in dem sich das zu
  exportierende Paket befindet.

- `<name_of_package_to_be_exported>` repräsentiert den Namen des Pakets, das an die `<list_of_target_modules>` exportiert wird.

- `<list_of_target_modules>` repräsentiert eine durch Kommas getrennte Liste von Modulen, die Zugang zum exportierten Paket erhalten werden.

In Abb. 8-1 wird das Paket sun.net, das sich im Modul java.base befindet, zu unserem Modul com.apress.jdkinternal exportiert.

Auf diese Weise wird das Paket sun.net von unserem Modul com.apress.jdkinternal zugänglich sein. Durch erneutes Kompilieren unserer Anwendung mit der zuvor erwähnten Option `--add-exports` wird das Paket sun.net zu unserem Modul exportiert. Wir übergeben das Modul, in dem sich das Paket befindet (java.base), und das Modul, zu dem das Paket exportiert werden soll (com.apress.jdkinternal).

Zum Kompilieren müssen wir die Option `--add-exports` verwenden, wie erwähnt:

```
$ javac -d outputDir --add-exports java.base/sun.net=com.apress.jdkinternal --module-source-path src $(find . -name "*.java")
```

Die Kompilierung ist erfolgreich, und die .class-Dateien werden erstellt. Es wird jedoch eine Warnung angezeigt, die uns darüber informiert, dass URLCanonicalizer eine interne proprietäre API ist, die in einer zukünftigen Version entfernt werden kann:

```
warning: URLCanonicalizer is internal proprietary API and may be removed in a future release
import sun.net.URLCanonicalizer;
```

Wir führen die Anwendung aus, indem wir genau denselben Befehl `--add-exports` verwenden:

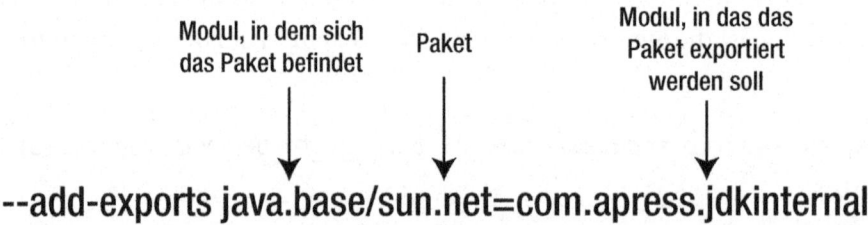

Abb. 8-1. *Exportieren des Pakets sun.net zu einem benannten Modul mit der Option --add-exports*

```
java --module-path outputDir --add-exports java.base/sun.net=com.javauser-
group.jdkinternal -m com.apress.jdkinternal/com.apress.jdkinternal.Main
```

Da wir Lesbarkeit zur Laufzeit benötigen, nicht nur zur Kompilierzeit, ist es zwingend erforderlich, die gleiche Option `--add-exports` mit den gleichen Argumenten beim Ausführen der Anwendung zu verwenden. Hätten wir unsere Anwendung ohne die Flagge `--add-exports` ausgeführt, wäre der folgende Fehler aufgetreten:

```
Exception in thread "main" java.lang.IllegalAccessError: class com.apress.
jdkinternal.Main (in module com.apress.jdkinternal) can't access class sun.
net.URLCanonicalizer (in module java.base) because module java.base doesn't
export sun.net to module com.apress.jdkinternal
        at com.apress.jdkinternal/com.apress.jdkinternal.Main.main
```

Der `IllegalAccessError` tritt zur Laufzeit auf, weil das Paket sun.net nicht exportiert wird.

Export zum unbenannten Modul

Wir haben ein nicht unterstütztes Paket zu unserem Modul exportiert, um es zugänglich zu machen. Aber was ist, wenn unser Code auf dem Klassenpfad liegt? Glücklicherweise gibt es dafür eine Lösung. Die Konstante `ALL-UNNAMED` steht für den gesamten Klassenpfad. In unserem Fall exportiert der folgende Befehl das Paket sun.net zum Klassenpfad, so dass es vom gesamten Code auf dem Klassenpfad aus zugänglich ist:

```
--add-exports java.base/sun.net=ALL-UNNAMED
```

Hinweis   Die Konstante `ALL-UNNAMED` steht für den gesamten Code im unbenannten Modul, der den gesamten Klassenpfad darstellt.

Es gibt einige allgemeine Aspekte, die wir erwähnen möchten:

- Die Befehlszeilenoption `--add-exports` kann mehr als einmal ausgeführt werden, sie erlaubt also Duplikate.

- Die Befehlszeilenoption `--add-exports` wird sowohl vom Java-Compiler als auch vom Java-Launcher verwendet.

- Wenn unser Code nur die kritischen JDK APIs verwendet, die in Java 9 zugänglich geblieben sind, müssen wir die Option `--add-exports` nicht verwenden, da diese APIs bereits zugänglich sind.

- Wenn die Befehlszeilenoption `--add-exports` auf schlechte Werte trifft, wird eine Warnung ausgegeben, aber es wird kein fataler Fehler ausgelöst, so dass das Programm nicht aufhört zu arbeiten.

In diesem Buch haben wir uns zwei Möglichkeiten des Paketexports angesehen: durch Angabe der Klausel `exports` in der Moduldeklaration oder durch Verwendung der Befehlszeilenoption `--add-exports`. Aber es gibt noch eine weitere Option: die Angabe des Attributs `Add-Exports` in der MANIFEST.MF-Datei einer JAR-Datei. Dieses Attribut hat das Format `module/package`. Es exportiert das angegebene Modul aus dem angegebenen Paket zum unbenannten Modul. Um beispielsweise das Paket sun.net aus dem Modul java.base zum unbenannten Modul zu exportieren, könnten wir Folgendes schreiben:

```
Add-Exports: java.base/sun.net
```

In diesem Abschnitt haben wir gelernt, wie man Code der gekapselten JDK APIs verwendet, in JDK 9 kompiliert und ausführt. Dieser Workaround ist sehr nützlich, denn wenn unser Code JDK-interne APIs verwendet, wissen wir, dass wir eine Lösung haben, um den Code in Java 9 laufen zu lassen, ohne den Code neu gestalten oder die gekapselten JDK-internen APIs ersetzen zu müssen. Aber sich dauerhaft auf diese Flagge zu verlassen, ist nicht empfehlenswert, denn die JDK-internen APIs wurden in JDK 9 als veraltet markiert und könnten in JDK 10 entfernt werden. Das bedeutet, dass Sie nur einen Release-Zyklus Zeit haben, um Ihren Code zu überarbeiten, um diese nicht unterstützten APIs loszuwerden. Wenn Ihre Drittanbieter-Bibliothek JDK-interne APIs verwendet, sollten Sie regelmäßig prüfen, ob eine neue Version der Bibliothek veröffentlicht wurde, die die nicht unterstützten APIs durch unterstützte ersetzt.

Pakete öffnen für tiefe Reflection

Kap. 4 sprach über die opens-Klausel in den Modulbeschreibungen. Dort erwähnten wir, dass tiefe Reflection standardmäßig von Code in einem benannten Modul zu Code auf dem Klassenpfad erlaubt ist, aber standardmäßig nicht zu Code in einem anderen benannten Modul erlaubt ist. In diesem zweiten Fall könnten wir, um reflektiven Zugriff von Code in einem benannten Modul zu Code in einem anderen benannten Modul zu erlauben, die neue Befehlszeilenoption `--add-opens` verwenden. Sie wird verwendet, um tiefen reflektiven Zugriff von einem Modul zu einem anderen Modul oder zum Code auf dem Klassenpfad zu ermöglichen. Sie entspricht einem qualifizierten opens aus einer Moduldeklaration:

```
opens <package_name> to <list_of_target_modules>
```

Die Syntax der Befehlszeilenoption add-opens sieht so aus:

```
--add-opens <source_module>/<name_of_package_to_be_opened>=<list_of_target_
modules>
```

Das im `<source_module>` definierte und befindliche Paket wird für einen tiefen reflektiven Zugriff auf die in der `<list_of_target_modules>` aufgeführten Module geöffnet. Diese Module können das Paket nur zur Laufzeit mit tiefer Reflection, aber nicht während der Kompilierung, aufrufen. Wenn wir anstelle der `<list_of_target_modules>` die Konstante ALL-UNNAMED einsetzen, dann kann der gesamte Code auf dem Klassenpfad das Paket zur Laufzeit mit tiefer Reflection aufrufen. Dieser letzte Fall tritt jedoch standardmäßig auf, daher sollten wir ihn nur verwenden, wenn jemand programmgesteuert den reflektiven Zugriff von Code in einem benannten Modul auf Code vom Klassenpfad deaktiviert hat.

Hinweis   Tiefe Reflection kann nur zur Laufzeit stattfinden. Sie kann nicht zur Kompilierzeit stattfinden. Daher kann die Befehlszeilenoption `--add-opens` nur zur Laufzeit mit dem `java`-Befehl verwendet werden. Sie kann nicht zur Kompilierzeit mit dem `javac`-Befehl verwendet werden.

Da automatische Module standardmäßig alle ihre Pakete öffnen, besteht keine Notwendigkeit, sie mit der Option `--add-opens` zu öffnen. Jetzt, da wir wissen, wie man Pakete zur Laufzeit für tiefe Reflection öffnet, lernen wir, wie man zur Laufzeit Lesbarkeit hinzufügt, indem man die Option `--add-reads` verwendet.

Lesbarkeit zwischen Modulen bereitstellen

Die Befehlszeilenoption `--add-reads` wird sowohl zur Kompilierungszeit als auch zur Laufzeit verwendet, um Lesbarkeit von einem Modul zu einem anderen Modul hinzuzufügen. Ihre Syntax ist wie folgt:

```
--add-reads <source_module>=<list_of_target_modules>
```

Durch die Verwendung der Befehlszeilenoption `--add-reads` erhält das `<source_module>` Lesbarkeit zu allen Modulen, die durch das `<list_of_target_modules>` repräsentiert werden, was bedeutet, dass das `<source_module>` alle diese Module benötigt. Dies entspricht der Bereitstellung einer `requires`-Klausel in einem Moduldeskriptor:

```
module <source_module> {
        requires target_module_A;
        requires target_module_B;
}
```

Wir können ein Modul `<source_module>` den gesamten Klassenpfad lesen lassen, indem wir die Konstante `ALL-UNNAMED` zur `--add-reads` Option hinzufügen:

```
--add-reads <source_module>=ALL-UNNAMED
```

Diese Option wird lediglich während des Testens verwendet – beispielsweise, wenn ein Modul zur Kompilierungszeit und zur Laufzeit gepatcht wird, um Tests in den gleichen Modulen wie das zu testende Modul hinzuzufügen. Während des Testens benötigen wir möglicherweise, dass ein Modul ein anderes Modul liest, obwohl das erste Modul nicht von dem anderen Modul abhängt, weil es keine `requires`-Direktive zu dem anderen Modul definiert. Durch die Verwendung der Option `--add-reads` erhalten wir Lesbarkeit zwischen den beiden Modulen. Das erste Modul wird in der Lage sein, auf alle exportierten Typen des anderen Moduls zuzugreifen.

Angenommen, wir haben eine Junit-Testklasse in unserem Modul com.apress. testing. Diese Klasse erweitert eine Klasse aus der Junit-Bibliothek. Daher benötigen wir eine Lesbarkeitsbeziehung von unserem Modul com.apress.testing zum automatischen Modul junit. Dies kann sehr einfach mit der Option `--add-reads` erreicht werden:

```
--add-reads com.apress.testing=junit
```

Wenn wir die Junit-Bibliothek im Klassenpfad haben und nicht zum Modulpfad wechseln wollen, dann verwenden wir die `ALL-UNNAMED` Konstante, um Lesbarkeit zwischen unserem Modul und dem gesamten Code im Klassenpfad zu ermöglichen:

```
--add-reads com.apress.testing=ALL-UNNAMED
```

Kap. 11 bietet ein erläuterndes Beispiel für die Verwendung der Befehlszeilenoption `--add-reads` zum Ausführen von JUnit-Tests.

Hinweis   Der Befehl `--add-reads` erlaubt Duplikate und wenn er auf ungültige Werte stößt, wird eine Warnung ausgegeben, aber kein fataler Fehler geworfen. Wenn Duplikate gefunden werden, wird nur die erste Klasse berücksichtigt.

Bevor wir die Befehlszeilenoption `--add-modules` besprechen, gibt es noch eine Sache, die erwähnenswert ist: Wenn wir Reflection auf ein Mitglied in einem Modul verwenden, wird die Lesbarkeit automatisch gewährt.

Hinzufügen von Modulen zum Root-Set

Die Befehlszeilenoption `--add-modules` wird verwendet, um Module direkt zum Set der Root-Module hinzuzufügen. Daher werden die Module aufgelöst. Diese Option wird verwendet, um Module aufzulösen, die standardmäßig nicht aufgelöst werden.

Ihre Syntax ist einfach. Es sind ein oder mehrere durch Komma getrennte Module:

```
--add-modules <module_name>(,<module_name )*
```

`<module_name>` repräsentiert den Namen eines Moduls, das zum Standardset der Root-Module hinzugefügt wird.

Es gibt drei Werte, die mit der Option `--add-modules` anstelle der Angabe einer Modulliste verwendet werden können:

- `ALL-DEFAULT`: Die offizielle Spezifikation, die für JDK 9 veröffentlicht wurde, besagt, dass durch die Verwendung der `ALL-DEFAULT` Option „das Standardset der Root-Module für das unbenannte Modul, wie oben definiert, zum Root-Set hinzugefügt wird. Dies ist nützlich, wenn die Anwendung ein Container ist, der andere Anwendungen hostet, die wiederum von Modulen abhängen können, die vom Container selbst nicht benötigt werden."

- ALL-SYSTEM: Diese Option fügt alle Systemmodule zum Root-Set hinzu.

- ALL-MODULE-PATH: Diese Option fügt alle beobachtbaren Module, die auf dem Modulpfad gefunden werden, zum Root-Set hinzu. Es ist hilfreich, jedes Modul vom Modulpfad auf einmal zum Root-Set hinzufügen zu können. Für eine große Liste von automatischen Modulen ist es praktischer und einfacher, alle auf einmal hinzuzufügen, ohne sie einzeln aufzuzählen. Maven verwendet diese Option erheblich, da es alle Module vom Modulpfad benötigt.

Die Option --add-modules wird auch von Jlink verwendet, um das Root-Modul im Laufzeitbild festzulegen. Wir haben in Kap. 7 gesehen, wie man ein Laufzeitbild erstellt und wie man Module zum Laufzeitbild hinzufügt, indem man die Befehlszeilenoption --add-modules verwendet.

Hinweis   Sowohl javac als auch java unterstützen die Befehlszeilenoption --add-modules.

Die Option --add-modules kann wiederholt werden. Die folgenden Verwendungen der Optionen --add-modules haben den gleichen Effekt und verursachen keine Fehler:

```
--add-modules com.apress.moduleA --add-modules com.apress.moduleB
--add-modules com.apress.moduleA,com.apress.moduleB
```

Als Nächstes betrachten wir ein erläuterndes Beispiel, um besser zu verstehen, wann wir die Option --add-modules verwenden sollten. Wir laden die junit-4-12.jar und die hamcrest-core-1.3.jar herunter und legen sie in einen Ordner. Wir führen jdeps -s auf den gesamten Ordner aus, um alle Abhängigkeiten der beiden JAR-Dateien zu finden:

```
$ jdeps -s *.jar
hamcrest-core-1.3.jar -> java.base
junit-4.12.jar -> hamcrest-core-1.3.jar
```

```
junit-4.12.jar -> java.base
junit-4.12.jar -> java.management
```

Hamcrest-Core hängt nur von java.base ab, das bedeutet, es verwendet nur Typen von java.base. Daher hängt Junit von Hamcrest-Core ab, weil es Typen davon verwendet. Wenn wir uns den Inhalt von Junit ansehen, können wir viele Importe aus Hamcrest-Core-Paketen sehen.

Angenommen, wir haben ein Modul com.apress.myModule und wir legen die Dateien junit-4.1.2.jar und hamcrest-core-1.3.jar auf den Modulpfad, um sie als automatische Module zu verwenden. Sie haben bereits zu Beginn dieses Kapitels im Abschnitt „Automatische Module" gelernt, dass ein automatisches Modul keine Abhängigkeiten zu anderen Modulen deklarieren kann. Daher können wir die Direktive `requires hamcrest-core` nicht verwenden, weil wir keinen Moduldeskriptor zur Verfügung haben, wo wir sie platzieren könnten, da ein automatisches Modul keinen Moduldeskriptor module-info.java hat. Die Situation ist in Abb. 8-2 dargestellt.

Das Modul com.apress.myModule enthält in seinem Moduldeskriptor eine Klausel `requires junit`. Das automatische Modul junit verwendet Typen aus dem automatischen Modul hamcrest.core. Der Modulgraph enthält die Module com.apress.myModule und junit. Das Modul hamcrest.core wird nicht zum Modulgraph hinzugefügt, weil es während des Auflösungsprozesses nicht identifiziert werden kann. Es gibt keine Klausel `requires` im automatischen Modul junit, so dass das Modulsystem das automatische Modul hamcrest.core entdecken und zum Modulgraph hinzufügen könnte. Das bedeutet, dass wir das automatische Modul hamcrest.core manuell mit der Option `--add-modules` sowohl zur Kompilierzeit als auch zur Laufzeit zum Modulgraph hinzufügen müssen:

```
--add-modules hamcrest.core
```

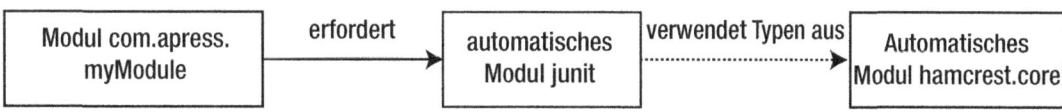

Abb. 8-2. *Beziehung zwischen benannten Modulen und automatischen Modulen, die Abhängigkeiten haben*

Wenn wir das Modul hamcrest.core nicht zum Modulgraph hinzufügen, werden die Klassen aus hamcrest.core nicht gefunden und zur Laufzeit wird eine Ausnahme vom Typ `ClassNotFoundException` ausgelöst.

Eine weitere standardmäßig in JDK bereitgestellte Option ist `--illegal-access`, die im nächsten Abschnitt behandelt wird.

Die Option --illegal-access

Die Option `--illegal-access` wurde in JDK 9 hinzugefügt, um die Migration zu erleichtern. Diese Option besagt, dass Code auf dem Klassenpfad standardmäßig illegalen reflektierenden Zugriff ausführen kann.

Hinweis   *Illegaler reflektierender Zugriff* bedeutet Zugriff mittels Reflection auf Typen in benannten Modulen nur für Code im Klassenpfad.

Mit der Option `--illegal-access` erhält der Code auf dem Klassenpfad reflektierenden Zugriff auf Typen in allen benannten Modulen. Der reflektierende Zugriff erfolgt über standardmäßige Reflection-bezogene APIs wie java.lang.reflect und java.lang.invoke. `--illegal-access` ist sehr nützlich für Drittanbieter-Frameworks wie Spring, Hibernate oder Guava, die so konzipiert wurden, dass sie reflektierenden Zugriff auf die Interna des JDK ausführen müssen, um ordnungsgemäß arbeiten zu können.

Hinweis   Die Option `--illegal-access` erlaubt reflektierenden Zugriff nur für Code auf dem Klassenpfad auf Typen in allen benannten Modulen. Sie erlaubt keinen reflektierenden Zugriff für Code in benannten Modulen auf Typen in anderen benannten Modulen.

Die Syntax der Option `--illegal-access` ist wie folgt:

```
java --illegal-access <Optionen>
```

Die Option `--illegal-access` kann einen von vier möglichen Parametern annehmen: permit, warn, debug und deny:

- `--illegal-access=permit`: Der `permit`-Modus repräsentiert das Standardverhalten in Java 9. Er besagt, dass jedes Paket aus jedem Modul für tiefe Reflection für Code in allen nicht benannten Modulen geöffnet ist. Die nicht benannten Module repräsentieren den Klassenpfad. Das bedeutet, dass der Code vom Klassenpfad zur Laufzeit auf die gesamte in Modulen gespeicherte Information mittels tiefer Reflection zugreifen kann. Eine Warnung wird bei der ersten Zugriffsanzeige angezeigt.

- `--illegal-access=warn`: Der `warn`-Modus ist dem zuvor diskutierten `permit`-Modus sehr ähnlich. Der einzige Unterschied besteht darin, dass der `warn`-Modus jedes Mal eine Warnung ausgibt, wenn ein illegaler Zugriff mittels Reflection durchgeführt wird.

- `--illegal-access=debug`: Der `debug`-Modus zeigt eine Warnung im Stack-Trace für jeden illegalen Zugriff an, der mittels Reflection durchgeführt wird.

- `--illegal-access=deny`: Der `deny`-Modus deaktiviert alle illegalen Zugriffsoperationen mittels Reflection. Wenn dieser Modus eingestellt ist, kann kein illegaler Zugriff mittels Reflection durchgeführt werden. Daher kann dieser Modus durch die Befehlszeilenoption `--add-opens` überschrieben werden. Mit `--add-opens` können wir spezifische Pakete für die Reflection öffnen.

HInweis   Die internen APIs des JDK sind zur Laufzeit nicht gekapselt.

Das JCP-Team hat jedoch angekündigt, dass die Option `--illegal-access` in JDK 10 entfernt wird. Sie wird nur in JDK 9 verfügbar sein, um die Migration von Drittanbieter-Bibliotheken zu erleichtern, die durch die Nutzung von tiefem reflektivem Zugriff auf die Interna des JDK erstellt wurden. Die Option `--illegal-access` war nicht von Anfang an geplant. Sie wurde später hinzugefügt, um die Migration zu Java 9 zu erleichtern, da eine wichtige Anzahl von externen Bibliotheken und Frameworks die Reflection nutzen, um auf die internen APIs des JDK zuzugreifen.

Diese Option gibt Warnmeldungen aus, wenn sie verwendet wird:

```
WARNING: Illegal access by A to B (permitted by C)
```

- A ist der Name des Typs, der den Code enthält, der die fragliche reflektierende Operation aufgerufen hat.

- B ist der Name des Mitglieds, auf das zugegriffen wird.

- C ist der Name der Befehlszeilenoption, die diesen Zugriff ermöglicht hat.

Hinweis   Die Option `--illegal-access` ist standardmäßig in JDK 9 eingestellt.

Das nächste Beispiel zeigt, welche Art von Warnmeldungen angezeigt werden, wenn eine Bibliothek illegalen reflektierenden Zugriff auf Typen im JDK durchführt. Wir führen den Befehl `java -jar` auf der Datei JRuby Complete-9.1 JAR aus:

```
$ java -jar jruby-complete-9.1.12.0.jar

WARNING: An illegal reflective access operation has occurred
WARNING: Illegal reflective access by org.jruby.util.io.FilenoUtil (file:/C:/
Users/Alex/Downloads/jruby-complete-9.1.12.0.jar) to method sun.nio.ch.Sel-
ChImpl.getFD()
WARNING: Please consider reporting this to the maintainers of org.jruby.util.
io.FilenoUtil
WARNING: Use --illegal-access=warn to enable warnings of further illegal
reflective access operations
WARNING: All illegal access operations will be denied in a future release
```

Eine Warnmeldung lässt uns wissen, dass die jruby-complete-9.1.12.0.jar eine illegale reflektierende Zugriffsoperation auf die Methode `sun.nio.ch.SelChImpl.getFD()` des JDK durchführt. Dieser illegale reflektierende Zugriff ist erlaubt, weil das `--illegal-access` Flag standardmäßig gesetzt ist.

Wenn wir eine Warnung für jeden illegalen Zugriff sehen wollen, können wir den `mode=warn` der `--illegal-access` Befehlszeilenoption verwenden:

```
$ java --illegal-access=warn -jar jruby-complete-9.1.12.0.jar

WARNING: Illegal reflective access by org.jruby.util.io.FilenoUtil (file:/C:/
Users/Alex/Downloads/jruby-complete-9.1.12.0.jar) to method sun.nio.ch.Sel-
ChImpl.getFD()
WARNING: Illegal reflective access by org.jruby.util.io.FilenoUtil (file:/C:/
Users/Alex/Downloads/jruby-complete-9.1.12.0.jar) to field sun.nio.ch.File-
ChannelImpl.fd
WARNING: Illegal reflective access by org.jruby.util.io.FilenoUtil (file:/C:/
Users/Alex/Downloads/jruby-complete-9.1.12.0.jar) to field java.io.FileDe-
scriptor.fd
WARNING: Illegal reflective access by jnr.posix.JavaLibCHelper (file:/C:/
Users/Alex/Downloads/jruby-complete-9.1.12.0.jar) to method sun.nio.ch.Sel-
ChImpl.getFD()
WARNING: Illegal reflective access by jnr.posix.JavaLibCHelper (file:/C:/
Users/Alex/Downloads/jruby-complete-9.1.12.0.jar) to field sun.nio.ch.File-
ChannelImpl.fd
WARNING: Illegal reflective access by jnr.posix.JavaLibCHelper (file:/C:/
Users/Alex/Downloads/jruby-complete-9.1.12.0.jar) to field java.io.FileDe-
scriptor.fd
WARNING: Illegal reflective access by jnr.posix.JavaLibCHelper (file:/C:/
Users/Alex/Downloads/jruby-complete-9.1.12.0.jar) to field java.io.FileDe-
scriptor.handle
WARNING: Illegal reflective access by org.jruby.java.invokers.RubyToJavaIn-
voker (file:/C:/Users/Alex/Downloads/jruby-complete-9.1.12.0.jar) to method
java.lang.Object.clone()
WARNING: Illegal reflective access by org.jruby.java.invokers.RubyToJavaIn-
voker (file:/C:/Users/Alex/Downloads/jruby-complete-9.1.12.0.jar) to method
java.lang.Object.finalize()
...
```

Die Ausgabe ist sehr lang, daher haben wir uns entschieden, sie nicht vollständig aufzunehmen. Sie können sehen, dass der Typ, der den illegalen reflektierenden Zugriff ausführt, zusammen mit dem Namen der Methode oder des Feldes aus dem JDK angezeigt wird, auf das reflektierend zugegriffen wird.

Die JDK 9 API hat eine neue nützliche Methode in der Klasse `AccessibleObject` des Pakets java.lang.reflect eingeführt, genannt `boolean canAccess(Object object)`. Mit dieser Methode können wir testen, ob der Aufrufer auf dieses reflektierte Objekt zugreifen kann. Die Methode gibt true zurück, wenn der Zugriff erlaubt ist, und false andernfalls. Laut der JDK-9-API-Dokumentation wird eine `IllegalArgumentException` ausgelöst, wenn „dieses reflektierte Objekt ein statisches Mitglied oder Konstruktor ist oder wenn es sich um eine Instanzmethode oder ein Feld handelt und das gegebene Objekt null ist." Um Ausnahmen zu vermeiden, könnten wir auch die neue Methode `boolean trySetAccessible()` aus derselben Klasse verwenden. Diese Methode wirft keine Ausnahmen, außer eine `SecurityException`, wenn die Anfrage vom Security Manager abgelehnt wird.

Hinweis   Die Systemeigenschaft `sun.reflect.debugModuleAccessChecks=access` ermöglicht es uns, bei jeder Warnung einen Stack-Trace zu erhalten. Sie kann auch dabei helfen, Ausnahmen zu debuggen, die durch die Verwendung von `--illegal-access` ausgelöst werden.

Wir haben über die Befehlszeilenflags gesprochen. Jetzt ist es an der Zeit, einige häufig auftretende Migrationsprobleme zu präsentieren.

Migrationsprobleme

Dieser Abschnitt erklärt die Konzepte und gibt praktische Lösungen für einige der häufigsten Probleme, die normalerweise während des Migrationsprozesses zu Java 9 auftreten:

- Eingekapselte JDK-interne APIs

- Nicht aufgelöste Module

- Zyklische Abhängigkeiten

- Neues Versionierungsschema

- Geteilte Pakete

- In Java 9 entfernte Methoden

- Entfernung von rt.jar, tools.jar und dt.jar

Eingekapselte JDK-interne APIs

Im gesamten Buch haben wir über die Kapselung der JDK-internen APIs gesprochen. Dies kann kritische Probleme verursachen, wenn wir zu JDK 9 wechseln. Dies ist jedoch wahrscheinlich nicht das am häufigsten auftretende Problem bei der Migration zu JDK 9. Unserer Meinung nach können die Probleme mit geteilten Paketen und zyklischen Abhängigkeiten häufiger auftreten.

Zwei unabhängige Lösungen können helfen, das Problem der JDK-internen APIs zu lösen:

- Ersetzen Sie jede Ihrer JDK-internen APIs durch unterstützte APIs.

- Behalten Sie die bestehenden JDK-internen APIs bei und verwenden Sie die Befehlszeilenoption `--add-exports`, um die Kapselung zu brechen – um die JDK-internen APIs für Code in anderen Modulen oder für Code auf dem Klassenpfad zugänglich zu machen.

Die erste Lösung ist bei Weitem die bessere, weil wir die nicht unterstützten JDK APIs in unserem Code vollständig loswerden. Da die JDK-internen APIs als veraltet gekennzeichnet sind, ist es ratsam, so schnell wie möglich Ersatz für sie zu liefern.

Die zweite Lösung ist sinnvoll, wenn Sie nicht genügend Zeit haben, die nicht unterstützten JDK-internen APIs durch unterstützte zu ersetzen. Wenn Sie nur möchten, dass Ihr Code wieder kompiliert und diesmal mit JDK 9 ausgeführt wird, ist die Option `--add-exports` ein Weg, um voranzukommen. Oracle hat jedoch angekündigt, dass die nicht unterstützten JDK APIs in der nächsten großen JDK-Version entfernt werden. Dies könnte JDK 10 oder später sein. Früher oder später müssen Sie sie durch unterstützte JDK APIs ersetzen, um sicherzustellen, dass Ihr Code nicht bricht. Als Fazit ist das Hinzufügen der Option `--add-exports` nur eine vorübergehende Lösung, um den Code zum Laufen zu bringen. Es gibt keine Garantie, wie lange dieser Workaround funktionieren wird. Es hängt alles davon ab, wie lange die nicht unterstützten JDK APIs, die Sie verwenden, in JDK bleiben und nicht entfernt werden.

Wir haben bereits in diesem Kapitel gesehen, wie man die Anwesenheit von JDK-internen APIs in einer JAR-Datei oder in einem Modul erkennt: durch die Verwendung des JDeps-Tools mit der Option `--jdk-internals`. Lassen Sie uns nun ein weiteres mögliches Problem besprechen, dem wir während der Kompilierung begegnen könnten: nicht aufgelöste Module.

Nicht aufgelöste Module

Erinnern Sie sich an den Modulgraphen, der nach der Modularisierung des JDK entstanden ist? Abb. 8-3 zeigt einen kleinen Teil davon.

Das Modul java.se.ee befindet sich ganz oben im Modulgraphen und das Modul java. se nur eine Ebene darunter. Wie in Kap. 3 beschrieben, sind die Unterschiede zwischen dem Modul java.se.ee und dem Modul java.se wie folgt:

- Das Modul java.se.ee sammelt alle Module, die die Java-SE-Plattform umfassen, einschließlich der Module, die sich mit der Java-EE-Plattform überschneiden.

- Das Modul java.se sammelt alle Module, die die Java-SE-Plattform umfassen, die sich nicht mit der Java-EE-Plattform überschneiden.

- Das Modul java.se.ee enthält insgesamt fünf Module, die im Modul java.se nicht vorhanden sind: java.xml.ws, java.xml.bind, java.corba, java.activation und java.xml.ws.annotation.

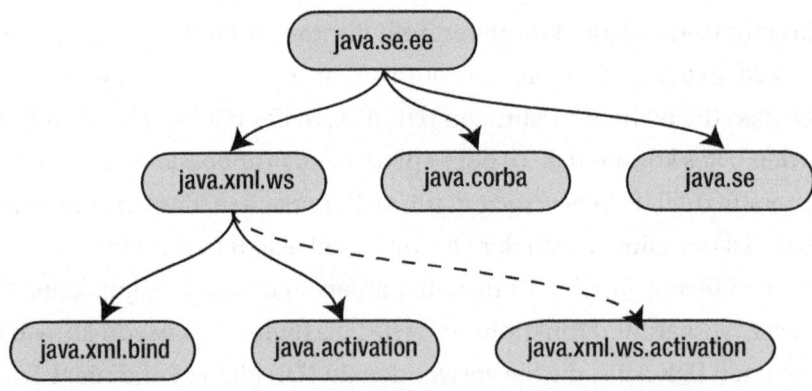

Abb. 8-3. *Kleiner Teil des Modulgraphen der Java-SE-Module mit dem Modul java.se.ee an der Spitze*

Wir verwenden absichtlich den Begriff *sammelt* anstelle von *enthält*, da sowohl das Modul java.se.ee als auch das Modul java.se Aggregatormodule sind, was bedeutet, dass sie laut der JDK-9-Spezifikation „den Inhalt anderer Module sammeln und re-exportieren, aber keinen eigenen Inhalt hinzufügen".

Während des Kompilierungsprozesses in JDK 9 wird das Modul java.se als Root-Modul und nicht das Modul java.se.ee betrachtet. Das bedeutet, dass im Kompilierungsschritt die sichtbaren Module diejenigen sind, die unter dem Modul java.se liegen. Es bedeutet auch, dass die fünf Module aus dem Modul java.se.ee, die nicht im Modul java.se sind, bei der Kompilierung nicht sichtbar sind.

Hinweis   Der Grund, warum die fünf Module standardmäßig nicht aufgelöst werden, hängt mit Rückwärtskompatibilitätsproblemen zusammen.

Wenn unser Code eines der folgenden fünf Module verwendet, schlägt die Kompilierung fehl:

- java.xml.ws

- java.xml.ws.annotation

- java.xml.bind

- java.corba

- java.activation

Wir können die von dem Modul java.se enthaltenen Module mit den von dem Modul java.se.ee enthaltenen Modulen vergleichen, indem wir die beobachtbaren Module mit der Option --limit-modules einschränken. Die folgenden beiden Befehle geben den Namen aller Module zurück, die das Modul java.se und java.se.ee jeweils im Root der transitiven Schließung haben:

```
java --limit-modules java.se --list-modules
java --limit-modules java.se.ee --list-modules
```

Die Lösung für das Problem der nicht aufgelösten Module ist einfach. Wir müssen die Module sowohl zur Kompilierungszeit als auch zur Laufzeit mit der Option --add-modules zur Standard-Root-Modulmenge hinzufügen, damit sie aufgelöst werden können:

```
--add-modules <module_name>
```

Wenn wir beispielsweise Typen aus dem Modul java.xml.ws verwenden, dann ist es unbedingt notwendig, das Modul java.xml.ws immer sowohl zur Kompilierungszeit als auch zur Laufzeit zur Root-Modulmenge hinzuzufügen:

```
javac --add-modules java.xml.ws
java --add-modules java.xml.ws
```

Als Ergebnis wird das Modul java.xml.ws aufgelöst und kann verwendet werden.

Hinweis   Selbst wenn wir nur Bibliotheken verwenden, die Abhängigkeiten von diesen fünf Modulen haben, müssen wir die nicht aufgelösten Module immer noch zur Root-Modulmenge hinzufügen.

Wir wissen jetzt, dass wir durch Hinzufügen der Module zur Root-Modulmenge Kompilierungsfehler wie „package java.activation doesn't exist" oder „package java.xml.bind doesn't exist" beheben können.

Es ist an der Zeit, ein weiteres Problem zu untersuchen, das während der Migration auftreten kann: geteilte Pakete.

Geteilte Pakete

Das Problem der geteilten Pakete ist eines der schwerwiegendsten Probleme, die in der modularen Welt von Java 9 auftreten können. Geteilte Pakete treten auf, wenn zwei oder mehr Mitglieder eines Pakets in mehr als einem Modul vorhanden sind. Um eine zuverlässige Konfiguration zu unterstützen, erlaubt das Java-Platform-Module-System keine geteilten Pakete zur Kompilierungszeit. Der Grund dafür ist, dass das System alle Module vom Modulpfad mit einem einzigen Klassenlader lädt, der nicht mehr als einen einzigen Typ eines Pakets haben kann. Zwei vom selben Klassenlader geladene Module können kein Paket teilen.

Abb. 8-4 veranschaulicht zwei Module, die ein geteiltes Paket haben.

Modul A und Modul B enthalten beide das Paket myPackage. Selbst wenn die Module unterschiedliche Unterpakete enthalten, besteht das Problem der geteilten

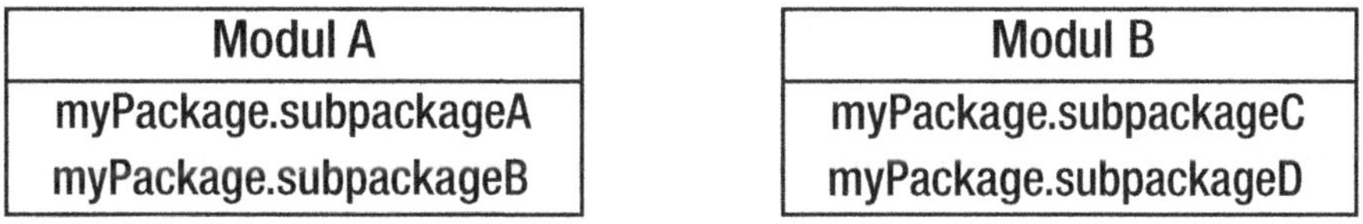

Modul A
myPackage.subpackageA
myPackage.subpackageB

Modul B
myPackage.subpackageC
myPackage.subpackageD

Abb. 8-4. *Zwei Module mit einem geteilten Paket*

Pakete, da sie ein Paket mit demselben Namen teilen. Das Problem der geteilten Pakete entsteht auch, wenn die Pakete nicht exportiert werden.

In diesem Fall wird die Kompilierung mit dem folgenden Fehler fehlschlagen, weil wir zur Kompilierungszeit geteilte Pakete haben:

```
error: module A reads package myPackage from both A and B
```

Dieser Fehler besagt eindeutig, dass das Paket B sowohl in Modul A als auch in Modul C vorhanden ist.

Ein Problem mit geteilten Paketen kann bei jeder Art von Paket auftreten, auch bei Paketen, die nicht exportiert werden, den sogenannten *versteckten* Paketen. Wenn zwei Module ein Paket mit demselben Namen enthalten, tritt ein Fehler auf, wenn wir die Module auf den Modulpfad legen. Es spielt keine Rolle, ob die Pakete exportiert, offen oder versteckt sind. Das Problem der geteilten Pakete wird in jedem Fall auftreten.

Hinweis   Wenn ein Paket weder exportiert noch offen ist, können wir sagen, dass das Modul das Paket versteckt.

Es ist auch wichtig, einen weiteren Aspekt zu erwähnen. Wenn wir unser eigenes Modul entwickeln, das einen Paketnamen verwendet, der bereits in einem der Plattformmodule existiert, haben wir auch das Problem der geteilten Pakete.

Hinweis   Die Pakete aus den Plattformmodulen zählen auch beim Problem der geteilten Pakete. Das bedeutet, dass wir in unserem eigenen Modul kein Paket verwenden können, das denselben Namen hat wie ein Paket, das in den vorhandenen Plattformmodulen vorhanden ist.

Es gibt keine universelle Lösung, um das Problem der geteilten Pakete zu beheben. Sie können die Lösung wählen, die Sie möchten, um das gewünschte Ziel zu erreichen – nicht ein Paket oder Mitglieder eines Pakets mit demselben Namen in mehr als einem Modul zu haben.

Angenommen, wir haben zwei Drittanbieter-JAR-Dateien, die ein Paket mit demselben Namen teilen. Einige der am häufigsten verwendeten Lösungen zur Behebung der Probleme mit geteilten Paketen sind die folgenden:

- Erstellen Sie eine einzelne JAR-Datei aus den beiden JAR-Dateien. Kombinieren Sie sie zu einer einzigen JAR-Datei. Wenn wir zwei Drittanbieter-JAR-Dateien haben, die ein Paket mit demselben Namen teilen, könnten wir eine einzige JAR-Datei aus den beiden erstellen, indem wir sie im selben Verzeichnis entpacken und dann das gesamte Verzeichnis in eine einzige ZIP-Datei packen. Vergessen Sie nicht, die Endung der neuen ZIP-Datei in eine JAR-Datei zu ändern. Auf diese Weise haben wir nur eine einzige JAR, die auf den Modulpfad gelegt werden kann und nur ein automatisches Modul hat, nicht zwei. Das Paket befindet sich jetzt in einem einzigen Modul, und das Problem der geteilten Pakete ist gelöst.

- Überprüfen Sie, ob eine der JARs eventuell durch eine andere ersetzt werden kann. Wenn es eine Chance gibt, die JAR durch eine andere zu ersetzen, sollten wir es zumindest versuchen.

- Benennen Sie eines der Pakete um. Auch das Umbenennen eines der Pakete ist eine zu berücksichtigende Lösung. Die Erfolgswahrscheinlichkeit hängt von der Struktur der Klassen ab und insbesondere davon, ob die Klassen in einem einzigen Namensraum leben oder nicht.

Bis jetzt haben wir über verschiedene Anwendungsfälle für JAR-Dateien gesprochen. Lassen Sie uns zu Modulen übergehen. Es gibt drei mögliche Lösungen, die helfen können, geteilte Pakete im Falle von Modulen loszuwerden:

- *Erstellen Sie ein einzelnes Modul aus zwei oder mehr Modulen:* Kombinieren Sie sie zu einem einzigen Modul. Wenn wir zwei Module haben, die ein Paket mit demselben Namen teilen, könnten wir eventuell unseren Code neu gestalten und nur ein Modul aus den beiden haben.

- *Erstellen Sie ein drittes Modul:* Eine andere Option wäre, die gesamten Pakete, die das Problem der geteilten Pakete in beiden Modulen verursachen, zu nehmen und sie in ein drittes neues Modul zu verschieben, das die Pakete exportiert, die wir in unserem Modul benötigen. Diese Lösung ist viel einfacher zu implementieren.

- *Versuchen Sie, die Paketabhängigkeiten zu entfernen:* Dies ist fragwürdig und kann nur implementiert werden, wenn Sie die Abhängigkeit wirklich nicht mehr benötigen.

Sie haben einige Vorschläge gesehen, wie Sie das Problem der geteilten Pakete lösen können. Sie können diese Ansätze wählen oder Ihre eigenen Lösungen implementieren, um das Ziel zu erreichen, kein Paket mit demselben Namen in mehr als einem Modul zu haben.

Hinweis   Probleme mit geteilten Paketen können auch in JAR-Dateien auftreten, die die Service Provider API verwenden.

Die JEP 200 besagt, dass „ein nicht standardisiertes Modul keine standardisierten API-Pakete exportieren darf". Dies macht Sinn, denn wenn wir unser eigenes Modul com.apress.myModule haben, sollten wir zum Beispiel nicht das java.sql-Paket exportieren, weil das java.sql-Paket bereits vom java.sql-Plattformmodul exportiert wird. Dies würde zu einem geteilten Paket führen.

Hinweis   Exportieren Sie keine Standard-API aus einem nicht standardisierten Modul. Andernfalls haben Sie ein geteiltes Paket.

Eine Anforderung des JPMS besagt, dass „der Java-Compiler, die virtuelle Maschine und das Laufzeitsystem sicherstellen müssen, dass Module, die Pakete mit demselben Namen enthalten, sich nicht gegenseitig stören. Wenn zwei unterschiedliche Module

Pakete mit demselben Namen enthalten, dann sind aus der Perspektive jedes Moduls alle Typen und Mitglieder in diesem Paket nur von diesem Modul definiert. Code in diesem Paket in einem Modul darf nicht auf paketprivate Typen oder Mitglieder in diesem Paket in dem anderen Modul zugreifen."

Hinweis Wenn wir Unit-Testfälle in JDK 9 entwickeln, müssen wir darauf achten, keine Split-Pakete einzuführen. Wenn wir ein spezifisches Testmodul haben, in dem wir die Testfälle platzieren, dann führen wir das Split-Paket-Problem ein, wenn wir Typen aus dem zu testenden Modul im Testmodul importieren, weil wir das gleiche Paket in zwei verschiedenen Modulen haben werden.

Der nächste Abschnitt spricht über ein weiteres Problem, das auftreten kann: zyklische Abhängigkeiten.

Zyklische Abhängigkeiten

Eine *zyklische Abhängigkeit* ist eine Beziehung zwischen zwei oder mehr Modulen, die dadurch zum Ausdruck kommt, dass die Module voneinander abhängen, entweder direkt oder indirekt. Zyklische Abhängigkeiten gelten als *Anti-Patterns*. Sie sind zur Kompilierzeit in Java 9 nicht erlaubt. Wenn zwei Module eine zyklische Abhängigkeit enthalten, schlägt die Kompilierung fehl. Jigsaw legt bewusst eine Prüfung auf zyklische Abhängigkeiten während der Kompilierung fest. Die Anforderung, die vom Java-Platform-Module-System gestellt wird, ist streng: Im Modulgraphen sind keine Zyklusabhängigkeiten erlaubt.

Allerdings sind zyklische Abhängigkeiten zur Laufzeit erlaubt, aber nur nachdem der Modulgraph bereits aufgelöst wurde. Wir beziehen uns hier auf die `reads`-Beziehungen von Laufzeitmodulen, die zur Laufzeit erlaubt sind. Zyklische Abhängigkeiten sind zur Kompilierzeit, zur Link-Zeit und zur Laufzeit nicht erlaubt, wenn der Modulgraph zum ersten Mal aufgelöst wird. Aber zur Laufzeit können Sie Lesekanten hinzufügen, indem Sie die Befehlszeilenoption `--add-reads` verwenden. Zur Laufzeit können Sie eine zyklische Abhängigkeit einführen, indem Sie die Option `--add-reads` verwenden, weil der Modulgraph bereits zuvor aufgelöst wurde und weil wir in der Laufzeit und nicht in der Kompilierzeit sind.

Die Gründe für das Verbot von zyklischen Abhängigkeiten sind gerechtfertigt: um das Modulsystem zu vereinfachen oder um den Modulgraphen verständlicher zu machen. Zwei Module, die sich gegenseitig benötigen, wären besser als ein einziges Modul dargestellt.

Zyklische Abhängigkeiten können zum Beispiel oft bei automatischen Modulen auftreten. Da automatische Module die Lesbarkeit für alle anderen Module implizieren, ist die Wahrscheinlichkeit, dass zwei Module voneinander abhängen, nicht gering.

Hinweis Zyklische Abhängigkeiten zwischen Modulen sind während der Kompilierung verboten. Zyklische Abhängigkeiten zwischen Klassen sind nur innerhalb einer einzelnen Klasse erlaubt, nicht zwischen verschiedenen Modulen.

Kap. 4 hatte ein Beispiel für eine zyklische Abhängigkeit in unserer Moduldeklaration. Zyklische Abhängigkeiten können durch die Verwendung von Schnittstellen gelöst werden, um die Kopplung zwischen Modulen zu entkoppeln. Ein Modul sollte von einer Schnittstelle abhängen, nicht von einem anderen Modul. Dies kann mit der im Kap. 6 beschriebenen Service Provider API implementiert werden. Was wir tun müssen, ist Service-Konsumenten und Service Anbieter zu implementieren, um die Kopplung zwischen Modulen zu entkoppeln.

Hinweis Es gibt einen offiziellen Vorschlag, zyklische Beziehungen zwischen Modulen zur Laufzeit zu erlauben, aber nicht zur Kompilierzeit. Es ist unklar, wann dieser Vorschlag umgesetzt wird – möglicherweise in JDK 10. Die Erlaubnis von zyklischen Beziehungen zur Laufzeit wird helfen, einige Probleme zu lösen, die insbesondere bei sehr großen Anwendungen auftreten können, bei denen die Wahrscheinlichkeit von Zyklen viel höher ist.

Wir haben das Problem der zyklischen Abhängigkeiten in diesem Abschnitt behandelt. Der nächste Abschnitt behandelt das in JDK 9 eingeführte neue Versionierungsschema.

Neues Versionierungsschema

Java 9 führt ein neues Format zur Definition der Version ein. Dies ist aus Sicht der Migration wichtig, weil Code, der auf dem alten String-Format basiert, nicht mehr funktioniert. Die Betreuer der Hadoop-Bibliothek mussten die Hadoop-Bibliothek reparieren, weil sie in JDK 9 aufgrund der Einführung des neuen Versionsformats nicht mehr funktionierte:

```
System.getProperty("java.version").substring(0, 3).compareTo("1.7") >= 0
```

Dieser Code funktioniert in JDK 9 nicht mehr, weil die Version nicht mehr als 1.7 dargestellt wird. Anstelle von 1.7 könnte die neue Version ein Format ähnlich wie 7 (nur die Hauptversion) oder 7.1.1 (Hauptversion, Nebenversion und Sicherheitsversion) haben.

Das Format des neuen Versionsstrings ist wie folgt:

```
$HAUPT.$NEBEN.$SICHERHEIT.$PATCH
```

- $HAUPT dient als Hauptversion einer JDK-Veröffentlichung.

- $NEBEN dient als Nebenversion einer JDK-Veröffentlichung.

- $SICHERHEIT dient als sicherheitsbezogene Veröffentlichung des JDK.

Die Änderungen betreffen nicht nur java-Version, sondern auch die folgenden Systemeigenschaften: java.runtime.version, java.vm.version, java.specification. version und java.vm.specification.version.

Wir wissen, wie die neue Version in JDK 9 aussieht, also gehen wir weiter und sehen, welche Methoden in JDK 9 entfernt wurden.

Entfernte Methoden in JDK 9

Die folgenden Methoden wurden in Java 9 vollständig entfernt:

- java.util.logging.LogManager.addPropertyChangeListener

- java.util.logging.LogManager.removePropertyChangeListener

- java.util.jar.Pack200.Packer.addPropertyChangeListener

- `java.util.jar.Pack200.Packer.removePropertyChangeListener`

- `java.util.jar.Pack200.Unpacker.addPropertyChangeListener`

- `java.util.jar.Pack200.Unpacker.`
  `removePropertyChangeListener`

Wir sollten sicherstellen, dass wir diese sechs Methoden in Java 9 nicht verwenden – sonst wird unser Code zur Kompilierzeit brechen. Die Wahrscheinlichkeit, dass mindestens eine dieser sechs Methoden in unserem Code vorhanden ist, ist gering.

Eine weitere Änderung in JDK 9, die definitiv einen größeren Einfluss hat, ist die Entfernung der Laufzeit rt.jar und von tools.jar und dt.jar.

Entfernung von rt.jar, tools.jar und dt.jar

Kap. 2 sprach über die Entfernung der rt.jar, tools.jar und dt.jar in JDK 9. Dies kann Auswirkungen auf unseren Code haben, wenn wir Annahmen in unserem gesamten Code auf der Grundlage einer dieser drei JAR-Dateien treffen. Aber der Einfluss ist größer auf Tools als auf unseren eigenen Code.

Das Aufrufen der Methode `ClassLoader::getSystemResource()` in JDK 9 gibt keine URL zu einer JAR-Datei zurück. Stattdessen wird eine gültige URL zurückgegeben.

Wenn wir die Methode `getSystemResource()` mit dem Parameter `java/lang/Class.class` aufrufen,

`ClassLoader.getSystemResource("java/lang/Class.class")`

wird die folgende URL zurückgegeben:

`jrt:/java.base/java/lang/Class.class`

Wir müssen uns dieser neuen Änderungen bewusst sein und überprüfen, ob unser Code erwartet, diese URL in einem bestimmten Format zu erhalten, das jetzt möglicherweise nicht mehr dasselbe ist.

Lassen Sie uns zum nächsten Abschnitt übergehen, in dem wir Migrationsstrategien für die Migration einer Java-Anwendung zu Java 9 zeigen.

Migration einer Anwendung zu Java 9

Dieses Kapitel beschreibt den Prozess der Migration einer Anwendung zu Java 9 mit dem Top-down-Ansatz. Grundsätzlich gibt es zwei Arten von Migrationen, die wir durchführen können, wenn wir uns entscheiden, unsere bestehende Java-Anwendung zusammen mit ihren Abhängigkeiten zu Java 9 zu migrieren: Top-down-Migration und Bottom-up-Migration.

Der Hauptunterschied zwischen den beiden Ansätzen besteht darin, dass die Anwendungsmigration die Anwendung zuerst migriert. Im Gegensatz dazu beginnt die Bibliotheksmigration mit der Migration der Bibliotheken, anstatt der Anwendung.

Hinweis   In Kap. 4 haben Sie gelernt, was ein unbenanntes Modul ist. Es ist wichtig, sich folgende Regel zu merken: Code, der in einem benannten Modul existiert, kann auf nichts auf dem Klassenpfad zugreifen!

Top-down-Migration

Wir haben eine kleine Anwendung, die einige Nachrichten aus einer JSON-Datei mit Google Gson liest. Sie protokolliert die Ausgabe mit SLF4J und formatiert sie mit Google Guava. Daher haben wir vier JAR-Bibliotheken auf dem Klassenpfad:

- slf4j-simple-1.7.25.jar

- slf4j-api-1.7.25.jar

- guava-21.0.jar

- gson-2.8.0.jar

Unsere Anwendung besteht aus einer POJO-Klasse namens News, die vier Attribute hat: id, title, category und link. Sie besteht auch aus einer Main-Klasse, die die gesamte Information aus der news.json-Datei als Liste von News-Objekten liest. Eine for-Schleife iteriert über die gesamte Liste von News, formatiert die Ergebnisse so, dass alles großgeschrieben ist, und protokolliert dann die Ergebnisse.

Auflistung 8-5 zeigt die News-Klasse.

Auflistung 8-5. Die News-Klasse

```
package org.news;

public class News {

    private String id;

    private String title;

    private String category;

    private String link;

    public String getId() {
        return id;
    }

    public void setId(String id) {
        this.id = id;
    }

    public String getTitle() {
        return title;
    }

    public void setTitle(String title) {
        this.title = title;
    }

    public String getCategory() {
        return category;
    }

    public void setCategory(String category) {
        this.category = category;
    }

    public String getLink() {
        return link;
    }
```

```
    public void setLink(String link) {
        this.link = link;
    }

    @Override
    public String toString() {
        return "Id: " + id + " - " + "Title: " + title + " - " + "Category:
        " + category + " - " + "Link: " + link;
    }
}
```

Auflistung 8-6 stellt die Main-Klasse dar, die Pakete von Gson, Guava und SLF4J importiert, die news.json liest, deren Inhalt protokolliert und auch formatiert.

Auflistung 8-6. Die Main-Klasse unserer Anwendung

```
package org.news;

import java.io.*;
import java.lang.reflect.Type;
import java.util.ArrayList;
import java.util.List;
import com.google.gson.reflect.TypeToken;
import com.google.gson.Gson;
import com.google.gson.GsonBuilder;
import com.google.common.base.CaseFormat;
import org.slf4j.Logger;
import org.slf4j.LoggerFactory;

public class Main {

    public static void main(String[] args) throws FileNotFoundException {

        Logger logger = LoggerFactory.getLogger(Main.class);

        BufferedReader bufferedReader = new BufferedReader(new FileRea-
        der("news.json"));

        Type listType = new TypeToken<ArrayList<News> >(){}.getType();
```

```
List<News> yourClassList = new Gson().fromJson(bufferedReader,
listType);

for(News news : yourClassList) {
    logger.info("Id: " + CaseFormat.LOWER_UNDERSCORE.to(CaseFormat.
    UPPER_UNDERSCORE, news.getId()));
    logger.info("Title: " + CaseFormat.LOWER_UNDERSCORE.to(CaseFor-
    mat.UPPER_UNDERSCORE, news.getTitle()));
    logger.info("Category: " + CaseFormat.LOWER_UNDERSCORE.to(Case-
    Format.UPPER_UNDERSCORE, news.getCategory()));
    logger.info("Link: " + CaseFormat.LOWER_UNDERSCORE.to(CaseFor-
    mat.UPPER_UNDERSCORE, news.getLink()));
    }
  }
}
```

Zuerst kompilieren und führen wir unsere Anwendung in JDK 9 nur mit dem Klassenpfad aus, damit wir sicher sind, dass unsere Anwendung in JDK 9 ohne Änderungen funktioniert.

```
javac -d out -cp "lib/gson-2.8.0.jar;lib/guava-21.0.jar;lib/slf4j-api-1.7.25.
jar;lib/slf4j-simple-1.7.25.jar" $(find src -name '*.java')
```

Wir erstellen eine JAR-Datei namens news.jar:

```
jar --create --file lib/news.jar -C out.
```

Schließlich führen wir unsere Anwendung aus:

```
java -cp "lib/gson-2.8.0.jar;lib/guava-21.0.jar;lib/slf4j-api-1.7.25.jar;lib/
slf4j-simple-1.7.25.jar;lib/news.jar" org.news.Main
```

Unsere Anwendung läuft erfolgreich. Wir haben nun die Bestätigung, dass unsere nicht modularisierte Anwendung mit JDK 9 ohne Änderungen läuft.

Beginnen wir mit dem Modularisierungsprozess. In diesem Teil werden wir nur unsere News-Anwendung als Teil der Top-down-Migrationsstrategie modularisieren. Wir werden die vier JAR-Dateien, die unsere Abhängigkeiten darstellen, weder modularisieren noch ändern.

Das Erste, was wir tun, ist eine module-info.java-Datei im Stammverzeichnis zu erstellen. Wir müssen herausfinden, welche Art von `requires`- und `exports`-Klauseln wir in den Moduldeskriptor einfügen müssen. Wir müssen unsere Abhängigkeits-JAR-Dateien im Moduldeskriptor mit requires vermerken und wir tun dies, indem wir sie auf den Modulpfad setzen, so dass sie zu automatischen Modulen werden. Wir haben die automatischen Module am Anfang dieses Kapitels ausführlich behandelt, wo wir auch darüber gesprochen haben, wie man den Namen der generierten automatischen Module herausfindet:

```
jar --describe-module --file gson-2.8.0.jar
```

Indem wir den Befehl `jar --describe-module` auf der Gson-JAR-Datei ausführen, finden wir heraus, dass der generierte Name des automatischen Moduls gson ist. Wir fügen diesen Namen in unseren Moduldeskriptor ein und tun dasselbe für alle anderen JAR-Dateien, da unsere Anwendung von diesen abhängt. Wenn wir uns über die von unserer Anwendung verwendeten Abhängigkeiten nicht sicher sind, können wir die Jdeps auf unserer zuvor erstellte news.jar-Datei ausführen:

```
$ jdeps -cp "lib/gson-2.8.0.jar;lib/guava-21.0.jar;lib/slf4j-api-1.7.25.jar;lib/slf4j-simple-1.7.25.jar;lib/news.jar" -s lib/news.jar
```

```
news.jar -> lib\gson-2.8.0.jar
news.jar -> lib\guava-21.0.jar
news.jar -> java.base
news.jar -> lib\slf4j-api-1.7.25.jar
```

Das JDeps-Tool informiert uns, dass unsere news.jar-Datei Abhängigkeiten von drei JAR-Dateien und dem Modul java.base hat.

Unsere module-info.java sieht so aus:

```
module news {
    requires slf4j.simple;
    requires slf4j.api;
    requires guava;
    requires gson;
}
```

Da unsere News-Anwendung eigenständig ist und keine API darstellt, haben wir keine exports-Klauseln. Wir müssen unsere Anwendung nicht jemand anderem zur Verfügung stellen, damit er sie in seiner Anwendung einfügen kann, daher sind exports-Klauseln für den Moment nicht notwendig.

Wir kompilieren unsere Anwendung:

```
javac -d modules --module-path lib --module-source-path src -m news
```

Jetzt, wenn wir einen Blick in das Modulverzeichnis werfen, sehen wir, dass wir . class-Dateien nicht nur für die entsprechenden Java-Klassen haben, sondern auch für die module-info.java haben wir eine kompilierte module-info.class-Datei.

Wir erstellen ein modulares JAR für unsere Anwendung:

```
jar --create --file lib/news.jar -C modules/news.
```

Als Nächstes führen wir unsere Main-Klasse aus:

```
java --module-path lib -m news/org.news.Main
```

Leider erhalten wir eine ClassNotFoundException, die uns informiert, dass die Klasse java.sql.Time nicht gefunden werden kann:

```
Exception in thread "main" java.lang.NoClassDefFoundError: java/sql/Time
        at gson@2.8.0/com.google.gson.Gson.<init>(Gson.java:240)
        at gson@2.8.0/com.google.gson.Gson.<init>(Gson.java:174)
        at news/org.news.Main.main(Main.java:23)
Caused by: java.lang.ClassNotFoundException: java.sql.Time
        at java.base/jdk.internal.loader.BuiltinClassLoader.loadClass(Unknown
        Source)
        at java.base/jdk.internal.loader.ClassLoaders$AppClassLoader.load-
        Class(Unknown Source)
        at java.base/java.lang.ClassLoader.loadClass(Unknown Source)
        ... 3 more
```

Die Klasse java.sql.Time befindet sich im Modul java.sql. Wir müssen dieses Modul zur Wurzelmenge der Module hinzufügen, indem wir die Option --add-modules verwenden, damit es aufgelöst werden kann:

```
java --add-modules java.sql --module-path lib -m news/org.news.Main
```

Der vorherige Fehler tritt nicht mehr auf, weil er gelöst wurde. Leider erhalten wir jetzt eine andere Art von Ausnahme:

```
Exception in thread "main" java.lang.reflect.InaccessibleObjectException:
Unable to make field private java.lang.String org.news.News.id accessible:
module news doesn't "opens org.news" to module gson
        at java.base/java.lang.reflect.AccessibleObject.checkCanSetAccessi-
        ble(Unknown Source)
        at java.base/java.lang.reflect.AccessibleObject.checkCanSetAccessi-
        ble(Unknown Source)
        at java.base/java.lang.reflect.Field.checkCanSetAccessible(Unknown
        Source)
        at java.base/java.lang.reflect.Field.setAccessible(Unknown Source)
```

Wir erhalten eine InaccessibleObjectException, weil Gson einen tiefen reflektierenden Zugriff auf das JDK ausführt und dies nicht gelingt, weil unser Paket org. news standardmäßig nicht für tiefe Reflection geöffnet ist. Wir müssen unser Paket org. news für das Modul Gson mit einer qualifizierten opens-Klausel öffnen. Daher müssen wir die folgende Aussage in unseren Moduldeskriptor einfügen:

```
opens org.news to gson;
```

Wir kompilieren und führen unsere Anwendung erneut aus und weil wir das Paket org.news geöffnet haben, damit die Gson-Bibliothek eine tiefe Reflection darauf ausführen kann, funktioniert es.

In diesem Abschnitt haben wir es geschafft, eine Anwendung, die JAR-Dateien verwendet, auf JDK 9 laufen zu lassen. Wir haben ein Modul für unseren eigenen Code erstellt und die JAR-Dateien auf den Modulpfad gelegt, indem wir sie in automatische Module umgewandelt haben. Wir haben keinen Code auf dem Klassenpfad, weil der gesamte Code jetzt auf dem Modulpfad ist.

Hinweis   Der Quellcode, den wir vor Beginn des Modularisierungsprozesses hatten, kann im Verzeichnis /ch08/topDownMigrationStart gefunden werden. Der Quellcode nach dem Top-down-Modularisierungsprozess kann im Verzeichnis /ch08/topDownMigration gefunden werden.

Dies war eine Top-down-Migration, bei der wir unsere Anwendung modularisieren und die JAR-Bibliotheken als automatische Module auf dem Modulpfad verwenden.

Zusammenfassung

Dieses Kapitel präsentierte nützliche Informationen zu Themen rund um die Migration. Die Migration einer Anwendung auf Java 9 ist ein mehrstufiger Prozess, abhängig von der Größe und den Bibliotheken, die die Anwendung verwendet.

Wir begannen dieses Kapitel mit der Vorstellung der automatischen Module, die uns helfen, bedeutende Fortschritte im Prozess der Migration zu Modulen zu machen, weil sie bestehende JARs wiederverwenden. Die automatischen Module können als Ersatz für JAR-Dateien verwendet werden. Wenn Sie nicht vorhaben, Ihren Code auf Module zu migrieren, können Sie stattdessen automatische Module verwenden. Es ist verständlich, automatische Module zu verwenden, wenn die JAR-Datei noch nicht von ihren Autoren modularisiert wurde, aber Sie sollten die automatischen Module durch ihre entsprechenden benannten Module ersetzen, sobald diese verfügbar sind.

Weiterhin haben wir das JDeps-Tool vorgestellt. Dies ist ein sehr nützliches Tool, um statische Abhängigkeiten einer Bibliothek zu finden, aber es kann keine reflektierenden Verwendungen von JDK-internen APIs finden. JDeps führt eine statische Untersuchung auf Klassenebene durch und gibt jede Verwendung von JDK-internen APIs aus. Wenn wir Maven verwenden, können wir das Maven JDeps Plugin nutzen, weil JDeps sehr gut mit Maven darüber integriert ist.

Als Nächstes sprachen wir über die in Java 9 eingeführte Kapselung. Wir haben gelernt, welche Pakete in Java 9 gekapselt sind und welche nicht. Wir zeigten ein Beispiel für das Brechen der Kapselung von JDK-internen APIs mit der Befehlszeilenoption --add-exports. Wir sahen auch, wie man Pakete öffnet, Lesbarkeit zwischen Modulen bereitstellt und Module zum Wurzelsatz von Modulen hinzufügt. Die Option --illegal-access, die eingeführt wurde, um tiefe Reflection für Code im Klassenpfad zu ermöglichen, wurde ausführlich behandelt.

Wenn wir über Änderungen im Bereich der JDK-internen APIs in Java 9 sprechen, müssen wir zwischen dem Zugriff auf die internen APIs und dem Zugriff auf die internen APIs mittels Reflection unterscheiden. Das Erste ist nicht so überraschend, da die JDK-internen APIs schon lange als veraltet markiert waren. Das Letztere ist anders, weil keine Veraltungs-Warnung ausgegeben werden kann, da der Code zur Laufzeit ausgeführt wird. Als Schlussfolgerung ist der normale Zugriff auf JDK-interne APIs in Java 9 nicht mehr möglich, aber der reflektierende Zugriff auf JDK-interne APIs ist noch möglich, wenn auch eingeschränkt.

Wir haben auch einige der häufigsten Probleme diskutiert und Lösungen dafür gegeben, die während der Migration auf Java 9 auftreten können: gekapselte JDK-interne APIs, nicht aufgelöste Module, zyklische Abhängigkeiten, neues Versionierungsschema, geteilte Pakete, entfernte Methoden in Java 9 und Entfernung von rt.jar, tools.jar und dt. jar. Ein wichtiges Problem, das beim Umstieg auf Java 9 auftreten kann, ist das Problem der geteilten Pakete. Ein geteiltes Paket ist ein einzelnes Paket, das sich in zwei oder mehr Modulen befindet.

Wir beendeten dieses Kapitel mit einem Beispiel für die Migration einer kleinen Anwendung, die einige Drittanbieter-Bibliotheken auf Java 9 verwendet. Wir migrierten die Anwendung Schritt für Schritt mit dem Top-down-Ansatz. Während der Migration geben die in den Ausnahmen und Fehlern angezeigten Nachrichten wertvolle Hinweise zur Lösung der Ursache des Problems und zum Vorankommen.

In Kap. 9 werden wir die neue API kennenlernen, die in JDK 9 für die Handhabung von Modulen, Modulbeschreibungen, Modulreferenzen und Schichten eingeführt wurde.

KAPITEL 9

Die neue Modul-API

Project Jigsaw führte mit den Modulen eine neue Schicht in JDK 9 ein und fügte der Java-Plattform viele neue Funktionen hinzu. Unter den neuen Funktionen wurde eine neue Modul-API eingeführt, um die Arbeit mit Modulen zu handhaben. Die neue Modul-API wurde im Modul java.base in den Paketen java.lang und java.lang.module hinzugefügt. Sie enthält eine Reihe von Klassen, Schnittstellen, Aufzählungen (Enums) und Ausnahmen, die zur Arbeit mit Modulen verwendet werden können.

Die Modul-API ermöglicht es uns, verschiedene Operationen an Modulen durchzuführen, wie beispielsweise das Extrahieren von Informationen aus den Modulbeschreibungen, den Zugriff auf die Ressourcen eines Moduls, die Suche nach Modulen auf dem Modulpfad oder nach allen Systemmodulen, das Erstellen von Schichten und mehr. Die Modul-API kann auch verwendet werden, um dynamisch `reads-`, `opens-` oder exports-`Direktiven` zu anderen Modulen zur Laufzeit hinzuzufügen. Wir beginnen dieses Kapitel mit einer kurzen Vorstellung der Struktur der neuen Modul-API: ihrer Schnittstellen, Klassen, Enums und Ausnahmen.

Laut der JDK-9-API-Spezifikation wurden zwei Schnittstellen für die Arbeit mit Modulen hinzugefügt. Tab. 9-1 zeigt die neuen Schnittstellen der Modul-API.

Tab. 9-2 listet die Klassen der neuen Modul-API auf.

Tab. 9-3 zeigt die Aufzählungen der Modul-API.

Tab. 9-4 zeigt die Ausnahmen der Modul-API.

Als Nächstes betrachten wir einige der wichtigsten Klassen und Schnittstellen der neuen Modul-API im Detail, beginnend mit dem grundlegenden, der Klasse der `Module`.

Tab. 9-1. *Die Schnittstellen der Modul-API*

Name	Typ	Beschreibung
ModuleFinder	Schnittstelle	Findet Module während der Auflösung oder Dienstbindung
ModuleReader	Schnittstelle	Zugriff auf den Inhalt des Moduls

Tab. 9-2. *Die Klassen der Modul-API*

Name	Typ	Beschreibung
Configuration	Klasse	Eine Konfiguration, die das Lesbarkeitsdiagramm enthält
Module	Klasse	Ein Modul zur Laufzeit
ModuleDescriptor	Klasse	Eine Modulbeschreibung
ModuleDescriptor.Builder	Klasse	Ein Ersteller zum Erstellen von Modulbeschreibungen
ModuleDescriptor.Exports	Klasse	Ein von einem Modul exportiertes Paket
ModuleDescriptor.Opens	Klasse	Ein von einem Modul geöffnetes Paket
ModuleDescriptor.Provides	Klasse	Ein Dienst mit Implementierungen, die vom Modul bereitgestellt werden
ModuleDescriptor.Requires	Klasse	Eine Abhängigkeit von einem Modul
ModuleDescriptor.Version	Klasse	Eine Modulversion
ModuleReference	Klasse	Eine Referenz auf ein Modul
ResolvedModule	Klasse	Ein Modul in einem Graphen von gelösten Modulen

Tab. 9-3. *Die Aufzählungen der Modul-API*

Name	Typ	Beschreibung
ModuleDescriptor.Exports. Modifier	Enum	Ein Modifikator für ein exportiertes Paket
ModuleDescriptor.Modifier	Enum	Ein Modifikator für ein Modul
ModuleDescriptor.Opens. Modifier	Enum	Ein Modifikator für ein offenes Paket
ModuleDescriptor.Requires. Modifier	Enum	Ein Modifikator für eine Modulabhängigkeit

Tab. 9-4. *Die Ausnahmen der Modul-API*

Name	Typ	Beschreibung
FindException	Ausnahme	Ausgelöst, wenn ein Fehler beim Finden eines Moduls auftritt
InvalidModuleDescriptorException	Ausnahme	Ausgelöst, wenn ein Modulbeschreiber ein ungültiges Format hat
ResolutionException	Ausnahme	Ausgelöst, wenn der Prozess der Auflösung einer Reihe von Modulen fehlschlägt
LayerInstantiationException	Ausnahme	Ausgelöst, wenn ein Fehler beim Erstellen einer Modulschicht auftritt

Die Klasse der Module

Die Klasse der Module repräsentiert ein Modul zur Laufzeit, das entweder ein benanntes Modul oder ein unbenanntes Modul sein kann. Die Klasse der Module wurde in Java 9 eingeführt und befindet sich im Modul java.base im Paket java.lang an folgender Stelle:

\java.base\share\classes\java\lang\Module.java

Lassen Sie uns die Attribute, Konstruktoren und Methoden, die von der Klasse der Module definiert sind, untersuchen.

Attribute

Im Folgenden sind einige der wichtigsten Attribute aufgeführt, die von der Klasse der Module definiert werden:

- ModuleLayer layer: Stellt die Schicht dar, die dieses Modul enthält. Die Schicht kann auch null sein.

- String name: Stellt den Namen dieses Moduls dar.

- ClassLoader loader: Stellt den ClassLoader dieses Moduls dar.

- ModuleDescriptor descriptor: Stellt den ModuleDescriptor dieses Moduls dar.

- `Map<String, Set<Module>> exportedPackages`: Stellt die Pakete dar, die von diesem Modul exportiert werden.

- `Map<String, Set<Module>> openPackages`: Stellt die Pakete dar, die für andere Module offen sind.

- `Set<Module> reads`: Stellt die Module dar, die dieses Modul liest.

- `static final Module ALL_UNNAMED_MODULE`: Stellt ein spezielles Modul dar, das die gesamte Menge an unbenannten Modulen definiert. Ein unbenanntes Modul hat kein ClassLoader-Objekt, kein ModuleLayer-Objekt und kein ModuleDescriptor-Objekt definiert.

Konstruktoren

Die Klasse der `Module` hat drei Arten von Konstruktoren, wie in der JDK-9-API-Spezifikation angegeben:

- `Module(ClassLoader loader)`: Dieser Konstruktor erstellt das unbenannte Modul für den gegebenen `ClassLoader`. Das `ClassLoader`-Objekt kann auch null sein. Ein unbenanntes Modul enthält keinen `ModuleDescriptor` und keine `ModuleLayer`.

- `Module(ClassLoader loader, ModuleDescriptor descriptor)`: Dieser Konstruktor erstellt ein benanntes Modul, das nicht in einer `ModuleLayer` liegt.

- `Module(ModuleLayer layer, ClassLoader loader, ModuleDescriptor descriptor, URI uri)`: Dieser Konstruktor erstellt ein benanntes Modul innerhalb einer `ModuleLayer`, was bedeutet, dass das Modul innerhalb der virtuellen Maschine repräsentiert ist.

Methoden

Die wichtigsten Methoden, die von der Modulklasse definiert werden, sind laut der JDK-9-API-Spezifikation die folgenden:

- `boolean isNamed()`: Gibt true zurück, wenn das Modul ein benanntes Modul ist, und sonst false.

- `String getName()`: Gibt den Namen des Moduls zurück, wenn das Modul ein benanntes Modul ist. Wenn das Modul in einem unbenannten Modul ist, gibt es null zurück.

- `ClassLoader getClassLoader()`: Gibt den `ClassLoader` für dieses Modul zurück.

- `ModuleDescriptor getDescriptor()`: Gibt den `ModuleDescriptor` für dieses Modul zurück, wenn das Modul ein benanntes Modul ist. Wenn das Modul ein unbenanntes Modul ist, gibt es null zurück.

- `ModuleLayer getLayer()`: Gibt die `ModuleLayer` zurück, die dieses Modul enthält. Wenn dieses Modul nicht in einer Modulschicht ist, gibt es null zurück. Wenn das Modul in einem unbenannten Modul ist, wird null zurückgegeben.

- `boolean canRead(Module other)`: Gibt true zurück, wenn dieses Modul das als Parameter gegebene Modul liest, und sonst false. Wenn unser Modul ein unbenanntes Modul ist, wird immer true zurückgegeben, da ein unbenanntes Modul alle Module liest.

- `Module addReads(Module other)`: Aktualisiert dieses Modul, um das gegebene Modul zu lesen.

- `boolean isExported(String packageName)`: Gibt true zurück, wenn dieses Modul das gegebene Paket exportiert. Wenn unser Modul in einem unbenannten Modul ist, wird standardmäßig true zurückgegeben. Wenn das Paket geöffnet ist, gibt diese Methode true zurück, da ein geöffnetes Paket auch zur Laufzeit exportiert wird.

- `boolean isExported(String packageName, Module other)`: Gibt true zurück, wenn dieses Modul das gegebene Paket mindestens an das gegebene Modul exportiert.

- `boolean isOpen(String packageName)`: Gibt true zurück, wenn dieses Modul das gegebene Paket geöffnet hat. Wenn das Modul in einem unbenannten Modul ist, wird immer true zurückgegeben.

- `boolean isOpen(String packageName, Module other)`: Gibt true zurück, wenn dieses Modul das gegebene Paket mindestens an das als zweiten Parameter angegebene Modul geöffnet hat.

- `Module addExports(String packageName, Module other)`: Aktualisiert dieses Modul, um das gegebene Paket an das gegebene Modul zu exportieren.

- `Module addOpens(String packageName, Module other)`: Aktualisiert dieses Modul, um das gegebene Paket an das gegebene Modul zu öffnen.

- `Module addUses(Class<?> service)`: Aktualisiert dieses Modul, um eine Serviceabhängigkeit vom gegebenen Servicetyp hinzuzufügen.

- `boolean canUse(Class<?> service)`: Gibt true zurück, wenn dieses Modul eine Serviceabhängigkeit vom gegebenen Servicetyp hat. Wenn unser Modul ein automatisches Modul ist oder sich in einem unbenannten Modul befindet, gibt die Methode standardmäßig true zurück.

- `Set<String> getPackages()`: Gibt ein Set von Paketnamen für alle Pakete in diesem Modul zurück.

- `InputStream getResourceAsStream(String name)`: Gibt ein InputStream-Objekt zum Lesen einer Ressource in diesem Modul zurück. Die Ressource wird durch den gegebenen Namen identifiziert.

Änderungen in java.lang.Class

Die Klasse `java.lang.Class` wurde mit drei Methoden erweitert, um besser in das neu hinzugefügte Modulsystem zu passen. Hier sind die Methoden, die in Java 9 in der `Class`-Klasse hinzugefügt wurden, laut der JDK 9 API-Spezifikation:

- Class<?> forName(Module module, String className): Gibt das Class-Objekt der gegebenen Klasse aus dem gegebenen Modul zurück.

- Module getModule(): Gibt das Modul zurück, dem diese Klasse oder Schnittstelle angehört.

- String getPackageName(): Gibt einen String zurück, der den Namen des Pakets dieser Klasse darstellt.

Die ModuleDescriptor-Klasse

Die ModuleDescriptor-Klasse befindet sich im java.lang.module-Paket des java.base-Moduls. Diese Klasse repräsentiert einen Moduldeskriptor eines benannten Moduls. Eine Instanz dieser Klasse drückt einen Moduldeskriptor aus, der aus einer module-info. class-Datei erhalten wird.

Da ein ModuleDescriptor-Objekt unveränderlich ist, ist das Erhalten eines ModuleDescriptor-Objekts unkompliziert. Es wird durch Aufrufen der getDescriptor()-Methode auf dem entsprechenden Module-Objekt erhalten:

```
java.lang.Module myModule = MyClass.class.getModule();
java.lang.ModuleDescriptor myModuleDescriptor = myModule.getDescriptor();
```

Aber das ist nicht der einzige Weg, wie wir ein ModuleDescriptor-Objekt bekommen können. Wir können ein ModuleDescriptor mit der build()-Methode der Builder-Klasse erstellen, die eine innere Klasse der ModuleDescriptor-Klasse ist. Ein ModuleDescriptor mit der Builder-Klasse zu erstellen, ist nicht der übliche Ansatz, daher behandeln wir ihn in diesem Buch nicht.

Hinweis   Ein Moduldeskriptor kann das unbenannte Modul nicht beschreiben. Er beschreibt alle bestehenden Arten von Modulen außer dem unbenannten Modul: normale Module, offene Module und automatische Module.

Die ModuleDescriptor-Klasse besteht aus einer Reihe von verschachtelten Klassen, die später in diesem Abschnitt besprochen werden:

- `ModuleDescriptor.Builder`-Klasse

- `ModuleDescriptor.Exports`-Klasse

- `ModuleDescriptor.Modifier`-Klasse

- `ModuleDescriptor.Opens`-Klasse

- `ModuleDescriptor.Provides`-Klasse

- `ModuleDescriptor.Requires`-Klasse

- `ModuleDescriptor.Version`-Klasse

Die Instanzen von vier dieser verschachtelten Klassen (`ModuleDescriptor.Exports`, `ModuleDescriptor.Opens`, `ModuleDescriptor.Provides` und `ModuleDescriptor.Requires`) repräsentieren Aussagen, die in einer Moduldeklarationsdatei module-info.java stehen können: exports, opens, provides und requires.

Wir werden weitermachen, indem wir uns einige der Attribute ansehen, die in der `ModuleDescriptor`-Klasse definiert sind.

ModuleDescriptor-Attribute

Die wichtigsten Attribute, die von der `ModuleDescriptor`-Klasse definiert werden, sind die folgenden und sie werden im nächsten Unterabschnitt ausführlicher beschrieben:

- `String name`

- `Version version`

- `Set<Modifier> modifiers`

- `boolean open`

- `boolean automatic`

- `Set<Requires> requires`

- `Set<Exports> exports`

- `Set<Opens> opens`

- `Set<String> uses`

- `Set<Provides> provides`

- `Set<String> packages`

- `String mainClass`

- `static enum Modifier {OPEN, AUTOMATIC, SYNTHETIC, MANDATED}`

Als Nächstes: die wichtigsten Methoden der `ModuleDescriptor`-Klasse.

Methoden des ModuleDescriptor

Die JDK-9-API-Spezifikation definiert einige Methoden für die Klasse ModuleDescriptor. Die wichtigsten Methoden der Klasse ModuleDescriptor sind wie folgt:

- `String name()`: Gibt den Namen des Moduls zurück.

- `Set<Modifier> modifiers()`: Gibt ein Set des `Modifier` Enum zurück, das die Modulmodifikatoren darstellt. Ein `Modifier` Enum enthält die folgenden Werte: `OPEN`, `AUTOMATIC`, `SYNTHETIC` und `MANDATE`. `Modifier.OPEN` bezeichnet ein offenes Modul. `Modifier.AUTOMATIC` repräsentiert ein automatisches Modul. `Modifier.SYNTHETIC` gibt an, dass das Modul weder explizit noch implizit deklariert wurde. `Modifier.MANDATED` besagt, dass das Modul implizit deklariert wurde.

- `boolean isOpen()`: Gibt true zurück, wenn das Modul offen ist, und false andernfalls.

- `boolean isAutomatic()`: Gibt true zurück, wenn es sich um ein automatisches Modul handelt, und false andernfalls.

- `Set<Requires> requires()`: Gibt ein Set von `Requires`-Objekten zurück, die die Abhängigkeiten des Moduls darstellen.

- `Set<Exports> exports()`: Gibt ein Set von `Exports`-Objekten zurück, die die exportierten Pakete des Moduls darstellen.

- `Set<Opens> opens()`: Gibt ein Set von `Opens`-Objekten zurück, die die offenen Pakete darstellen.

- `Set<String> uses()`: Gibt ein Set von `Strings` zurück, die die Serviceabhängigkeiten des Moduls darstellen.

- `Set<Provides> provides()`: Gibt ein Set von `Provides`-Objekten zurück, die die vom Modul bereitgestellten Dienste ausdrücken.

- `Optional<Version> version()`: Gibt die Version des Moduls zurück.

- `String toNameAndVersion()`: Gibt den Modulnamen und die Version formatiert als `<module_name>@<version>` zurück.

- `Optional<String> mainClass()`: Gibt die Main-Klasse des Moduls zurück.

- `Set<String> packages()`: Gibt ein Set von `Strings` zurück, die die Pakete aus dem Modul ausdrücken.

Die folgenden Abschnitte konzentrieren sich auf die verschachtelten Klassen der `ModuleDescriptor`-Klasse.

Die ModuleDescriptor.Requires-Klasse

Die `ModuleDescriptor.Requires`-Klasse, deren Instanz eine `requires`-Klausel in einem Moduldeskriptor ausdrückt, enthält einige Attribute und Methoden, die im Folgenden beschrieben werden.

Sie enthält eine Aufzählung namens `Modifier` mit den folgenden Werten:

- `TRANSITIVE`: Wie in der offiziellen JDK-9-Dokumentation angegeben, „führt diese Abhängigkeit dazu, dass jedes Modul, das vom aktuellen Modul abhängt, eine implizit deklarierte Abhängigkeit vom Modul hat, das durch das `requires` benannt wird."

- `STATIC`: Diese Abhängigkeit ist zur Kompilierzeit obligatorisch, zur Laufzeit jedoch optional.

- `SYNTHETIC`: Diese Abhängigkeit wurde nicht in der Moduldeklaration deklariert.

- `MANDATED`: Diese Abhängigkeit wurde in der Moduldeklaration deklariert.

Die von der `ModuleDescriptor.Requires`-Klasse definierten Methoden sind wie folgt:

- `Set<Modifier> modifiers()`: Gibt ein Set von `Modifier`-Objekten zurück.

- `String name()`: Gibt den Namen des Moduls zurück.

- `Optional<Version> compiledVersion()`: Gibt ein `Version`-Objekt zurück, das die Version des Moduls darstellt.

- `Optional<String> rawCompiledVersion()`: Gibt einen `String` zurück, der die nicht analysierbare Version des Moduls darstellt.

Die ModuleDescriptor.Exports-Klasse

Die `ModuleDescriptor.Exports`-Klasse kann instanziiert werden, um eine `exports`-Klausel innerhalb der Moduldeklaration auszudrücken. Die Klasse enthält eine Aufzählung namens `Modifier` mit den folgenden Werten: `SYNTHETIC` und `MANDATED`.
Hier sind die von dieser Klasse definierten Methoden:

- `Set<Modifier> modifiers()`: Gibt ein Set von `Modifier`-Objekten zurück.

- `boolean isQualified()`: Gibt true zurück, wenn der Export qualifiziert ist, oder false, wenn dies nicht der Fall ist.

- `String source()`: Gibt einen `String` zurück, der den Namen des Pakets darstellt.

- `Set<String> targets()`: Gibt ein Set zurück, das die Namen der Module darstellt, an die das Paket exportiert wird. Wenn der Export nicht qualifiziert ist, gibt es ein leeres Set zurück.

Die Klasse ModuleDescriptor.Opens

Die `ModuleDescriptor.Opens`-Klasse kann instanziiert werden, um eine `opens`-Klausel innerhalb der Moduldeklaration auszudrücken. Die Klasse enthält ein Enum namens `Modifier` mit den folgenden Werten: `Modifier.SYNTHETIC` und `Modifier.MANDATED`. In diesem Fall bedeutet MANDATED, dass die opens-Anweisung in der Moduldeklaration deklariert wurde, und SYNTHETIC bedeutet, dass die opens-Anweisung nicht in der Moduldeklaration deklariert wurde.

Gemäß der JDK-9-API-Spezifikation sind die von dieser Klasse definierten Methoden wie folgt:

- Set<Modifier> modifiers(): Gibt ein Set von Modifier-Objekten zurück.

- boolean isQualified(): Gibt true zurück, wenn es sich um eine qualifizierte opens-Operation handelt, und false andernfalls. Eine qualifizierte opens-Operation zeichnet sich dadurch aus, dass die Module, zu denen das Paket geöffnet ist, in der Moduldeklaration angegeben sind. Eine *unqualifizierte* opens-Operation gibt keine Module in der Moduldeklaration an, was bedeutet, dass das Paket für alle Module geöffnet ist.

- String source(): Gibt den Namen des Pakets als String zurück.

- Set<String> targets(): Gibt ein Set von String zurück, das die Namen der Module repräsentiert, zu denen das Paket geöffnet ist, aber für ein unqualifiziertes opens gibt es ein leeres Set zurück.

Die Klasse ModuleDescriptor.Provides

Die ModuleDescriptor.Provides-Klasse ist sozusagen das Pendant zur provides-Anweisung aus der module-info.java-Datei. Zur Erinnerung, die Rolle der provides-Anweisung besteht darin, einen Diensttyp zu definieren. Die Syntax der provides-Anweisung sieht so aus: provides <interface_name> with <class_name>, wobei <class_name> die Implementierungsklasse für den durch das Interface mit dem Namen <interface_name> definierten Diensttyp darstellt.

Die ModuleDescriptor.Provides-Klasse definiert die folgenden Variablen: String service und List<String> providers. Das bedeutet, dass wir eine Instanz der ModuleDescriptor.Provides-Klasse erstellen können, um einen einzelnen Dienst und einen oder mehrere Anbieter zu definieren.

Es gibt zwei Methoden, die von der `ModuleDescriptor.Provides`-Klasse definiert werden:

- `String service()`: Diese Methode gibt den vollqualifizierten Klassennamen des Diensttyps zurück.

- `List<String> providers()`: Diese Methode gibt eine Liste von Strings zurück, die die vollqualifizierten Klassennamen der Anbieter oder Anbieterfabriken darstellen.

Darüber hinaus können wir drei `provides`-Anweisungen in unserer Modulbeschreibung definieren:

```
module com.apress.myModule {
        provides ServiceType1 with package1.Class1;
        provides ServiceType1 with package1.Class2;
        provides ServiceType1 with package2.Class3;
}
```

Da wir nur eine einzige Instanz des Diensttyps haben, haben wir nur eine Instanz der Klasse `ModuleDescriptor.Provides`. Wir können alle Namen der Anbieterklassen erhalten, indem wir die Methode `providers()` aufrufen, und den Namen des Diensttyps, indem wir die Methode `service()` aufrufen.

Die ModuleDescriptor.Version-Klasse

Die verschachtelte Klasse `ModuleDescriptor.Version` repräsentiert die Version eines Moduls. Die Version eines Moduls wird nur für die Dokumentation verwendet, da das JPMS keine Versionierung unterstützt. Die am häufigsten verwendeten Methoden, die von der Klasse `ModuleDescriptor.Version` bereitgestellt werden, sind wie folgt:

- `Version parse(String)`: Parst den gegebenen `String` als ein Versions-`String`.

- `int compareTo(Version version)`: Vergleicht diese Modulversion mit der gegebenen Modulversion.

Die ModuleFinder-Schnittstelle

Laut der JDK-9-API-Spezifikation repräsentiert diese Schnittstelle „einen Finder von Modulen und wird verwendet, um Methoden während der Auflösung oder Dienstbindung zu finden." Hier sind die Methoden, die in dieser Schnittstelle enthalten sind:

- `Optional<ModuleReference> find(String moduleName)`: Findet und gibt ein `ModuleReference`-Objekt zu einem Modul zurück, dessen Name als Parameter übergeben wird.

- `Set<ModuleReference> findAll()`: Gibt ein Set zurück, das alle `ModuleReference`-Objekte enthält, die im System gefunden werden können.

- `static ModuleFinder ofSystem()`: Gibt ein `ModuleFinder`-Objekt zurück, das alle Systemmodule aus der Java-Laufzeit findet.

- `static ModuleFinder of(Path… entries)`: Gibt ein `ModuleFinder`-Objekt zurück, das Module im Dateisystem findet, indem es eine Sequenz von Verzeichnissen oder verpackten Modulen durchsucht.

Die Rolle der `ModuleFinder`-Schnittstelle besteht darin, Module zu finden. Ein `ModuleFinder` findet nur ein einzelnes Modul. Er kann nicht mehr als ein Modul finden. Wenn wir in Verzeichnissen nach Modulen suchen, wird der `ModuleFinder` nur das erste gefundene Modul abrufen.

Zum Beispiel, wenn wir zwei Verzeichnisse haben und ein Modul namens myModule finden wollen, könnten wir zuerst den `MethodFinder` erhalten, indem wir die Sequenz der Verzeichnisse als Argument an die Methode `of()` der `ModuleFinder`-Schnittstelle übergeben:

```
ModuleFinder moduleFinder = ModuleFinder.of(directoryA, directoryB);
```

Wir können die Methode `find()` auf dem `ModuleFinder`-Objekt aufrufen, indem wir den Namen des Moduls, das wir suchen, übergeben:

```
Optional<ModuleReference> moduleReference = moduleFinder.find("myModule");
```

Die Methode `find()` gibt ein `ModuleReference`-Objekt zum Modul mit dem Namen myModule zurück.

Aus einem `ModuleReference`-Objekt können wir ein `ModuleDescriptor`-Objekt ableiten:

```
if(moduleReference.isPresent()) {
    ModuleDescriptor moduleDescriptor = moduleReference.get().descriptor();
}
```

Die Methode `findAll()` gibt ein Set aller Modulreferenzen zurück, die gefunden werden können. Daher könnten wir dann alle Module finden, die sich in den beiden Verzeichnissen befinden.

Die ModuleReader-Schnittstelle

Die Rolle der `ModuleReader`-Schnittstelle besteht darin, den Zugriff auf den Inhalt eines Moduls zu unterstützen. Wie in der offiziellen JDK-9-API-Dokumentation angegeben, „ist ein Modulleser für Fälle vorgesehen, in denen der Zugriff auf die Ressourcen in einem Modul erforderlich ist, unabhängig davon, ob das Modul geladen wurde. Ein Framework, das eine Sammlung von verpackten Modulen auf dem Dateisystem durchsucht, kann beispielsweise einen Modulleser verwenden, um auf eine spezifische Ressource in jedem Modul zuzugreifen."

Die JDK-9-API-Spezifikation definiert einige Methoden für die ModuleReader-Schnittstelle. Die wichtigsten Methoden, die von der `ModuleReader`-Schnittstelle definiert werden, sind wie folgt:

- `Optional<URI> find(String resourceName)`: Diese Methode findet die Ressource, die durch den Namen `resourceName` identifiziert wird. Sie gibt ein URI-Objekt zur Ressource im Modul zurück. Sie kann eine I/O-Ausnahme auslösen, wenn der Modulleser geschlossen ist.

- `Optional<InputStream> open(String resourceName)`: Diese Methode öffnet eine Ressource mit dem Namen `resourceName`. Sie gibt ein `InputStream`-Objekt zurück, um die Ressource im Modul zu lesen.

- `Optional<ByteBuffer> read(String resourceName)`: Diese Methode liest die angegebene Ressource und gibt ein `ByteBuffer`-Objekt zurück, das den Inhalt der Ressource enthält.

- Stream<String> list(): Diese Methode listet den Inhalt des
  Moduls auf. Sie gibt einen Stream von String-Objekten zurück, die
  die Namen aller Ressourcen im Modul darstellen. Wie die Methoden
  find(resourceName) und open(resourceName) kann sie eine I/O-
  Ausnahme auslösen, wenn der Modulleser geschlossen ist.

Das folgende Beispiel verwendet, was wir bisher gelernt haben, um einige
Informationen aus einem Modul zu lesen. Wir werden im Modul java.base nach allen
Implementierungsklassen suchen. Sobald wir sie gefunden haben, laden wir sie und
drucken dann ihren Namen und den Namen ihres Pakets aus.

Auflistung 9-1 zeigt die Klasse ModuleReaderExample, die alle
Implementierungsklassen aus dem Modul java.base lädt und dann ihren Namen und
ihren Paketnamen ausgibt:

Auflistung 9-1. Die Klasse ModuleReaderExample

```
Paket com.apress.apimodule;

import java.io.IOException;
import java.io.UncheckedIOException;
import java.lang.module.ModuleFinder;
import java.lang.module.ModuleReader;
import java.lang.module.ModuleReference;
import java.util.*;

public class ModuleReaderExample {

    public static void main(String[] args) {

        List<Class<?>> listClasses = getClassesByModuleName("java.base");

        for(Class<?> myClass : listClasses) {
            System.out.println("Name der Klasse ist: " + myClass.getName());
            System.out.println("Name des Pakets ist: " + myClass.getPacka-
            geName());
        }
    }
```

```java
private static List<Class<?>> getClassesByModuleName(String moduleName) {

    ModuleFinder finder = ModuleFinder.ofSystem();
    Optional<ModuleReference> optionalModuleReference = finder.find(mo-
    duleName);
    ModuleReference moduleReference = optionalModuleReference.get();

    try (ModuleReader moduleReader = moduleReference.open()) {
        return moduleReader.list()
                .filter(name -> name.endsWith("Impl.class"))
                .map(ModuleReaderExample::classLoadByFileName)
                .collect(Collectors.toList());
    } catch(IOException ioException) {
        throw new UncheckedIOException(ioException);
    }
}

private static Class<?> classLoadByFileName(String classFileName) {

    ClassLoader classLoader = ModuleReaderExample.class.getClassLoader();
    String nameOfClass = classFileName.substring(0, classFileName.length()
    - ".class".length());

    try {
        nameOfClass = nameOfClass.replace('/','.');
        return classLoader.loadClass(nameOfClass);
    }
    catch (ClassNotFoundException classNotFoundException) {
        throw new UncheckedIOException(new IOException(classNotFoundEx-
        ception));
    }
}

}
```

Die Methode static Class<?> classLoadByFileName(String classFileName) ist einfach. Sie verwendet das ClassLoader-Objekt, um die gegebene Klasse zu laden und gibt eine Instanz des Objekts Class zurück. Die Methode List<Class<?>> getClassesByModuleName(String moduleName) ist interessant. Sie gibt eine Liste von Class-Objekten zurück, die sich im gegebenen Modul befinden. Zuerst erhalten wir eine Instanz des ModuleFinder durch Aufrufen der Methode ofSystem(). Diese Methode gibt einen Modulfinder zurück, der die Systemmodule findet. Dann finden wir eine Referenz zu einem Modul mit dem Namen moduleName, indem wir die Methode find(moduleName) auf dem finder-Objekt aufrufen:

```
Optional<ModuleReference> optionalModuleReference = finder.find(moduleName);
ModuleReference moduleReference = optionalModuleReference.get();
```

Ein ModuleReference-Objekt ist eine Referenz auf den Inhalt des Moduls – in unserem Fall das Modul java.base. Um das Modul zum Lesen zu öffnen, rufen wir die Methode open() auf dem ModuleReference-Objekt auf. So erhalten wir eine Instanz eines ModuleReader-Objekts:

```
ModuleReader moduleReader = moduleReference.open()
```

Als Nächstes rufen wir die Methode list() auf dem ModuleReader-Objekt auf und filtern die Ergebnisse, indem wir nur nach Klassen suchen, deren Namen mit Impl. class enden. Am Ende rufen wir die Methode classLoadByFileName() auf, um ein Class-Objekt der entsprechenden Klasse zu erhalten. In der main-Methode laden wir alle Implementierungsklassen des Moduls java.base und drucken ihre Namen zusammen mit ihren Paketnamen aus.

Die Ausgabe ist riesig, daher zeigen wir hier nur einen kleinen Ausschnitt davon:

```
Name der Klasse ist: sun.util.locale.provider.BreakIteratorProviderImpl
Name des Pakets ist: sun.util.locale.provider
Name der Klasse ist: java.lang.ProcessImpl
Name des Pakets ist: java.lang
Name der Klasse ist: java.util.jar.JavaUtilJarAccessImpl
Name des Pakets ist: java.util.jar
...
```

Durchführung von Operationen an Modulen

In diesem Abschnitt werden einige Operationen behandelt, die wir programmatisch an Modulen durchführen können, wie das Abrufen des Moduls einer Klasse, den Zugriff auf die Ressourcen eines Moduls, die Suche nach allen Modulen im Modulpfad oder das Abrufen der Modulinformationen,

Erhalten des Moduls einer Klasse

Wie wir bereits in diesem Kapitel gelernt haben, wird ein Modul zur Laufzeit durch die Module-Klasse ausgedrückt, die im Paket java.lang des Moduls java.base definiert ist. Die Module-Klasse kann entweder ein benanntes oder ein unbenanntes Modul darstellen. Um ein Module-Objekt für unsere Klasse namens ModuleCore zurückzugeben, rufen wir die Methode getModule() der Klasse Class auf:

```
Class<ModuleCore> myClass = ModuleCore.class;
Module module = myClass.getModule();
```

Diese Methode gibt ein Modul zurück, zu dem die Klasse ModuleCore gehört. Wenn die Klasse im unbenannten Modul ist, wird die Methode getUnnamedModule() aus ClassLoader.java aufgerufen.

Zugriff auf Ressourcen eines Moduls

Auflistung 9-2 zeigt, wie wir auf Ressourcen des Moduls mit der getResourceAsStream()-Methode zugreifen können, die ein InputStream-Objekt zurückgibt.

Auflistung 9-2. Zugriff auf Ressourcen eines Moduls mit der Methode getResourceAsStream()

```
this.class.getModule().getResourceAsStream("file.properties");
```

Wir können auch auf Ressourcen eines Moduls mit der getResource()-Methode zugreifen, die ein URL-Objekt zurückgibt, wie in Auflistung 9-3.

Auflistung 9-3. Zugriff auf Ressourcen eines Moduls mit der Methode getResource()

```
this.getClass().getResource("file.properties")
ClassLoader.getPlatformClassLoader().getResource("file.properties")
```

Suche nach allen Modulen im Modulpfad

Mit der neuen Modul-API können wir sogar alle Module im Modulpfad finden. Auflistung 9-4 zeigt, wie man nach allen Modulen im Modulpfad in der Systemumgebungsvariable `jdk.module.path` sucht, ihre Modulbeschreibungen erhält und ihre Modulnamen ausgibt.

Auflistung 9-4. Suche nach allen Modulen im Modulpfad

```
ModuleFinder.of(Paths.get(System.getProperty("jdk.module.path"))).
        .findAll()
        .stream()
        .forEach(ref -> {
                System.out.println(moduleReference.descriptor().name());
});
```

Erhalten von Modulinformationen

Mit den in diesem Kapitel beschriebenen Methoden und Klassen können wir vollständige Informationen über ein Modul erhalten. Auflistung 9-5 zeigt ein Beispiel, in dem wir die neuen Klassen und Schnittstellen verwenden, um alle verfügbaren Informationen aus dem Modul java.base zu erhalten.

Auflistung 9-5. Ausführliche Informationen aus Modul java.base

```
import java.lang.module.ModuleDescriptor;
import java.lang.module.ModuleFinder;
import java.lang.module.ModuleReference;
import java.util.NoSuchElementException;
```

```java
import java.util.Optional;
import java.util.Set;

public class BaseModule {

    public static void main(String[] args) {

        String moduleName;
        Optional<String> mainClass;
        Set<ModuleDescriptor.Exports> exports;
        boolean isAutomatic;
        boolean isOpen;
        Set<String> allPackagesNames;
        Set<ModuleDescriptor.Provides> provides;
        Set<ModuleDescriptor.Requires> dependencies;
        String moduleNameVersion;
        Set<String> serviceDependencies;
        ModuleDescriptor.Version version;

        ModuleFinder finder = ModuleFinder.ofSystem();
        Optional<ModuleReference> moduleReference = finder.find("java.base");

        if(moduleReference.isPresent()) {
            ModuleDescriptor moduleDescriptor = moduleReference.get().de-
            scriptor();

            // get the name of the module
            moduleName = moduleDescriptor.name();

            // Holen Sie die Hauptklasse des Moduls
            mainClass = moduleDescriptor.mainClass();
            exports = moduleDescriptor.exports();
            isAutomatic = moduleDescriptor.isAutomatic();
            isOpen = moduleDescriptor.isOpen();
            allPackagesNames = moduleDescriptor.packages();
            provides = moduleDescriptor.provides();
            dependencies = moduleDescriptor.requires();
            moduleNameVersion = moduleDescriptor.toNameAndVersion();
            serviceDependencies = moduleDescriptor.uses();
```

```java
try {
    Optional<ModuleDescriptor.Version> versionOptional = modu-
    leDescriptor.version();
    version = versionOptional.get();
}
catch (NoSuchElementException exception) {
    version = null;
}

System.out.println("Modulname ist: " + moduleName);
System.out.println();

System.out.println("Hauptklasse ist: ");
if(mainClass.isPresent())  {
    System.out.println(mainClass);
}
else {
    System.out.println("Existiert nicht");
}
System.out.println();

System.out.println("Das Modul exportiert die Pakete mit folgendem
Namen: ");
for(ModuleDescriptor.Exports moduleExport : exports) {
    System.out.print(moduleExport.source());
    System.out.print(", ");
}

System.out.println();
System.out.println();
System.out.println("Ist ein automatisches Modul: " + isAutomatic);

System.out.println();
System.out.println("Ist ein offenes Modul: " + isOpen);

System.out.println();
System.out.println("Alle Paketnamen: ");
for(String packageName : allPackagesNames) {
```

```java
            System.out.print(packageName);
            System.out.print(", ");
        }

        System.out.println();
        System.out.println();
        System.out.println("Die vom Modul bereitgestellten Dienste: ");
        for(ModuleDescriptor.Provides provide : provides) {
            System.out.print("Dienst " + provide.service());
            for(String p : provide.providers()) {
                System.out.print(" mit Anbietern: " + p);
                System.out.print(", ");
            }
        }
        System.out.println();
        System.out.println("Der Name der Abhängigkeiten des Moduls: ");
        for(ModuleDescriptor.Requires dependency : dependencies) {
            System.out.print(dependency.name());
            System.out.print(", ");
        }

        System.out.println();
        System.out.println("Modulname und Version: " + moduleNameVersion);

        System.out.println();
        System.out.println("Die Dienstabhaengigkeiten des Moduls: ");
        for(String serviceDependency : serviceDependencies) {
            System.out.print(serviceDependency);
            System.out.print(", ");
        }

        System.out.println();
        System.out.println("Die Version des Moduls: " + version);
    }
  }
}
```

Wir verwenden die Schnittstelle ModuleFinder, um alle Systemmodule zu lokalisieren. Auf dem resultierenden Objekt rufen wir die find()-Methode auf und übergeben den String „java.base", der den Modulnamen repräsentiert. Dies gibt eine ModuleReference zum Modul java.base zurück. Wir überprüfen, ob die ModuleReference gefunden wurde, indem wir die Methode isPresent() verwenden. Weiterhin rufen wir die descriptor()-Methode auf dem ModuleReference-Objekt auf, um den Moduldeskriptor zu erhalten. Das ModuleDescriptor-Objekt enthält umfassende Informationen über ein Modul, wie seinen Namen, seine Main-Klasse, seine Pakete, seine Abhängigkeiten, seine Serviceabhängigkeiten, seine bereitgestellten Dienste, seinen Versionsnamen und so weiter. Wir holen diese Informationen ab und drucken sie aus. Auflistung 9-6 zeigt nur die wichtigsten Teile der Ausgabe.

Auflistung 9-6. Ausgabe nach Ausführung des vorhergehenden Codes, der die Informationen zum Modul java.base ausgibt

```
Modulname ist: java.base

Hauptklasse ist:
Existiert nicht

Das Modul exportiert die Pakete mit folgendem Namen:
jdk.internal.module, javax.net.ssl, java.time.format, java.nio.charset.spi,
sun.security.ssl, sun.security.pkcs, sun.security.internal.interfaces, jdk.
internal.util.jar, java.security.interfaces, sun.util.logging, jdk.inter-
nal.perf, java.util.function, sun.net.util, jdk.internal.misc, javax.secu-
rity.auth.login, sun.security.x509, sun.security.rsa, jdk.internal.util.
xml, jdk.internal, java.util.jar, java.util.regex, sun.security.action, jdk.
internal.jmod, java.util.stream,
......................................................

Ist ein automatisches Modul: false

Ist ein offenes Modul: false

Alle Paketnamen:
jdk.internal.org.objectweb.asm.signature, sun.text.bidi, sun.text.normal-
izer, sun.security.action, sun.util.logging, sun.security.internal.interfaces,
```

jdk.internal.jimage.decompressor, jdk.internal.util.jar, java.net.spi, sun. reflect.generics.factory, sun.util.resources.cldr, sun.security.tools, com. sun.java.util.jar.pack, java.text.spi, java.nio, jdk.internal.ref, sun.security.tools.keytool, java.security.spec, sun.security.util, java.nio.channels.spi, sun.net.www.protocol.ftp, java.util, sun.util.cldr, sun.reflect. generics.reflectiveObjects, java.util.spi, java.lang.ref,

....

Die vom Modul bereitgestellten Dienste:
Dienst java.nio.file.spi.FileSystemProvider mit Anbietern: jdk.internal. jrtfs.JrtFileSystemProvider,
Der Name der Abhängigkeiten des Moduls:

Modulname und Version: java.base@9

Die Serviceabhängigkeiten des Moduls:
java.util.spi.LocaleNameProvider, jdk.internal.logger.DefaultLoggerFinder, java.lang.System$LoggerFinder, sun.util.resources.LocaleData$Supplementary-ResourceBundleProvider, java.text.spi.NumberFormatProvider, java.time. chrono.Chronology, java.util.spi.CalendarNameProvider, java.text.spi.Date-FormatSymbolsProvider, java.time.zone.ZoneRulesProvider, sun.text.spi.Java-TimeDateTimePatternProvider, java.text.spi.DecimalFormatSymbolsProvider

.......................··

Die Version des Moduls: 9

Hinweis   Der Quellcode für das vorherige Beispiel befindet sich im Ordner /ch09/ moduleDescriptorJavaBase.

Zusammenfassung

In diesem Kapitel wurde die neue Modul-API vorgestellt, die mit Java 9 eingeführt wurde und uns die Möglichkeit gibt, auf Module und die darin enthaltenen Informationen zuzugreifen.

Sie haben gelernt, welche Arten von Klassen, Schnittstellen, Aufzählungen und Ausnahmen in der neuen Modul-API enthalten sind. Wir haben über die Klasse `java.lang.Module` zusammen mit ihren Attributen, Konstruktoren und Methoden gesprochen. Anschließend haben wir gezeigt, wie die Klasse `java.lang.Class` mit drei nützlichen Methoden erweitert wurde. Auch die neue Klasse `ModuleDescriptor` wurde ausführlich behandelt. Wir haben ihre Attribute und Methoden erklärt, aber auch ihre geschachtelten Klassen wie `ModuleDescriptor.Requires`, `ModuleDescriptor.Exports`, `ModuleDescriptor.Opens`, `ModuleDescriptor.Provides` und `ModuleDescriptor.Version`. Wir haben über die neuen Schnittstellen `ModuleReader` und `ModuleFinder` gesprochen und ein Beispiel gezeigt, wie wir den Inhalt eines Moduls lesen können. Mit Hilfe der Schnittstelle `ModuleFinder` haben wir nach allen Implementierungsklassen des Moduls java.base gesucht. Nachdem wir sie gefunden hatten, haben wir sie mit der Methode `loadClass()` der Klasse `ClassLoader` geladen. Dann haben wir die Namen der geladenen Klassen zusammen mit den Namen ihrer Pakete angezeigt.

Danach haben wir einige Beispiele für Operationen an Modulen gesehen, wie das Abrufen des Moduls einer Klasse, den Zugriff auf die Ressourcen eines Moduls oder die Suche nach allen Modulen im Modulpfad. Das Kapitel schloss mit der Diskussion einer Java-Klasse, die alle Eigenschaften des Moduls java.base liest und sie auf der Systemkonsole ausgibt.

Kap. 10 wird einige fortgeschrittene Themen in Bezug auf Jigsaw behandeln, einschließlich Schichten, Klassenladern, Multi-Release-JAR-Dateien, JMOD-Dateien und aufrüstbaren Modulen. Die Schichten sind auch Teil der Modul-API.

KAPITEL 10

Fortgeschrittene Themen

Anwendungen mit Plugin- und Containerarchitekturen müssen in der Lage sein, zwei wichtige Funktionen zu nutzen: dynamische Konfiguration und Laufzeiterweiterung von Plattformmodulen. Das bedeutet, dass solche Anwendungen in der Lage sein müssen, neue zusätzliche Module zur Laufzeit zu laden, sie in die bestehende Anwendungskonfiguration einzubinden und sie zu nutzen, ohne die Notwendigkeit, die Anwendung zu stoppen und sie erneut zu kompilieren. Diese Art von Anwendung muss auch in der Lage sein, andere Plattformmodule zu laden und zu konfigurieren, nachdem ein Laufzeitbild aufgerufen wurde. Jigsaw führt eine solche Unterstützung in Form von Schichten ein. *Schichten* sind eines der Hauptthemen dieses Kapitels.

Dieses Kapitel präsentiert einige fortgeschrittene Themen zur Java-9-Modularität. Sie passten nicht in die anderen Kapitel, daher haben wir sie hier platziert, anstatt für jedes von ihnen separate Kapitel zu erstellen.

Dieses Kapitel behandelt Klassenlader, Schichten, das JMOD-Format, Multi-Release-JAR-Dateien und aktualisierbare Module. Wir werden auch einige neue Funktionen berühren, die in den nächsten JDK-Releases kommen werden und ein paar Probleme, die behoben wurden.

JMOD-Dateien

Laut der JDK-9-Dokumentation „dient zur Modularisierung des JDK ein neues Artefaktformat namens JMOD, das über JAR-Dateien hinausgeht, um nativen Code, Konfigurationsdateien und andere Arten von Daten aufzunehmen, die nicht natürlich, wenn überhaupt, in JAR-Dateien passen."

Eine JMOD-Datei ist ein neues Modulartefakt, das aus einer kompilierten Moduldefinition in Form einer ZIP-Datei besteht. Es erweitert eine JAR-Datei, indem es auch nativen Code und Konfigurationsdateien enthält. JMOD ist ein neues Format, das zur Verpackung der Module verwendet wird. Dieses neue Format ist nicht ausführbar.

Eine JMOD-Datei ist eine Alternative zur modularen JAR-Datei, die in Kap. 4 behandelt wird. Sie wird hauptsächlich verwendet, wenn ein Modul auch nativen Code enthält. JMOD-Dateien werden verwendet, um die Module des JDK zu verpacken, sie können jedoch nur zur Kompilierzeit und zur Verknüpfungszeit verwendet werden. Sie können nicht zur Laufzeit verwendet werden. Die JMOD-Dateien werden auch vom Jlink-Tool verwendet, um ein modulares Laufzeitbild zu erstellen. Das Verzeichnis, das die JMOD-Dateien enthält, stellt den Modulpfad dar, der vom Linker verwendet wird.

Das JMOD-Tool

Das JMOD-Tool kann insbesondere für folgende Zwecke verwendet werden:

- Um eine JMOD-Datei für ein Standard- oder JDK-spezifisches Modul zu erstellen

- Um den Inhalt einer vorhandenen JMOD-Datei aufzulisten

Das JMOD-Tool wurde erweitert, um ein Modul als JAR-Datei mit einer Modul-Info im obersten Verzeichnis installieren zu können. Mit anderen Worten, das JMOD-Tool steht zum neuen JMOD-Format in ähnlicher Weise wie das jar-Tool zum JAR-Format.

Mit dem jmod-Befehl können wir ein neues JMOD-Archiv erstellen:

```
jmod create <optionen> <jmod-datei>
```

Der Befehl jmod create erstellt ein neues JMOD-Archiv namens <jmod-datei>. Tab. 10-1 listet einige der wichtigsten Optionen des JMOD-Tools auf, wie sie in der JDK-Spezifikation angegeben sind.

Der Befehl jmod list gibt die Namen aller Einträge aus, die in der als Parameter übergebenen JMOD-Datei enthalten sind:

```
jmod list <jmod-datei>
```

Der Befehl jmod describe gibt die Details des Moduls aus, das in der als Parameter übergebenen JMOD-Datei enthalten ist:

```
jmod describe <jmod-datei>
```

Der nächste Abschnitt behandelt die Grundlagen der Multi-Release-JAR-Dateien.

Tab. 10-1. *Zusammenfassung der vom JMOD-Tool bereitgestellten Optionen*

Option	Beschreibung
`--class-path <pfad>`	Gibt die Anwendungs-JAR-Dateien an, die Klassen enthalten.
`--config <pfad>`	Definiert Verzeichnisse, die benutzereditierbare Konfigurationsdateien enthalten, die in die JMOD-Datei kopiert werden.
`--exclude <muster-liste>`	Die Dateien, die mit `<muster-liste>` übereinstimmen, werden nicht in die JMOD-Datei kopiert. `<muster-liste>` ist durch Kommas getrennt und kann eines der Formate haben: `<glob-muster>`, `glob:<glob-muster>` oder `regex:<regex-muster>`.
`--libs <pfad>`	Definiert die Verzeichnisse, die native Bibliotheken enthalten, die in die JMOD-Datei kopiert werden.
`--main-class <klassen-name>`	Definiert die Main-Klasse.
`--module-version <modul-version>`	Definiert die Modulversion.
`--module-path <pfad>` oder `-p <pfad>`	Gibt den Modulpfad an, wo die Module mit dem Inhalt gefunden werden, der in die JMOD-Datei kopiert wird.

Multi-Release-JAR-Dateien

Angenommen, Sie möchten zur neuesten JDK-Version wechseln, haben jedoch eine Drittanbieter-Bibliothek, die mit der neuesten Version des JDK nicht kompatibel ist. Infolgedessen entscheiden Sie sich, nicht zur neuesten JDK-Version zu wechseln, zumindest bis die von Ihnen verwendete Drittanbieter-Bibliothek mit der neuesten Version des JDK kompatibel gemacht wird. Dies ist ein schlechtes Szenario, das in Java 9 durch die Einführung von *Multi-Release-JAR-Dateien* gelöst wurde, die das Verpacken von Code für verschiedene Versionen des JDK in einer einzigen JAR-Datei ermöglichen.

Multi-Release-JAR-Dateien wurden in JDK 9 in JEP 238 implementiert. Dieses JEP ist kein Teil von Jigsaw. Wir erwähnen es hier, weil es eine wichtige Funktion ist, die bei der Migration zu Java 9 hilft. Es hängt überhaupt nicht vom Java-Platform-Module-System ab. Wir können Multi-Release-JAR-Dateien auch in einer nicht-modularen Welt verwenden.

Java 9 erweitert das JAR-Dateiformat, sodass mehrere Hauptversionen einer Klasse in einer einzigen JAR-Datei, in ihrem META-INF-Verzeichnis, gespeichert werden können. Das neue JAR-Dateiformat wird als *Multi-Release-JAR* bezeichnet und kann aus einer einzigen Bibliothek für verschiedene JDK-Versionen bestehen. Die korrekten Versionen der Klassen werden zur Laufzeit geladen, abhängig von der vom Benutzer verwendeten JDK-Version. Eine Multi-Release-JAR-Datei ändert die Struktur einer JAR-Datei nur in geringem Maße.

Hinweis   Multi-Release-JAR-Dateien werden sowohl für normale JARs als auch für modulare JARs unterstützt.

Auflistung 10-1 zeigt eine Multi-Release-JAR-Datei, die Versions-Metadaten für JDK 8 und JDK 9 enthält.

Auflistung 10-1. Multi-Release-JAR-Datei mit Versions-Metadaten für JDK 8 und JDK 9

```
Root of JAR
        -   A1.class
        -   B1.class
        -   C1.class
        -   D1.class
        -   E1.class
-META-INF
        - MANIFEST.MF
        - versions
                - 8
                        - A1.class
                        - B1.class
                        - F1.class
                - 9
                        - A1.class
                        - C1.class
```

```
- D1.class
- F1.class
- G1.class
```

In diesem Beispiel haben wir Java-.class-Dateien im Stammverzeichnis der JAR, aber auch in den Verzeichnissen 8 und 9. Im META-INF-Verzeichnis haben wir die Datei MANIFEST.MF und ein Verzeichnis namens versions, das zwei Verzeichnisse enthält: ein Verzeichnis namens 8, das die für JDK 8 bereitgestellten Ressourcen repräsentiert, und ein Verzeichnis namens 9, das die für JDK 9 bereitgestellten Ressourcen repräsentiert. Es gibt Java-.class-Dateien im Verzeichnis 8 und im Verzeichnis 9. Die Klassen im Verzeichnis 8 werden berücksichtigt, wenn wir JDK 8 verwenden, und die Klassen im Verzeichnis 9 werden berücksichtigt, wenn wir JDK 9 verwenden.

Die Klassen im Stammverzeichnis der JAR-Datei werden in den folgenden Situationen berücksichtigt:

- Wenn wir eine Version von JDK verwenden, die sich von JDK 8 oder JDK 9 unterscheidet

- Wenn wir JDK 8 oder JDK 9 verwenden und die entsprechenden Klassen nicht in den Verzeichnissen versions/8 und versions/9 vorhanden sind

Wir werden dies im Detail erklären. Für die gerade besprochene Multi-Release-JAR-Datei müssen wir zunächst wissen, ob die von uns verwendete JDK-Version Multi-Release-JAR-Dateien unterstützt. Wenn dies nicht der Fall ist, wird alles im Verzeichnis versions/8 und versions/9 ignoriert und nur die Klassendateien aus dem Stammverzeichnis werden berücksichtigt: A1.class, B1.class, C1.class, D1.class und E1.class.

Wenn wir eine JDK-Version verwenden, die sich von JDK 8 oder JDK 9 unterscheidet, werden nur die Klassendateien aus dem Stammverzeichnis verwendet. In unserem Beispiel werden die Klassen F1 und G1, die nur im Verzeichnis versions/9 vorhanden sind, überhaupt nicht verwendet.

Wenn wir JDK 8 verwenden, werden die folgenden Klassen verwendet:

```
A1.class (aus dem Verzeichnis versions/8)
B1.class (aus dem Verzeichnis versions/8)
C1.class (aus dem Stammverzeichnis)
```

```
D1.class (aus dem Stammverzeichnis)
E1.class (aus dem Stammverzeichnis)
F1.class (aus dem Verzeichnis versions/8)
```

Stattdessen werden, wenn wir JDK 9 verwenden, die folgenden Klassen verwendet:

```
A1.class (aus dem Verzeichnis versions/9)
B1.class (aus dem Stammverzeichnis)
C1.class (aus dem Verzeichnis versions/9)
D1.class (aus dem Verzeichnis versions/9)
E1.class (aus dem Stammverzeichnis)
F1.class (aus dem Verzeichnis versions/9)
G1.class (aus dem Verzeichnis versions/9)
```

Wie Sie aus diesem Beispiel sehen können, überschreiben die Klassen in einem spezifischen Verzeichnis 8 oder 9, falls vorhanden, die Klassen aus dem Stammverzeichnis. Aber dies geschieht nur, wenn wir JDK 8 oder JDK 9 verwenden.

Eine module-info.class-Datei kann auch im Verzeichnis versions einer Multi-Release-JAR-Datei hinzugefügt werden. Diese Funktion wird vom jar-Tool unterstützt. Aber eine module-info.class kann nicht im Stammverzeichnis platziert werden.

Hinweis   Java Compiler, Java Class File Disassembler und JDeps können Multi-Release-JAR-Dateien verarbeiten.

Eine Multi-Release-JAR-Datei hat ein Attribut namens `Multi-Release`, das auf true gesetzt ist, deklariert in seiner MANIFEST.MF:

```
Multi-Release: true
```

Dieses Attribut unterscheidet eine Multi-Release JAR von einer Nicht-Multi-Release. Wenn das Attribut auf false gesetzt ist oder fehlt, haben wir eine normale JAR.

Eine Multi-Release-JAR-Datei behält die Struktur einer JAR-Datei bei. Was eine Multi-Release JAR hinzufügt, ist ein Verzeichnis namens versions, unter dem META-INF-Verzeichnis. Dieses Verzeichnis kann Unterverzeichnisse für spezifische Haupt-JDK-Versionen enthalten: 6, 7, 8, 9, und so weiter. In diesen Unterverzeichnissen können wir die .class-Dateien spezifisch für diese JDK-Version ablegen.

Hinweis   Eine Multi-Release-JAR-Datei unterstützt nur Hauptversionen des JDK. Eine kleinere oder eine Sicherheitsversion kann nicht in eine Multi-Release-JAR-Datei eingefügt werden.

Was passiert, wenn eine Version des JDK keine Multi-Release JARs unterstützt? In diesem Fall sind nur die Klassen und Ressourcen sichtbar, die im Wurzelverzeichnis der JAR-Dateien vorhanden sind. Alles innerhalb des Verzeichnisses versions wird unsichtbar sein und implizit nicht berücksichtigt.

Hinweis   Jlink wurde mit Unterstützung für die Erstellung von Images mit Modulen erweitert, die als Multi-Release-JAR-Dateien verpackt sind. Jlink fügt die Klassen für die richtige Version in das Jimage ein.

Als Nächstes erklären wir, wie man eine Multi-Release-JAR-Datei erstellt.

Erstellen einer Multi-Release-JAR-Datei

Eine Multi-Release-JAR-Datei wird mit dem jar-Tool erstellt, das die neue Kommandozeilenoption --release verwendet. Die Syntax sieht so aus:

```
jar --create --file --release <versionsnummer> <optionen>
```

- <versionsnummer> repräsentiert die Hauptversion des JDK.

- <optionen> repräsentiert eine Reihe von anderen Optionen.

Angenommen, wir haben eine Klasse, die nur in JDK 9 unterstützt wird. Wir möchten eine Multi-Release-JAR-Datei erstellen und diese spezifische Klasse im Verzeichnis versions/9 ablegen – alles andere sollte im Wurzelverzeichnis abgelegt werden. Dafür verwenden wir die Option --release und geben die Version an, die in unserem Fall 9 ist, und den Ort des Verzeichnisses, das die Klasse enthält, die im Verzeichnis versions/9 abgelegt wird – in unserem Fall classesDirectoryJDK9:

```
jar --create --file myMultiReleaseJar.jar -C classesDirectoryJDK8 --release
9 -C classesDirectoryJDK9 .
```

Dieser Befehl erstellt eine Multi-Release-JAR-Datei, indem er Folgendes tut:

- Er nimmt alle Dateien aus dem Verzeichnis classesDirectoryJDK8 und legt sie in das Wurzelverzeichnis der Multi-Release-JAR-Datei.

- Er nimmt alle Dateien aus dem Verzeichnis classesDirectoryJDK9 und legt sie in das Verzeichnis versions/9 der Multi-Release-JAR-Datei.

Wir wissen jetzt, wie man eine Multi-Release-JAR-Datei erstellt, indem man verschiedene Quellen für spezifische Hauptversionen des JDK angibt. Als Nächstes finden wir heraus, wie man eine Multi-Release-JAR-Datei aktualisiert.

Aktualisieren von Multi-Release-JAR-Dateien

Es ist möglich, Multi-Release-JAR-Dateien mit dem jar-Tool zu aktualisieren, indem man verschiedene Versionen des Moduldeskriptors im Verzeichnis versions hinzufügt. Daher verwenden wir die Option --update des jar-Tools.

Wir aktualisieren die zuvor erstellte Multi-Release-JAR-Datei und fügen einige Klassen spezifisch für das kommende JDK 10 hinzu:

```
jar --update --file myMultiReleaseJAR.jar --release 10 -C classesDirecto-
ryJDK10 .
```

Die Multi-Release JAR wird aktualisiert, und der Inhalt des Verzeichnisses classesDirectoryJDK10 wird in ein neues Verzeichnis namens versions/10 gelegt. Dieses neue Verzeichnis wird für JDK 10 berücksichtigt.

Klassenlademechanismus in JDK 9

In diesem Abschnitt geht es um den Klassenlademechanismus in JDK 9. Wie Sie wissen, besteht die Rolle eines Klassenladers darin, eine Klasse zu laden. Das JCP-Team hat den Klassenladeprozess in JDK 9 nicht geändert. Die Classloader API wurde in JDK 9 nicht modifiziert. Die gleichen Klassenlader aus JDK 8 sind in JDK 9 vorhanden: der Bootstrap-Klassenlader, der Plattform-Klassenlader und der Anwendungs-Klassenlader.

Der Klassenladeprozess in JDK 9 ist der gleiche wie in den vorherigen Versionen des JDK: Zuerst wird die Anforderung zum Laden eines Typs an den übergeordneten

Klassenlader delegiert. Der übergeordnete Klassenlader delegiert weiter an seinen übergeordneten Klassenlader. Dieser Prozess durchläuft den Anwendungs-Klassenlader und Plattform-Klassenlader und stoppt beim Bootstrap-Klassenlader. Wenn der Bootstrap-Klassenlader den Typ nicht laden kann, wird der Klassenlader, der den Delegationsprozess gestartet hat, den Typ laden.

Durch die Untersuchung der strukturellen Schichten, die JDK 9 bilden, können wir beobachten, dass das Java-Platform-Module-System (JPMS) sich oben auf der JVM, unter der Klassenlader-Architektur befindet. Ganz unten haben wir die Java Virtual Machine (JVM). Darüber haben wir das JPMS, und über dem JPMS haben wir die drei zuvor erwähnten Arten von Klassenladern. Diese Architektur ist in Abb. 10-1 dargestellt.

Die Bootstrap-Klasse Loader wird verwendet, um die Klassen aus den meisten Modulen, wie java.base, java.sql oder java.logging, zu definieren. Der Plattform-Klassenlader wird verwendet, um die Klassen aus nur wenigen Modulen, wie java.corba oder java.transaction, zu definieren. Sowohl der Bootstrap- als auch der Plattform-Klassenlader laden Typen aus Plattformmodulen, während der Anwendungs-Klassenlader Typen aus dem Modulpfad lädt. Der Anwendungs-Klassenlader wird verwendet, um die Klassen aus jdk.compiler, junit, guava, slf4j und so weiter zu definieren. In JDK 9 sind die Anwendungs- und Plattform-Klassenlader keine Instanzen der Klasse `java.net.URLClassLoader` mehr.

Jigsaw ermöglicht das Laden von Modulen mit unseren eigenen Klassenladern. Dies kann mit der Methode `defineModules()` aus der `Module`-Klasse erfolgen, aber diese

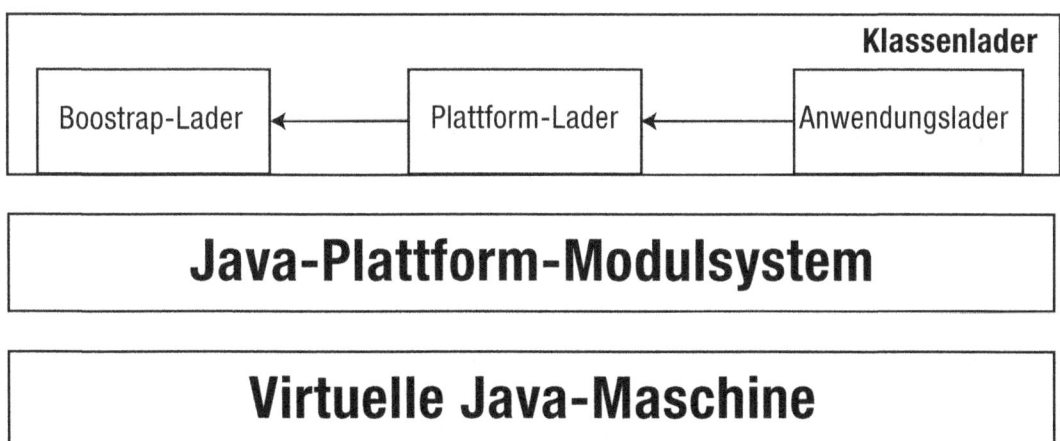

Abb. 10-1. *Überblick über die Struktur von JDK 9*

Funktion ist ziemlich fortgeschritten, daher werden sie nicht viele Entwickler jemals verwenden.

Hinweis   Jedes Modul hat zur Laufzeit einen Klassenlader.

Jigsaw hat auch Unterstützung für Klassenladernamen eingeführt. Klassenlader können optionale Namen haben. Wenn der Name beim Erstellen eines Klassenladers nicht angegeben wird, hat er keinen Namen. Der Name des Klassenladers wird durch die Methode getName() der Klasse Classloader abgerufen. Der Name des Klassenladers des Moduls wird immer zusammmen mit dem Modulnamen und der Version in Warnmeldungen oder Stacktraces erwähnt.

Hinweis   Jigsaw verwendet die vorhandenen Klassenlader und erstellt keine eigenen Klassenlader.

Da ein Klassenlader in JDK 9 ein Namensattribut haben kann, wurde ein neuer Konstruktor für die Klasse Classloader hinzugefügt, der einen neuen Klassenlader des angegebenen Namens erstellt, indem der angegebene übergeordnete Klassenlader zur Delegation verwendet wird:

```
protected ClassLoader(String name, Classloader parent)
```

Jigsaw ermöglicht es Ihnen auch, eine Klasse nach Namen in einem bestimmten Modul mit Hilfe der neuen Methode findClass() zu finden, die als Parameter den Namen des Moduls und den binären Namen der Klasse erhält:

```
Class <?> findClass(String moduleName, String name)
```

Diese Methode gibt das Class-Objekt zurück oder null, wenn die Klasse nicht gefunden werden konnte. Wenn wir einen Namen für das Modul angeben, wird die Methode immer null zurückgeben. Andernfalls ruft sie die Methode findClass(name) auf, indem sie den Namen der Klasse übergibt. Diese Methode ist in einem modularen Kontext nicht nützlich, es sei denn, wir haben unsere eigene Klassenlader-

Implementierung, die das Laden aus Modulen unterstützt. Dann könnten wir diese Methode überschreiben.

Hinweis   Klassenlader können aufgerüstet werden, um Typen in Modulen zu laden.

Der Extension-Klassenlader wurde in JDK 9 in Plattform-Klassenlader umbenannt. Der Name des eingebauten Plattform-Klassenladers ist Platform. Die neue statische *getPlatformClassLoader()*-Methode gibt einen Plattform-Klassenlader zurück, über den alle eingebauten Java-SE- und JDK-Typen sichtbar sind. Diese Methode prüft auf Berechtigungen und kann eine SecurityException-Ausnahme auslösen.

Ein Klassenlader kann Typen aus mehreren Modulen laden, wenn zwei Bedingungen gleichzeitig erfüllt sind:

- Alle Typen aus jedem Modul werden von nur einem einzigen Klassenlader geladen.

- Module sind unabhängig und stehen nicht in Konflikt miteinander.

Um die Rückwärtskompatibilität zu gewährleisten, ist es möglich, Typen aus dem Klassenpfad zu laden. Jeder Klassenlader hat ein einzigartiges unbenanntes Modul, das durch die neue Methode getUnnamedModule() abgerufen wird, die sich in der Klasse java.lang.Classloader befindet. Wenn der Klassenlader einen Typ lädt, der nicht in einem benannten Modul definiert ist, befindet sich dieser Typ im unbenannten Modul. Das unbenannte Modul des Anwendungs-Klassenladers lädt Typen aus dem Klassenpfad, wenn diese Typen in Paketen sind, die von keinem bekannten Modul definiert sind.

Neue Methoden in der ClassLoader-Klasse

Hier sind die Methoden, die in Java 9 in der Klasse ClassLoader hinzugefügt wurden:

- Class <?> findClass(String moduleName, String className)

- URL findResource(String moduleName, String resourceName)

- String getName()

- `ClassLoader getPlatformClassLoader()`

- `Module getUnnamedModule()`

Als Nächstes werden wir uns das Schlüsselkonzept der *Schichten* ansehen, das in JDK 9 eingeführt wurde.

Schichten

Angenommen, wir möchten ein paar neue Module zur Laufzeit in unsere Anwendung einfügen. Wir kennen nicht alle Module, die wir direkt zur Kompilierungszeit benötigen, daher benötigen wir die Möglichkeit, später zur Laufzeit neue Module hinzuzufügen. Glücklicherweise bietet das Java-Platform-Module-System eine Lösung dafür in Form eines neuen Konzepts namens Schichten. *Schichten* gruppieren eine Reihe von Modulen und werden verwendet, um neue Module zur Laufzeit in eine Anwendung einzufügen. Die JDK 9 API gibt an, dass eine Schicht jedes Modul im Graphen eindeutig einer Klasse zuordnet, die für das Laden der in diesem Modul definierten Typen verantwortlich ist. Daher wird eine Schicht verwendet, um einen Klassenlader zu finden, um Klassen für einen Modulgraphen zu laden.

Nicht alle Anwendungen nutzen Schichten. Die Anwendungen, die Schichten nutzen, sind solche, die eine Containerarchitektur implementieren, bei der Module dynamisch zur Laufzeit hinzugefügt und verlinkt werden. Auf der bestehenden Schicht kann eine Containeranwendung eine neue Schicht erstellen. Sie tut dies, indem sie das initiale Modul der Anwendung gegen eine ganze Reihe von beobachtbaren Modulen auflöst, wie Nicht-Plattform-Module aus der unteren Schicht, aufrüstbare Plattform-Module, die verschiedene Versionen haben können, verschiedene Dienstanbieter und so weiter. Dennoch könnte eine Containeranwendung eine andere Version eines Moduls benötigen, das bereits in der Laufzeitumgebung vorhanden ist. Dies kann in Jigsaw mit den leistungsstarken Funktionen, die durch Schichten eingeführt wurden, implementiert werden.

Hinweis   Schichten ermöglichen die Verwendung von mehr als einer Version eines Moduls.

Eine Schicht wird zur Laufzeit aus einem Modulgraphen erstellt. Jede Schicht hat das Folgende:

- Eine Konfiguration, repräsentiert durch eine Instanz der Configuration-Klasse im Paket java.lang.module

- Eine Funktion, die jedes Modul einem Klassenlader zuordnet, repräsentiert durch eine Instanz der ClassLoader-Klasse im Paket java.lang

Laut der JDK-9-API-Spezifikation „kapselt eine Konfiguration den Lesbarkeitsgraphen, der das Ergebnis der Auflösung ist. Es ist das Ergebnis der Auflösung oder Auflösung mit Dienstbindung." Die folgenden Abschnitte sprechen über Konfigurationen.

Hinweis   Ein Modul kann Module aus seiner eigenen Schicht und aus jeder Schicht lesen, die tiefer in der Schichthierarchie liegt.

Schichten können in einer Hierarchie ähnlich einem Stapel erstellt werden. Sie können auf der Boot-Schicht erstellt werden, und andere Schichten können auf den zuvor erstellten Schichten erstellt werden, und so weiter. Die Java Virtual Machine hat die Boot-Schicht, die die grundlegende und erste Schicht ist, die vom JPMS verwendet wird.

Hinweis   Jede modulare Java-9-Anwendung hat mindestens eine Schicht. Jede Schicht, ohne die leere Schicht, hat eine oder mehrere übergeordnete Schichten. Schichten haben keine Namen.

Die ModuleLayer-Klasse aus dem Paket java.lang im Modul java.base repräsentiert eine Instanz einer Schicht. Ein ModuleLayer-Objekt wird erhalten, indem die getLayer()-Methode auf einem Modul aufgerufen wird. Eine Modulschicht enthält nur benannte Module. Daher, wenn wir die getLayer()-Methode auf einem unbenannten Modul aufrufen, wird null zurückgegeben. Andernfalls wird ein ModuleLayer-Objekt zurückgegeben:

```
ModuleLayer moduleLayer = module.getLayer();
```

Als Nächstes schauen wir uns die Boot-Schicht an, die die wichtigste Schicht ist.

Die Boot-Schicht

Die Boot-Schicht besteht aus dem Bootstrap-Loader, Plattform-Loader und Anwendungs-Loader. Die Module in der Boot-Schicht sind dem Bootstrap, der Plattform und den Anwendungsklassenladern zugeordnet. Die Boot-Schicht ordnet Module den Loadern zu. Zum Beispiel ordnet sie das Modul java.base dem Bootstrap-Loader zu.

Hinweis   Die meisten Anwendungen verwenden keine andere Schicht als die Boot-Schicht.

Die JVM erstellt die Boot-Schicht beim Start. Dies geschieht in einem Prozess namens Auflösung. Die Root-Module der Anwendung werden zusammen mit ihren Abhängigkeiten aufgelöst. Die Boot-Schicht enthält den Modulgraphen, nachdem alle Module aufgelöst wurden.

In den meisten Fällen wird die Boot-Schicht ausreichen. Sie enthält standardmäßig das Modul java.basc. Module in der Boot-Schicht sind dem Bootstrap-Klassenlader und anderen vorhandenen Klassenladern aus der JVM zugeordnet.

Die Boot-Schicht kann abgerufen werden, indem die statische Methode boot() auf einer ModuleLayer-Klasse aufgerufen wird:

```
ModuleLayer bootLayer = ModuleLayer.boot();
Set<Module> modulesSet = bootLayer.modules();
```

Die Methode boot() gibt die Boot-Schicht zurück, ein Objekt vom Typ ModuleLayer. Um die Menge der Module aus der Boot-Schicht zu erhalten, haben wir die Methode modules() auf dem resultierenden bootLayer-Objekt aufgerufen.

Um ein Module-Objekt aus der Boot-Schicht für unser Modul com.apress.myModule zu erhalten, können wir die findModule()-Methode der ModuleLayer-Klasse verwenden:

```
Optional<Module> myModule = bootLayer.findModule("com.apress.myModule");
```

Wir könnten weiterhin einen InputStream zum Lesen einer Ressource aus unserem Modul erhalten, indem wir die getResourceAsStream()-Methode auf dem Module-Objekt aufrufen:

```
InputStream inputStream = myModule.getResourceAsStream(resourceName);
```

Der Parameter der Methode muss ein durch / (Schrägstrich) getrennter Pfad sein, der die Ressource identifiziert.

Jetzt, da wir ein Verständnis dafür haben, was die Boot-Schicht ist, gehen wir weiter zum neuen Konzept der Konfiguration.

Konfiguration

Laut der JDK-9-API-Spezifikation umfasst „eine Konfiguration den Lesbarkeitsgraphen, der das Ergebnis einer Auflösung ist." Um eine Konfiguration abzurufen, definiert die Klasse ModuleLayer eine Methode namens configuration(), die die Konfiguration für diese Schicht zurückgibt.

In Jigsaw ist eine Konfiguration unabhängig und isoliert von anderen Konfigurationen. Sie kann sich auch auf andere dynamisch erstellte Konfigurationen beziehen und nicht nur auf die anfängliche Konfiguration. Dennoch ermöglicht eine Konfiguration das Einbeziehen und Verwenden mehrerer Versionen von Nicht-Plattform-Modulen und aufrüstbaren Plattform-Modulen, die sich von denen unterscheiden, die bereits in der umschließenden Konfiguration verfügbar sind. Dies ist ein sehr starkes Feature, das die Konfigurationen in JDK 9 mitbringen.

Die Klasse Configuration befindet sich im Modul java.base im Paket java.lang. module. Ihre wichtigsten Methoden sind die folgenden, wie in der JDK-9-API-Spezifikation beschrieben:

- Set<ResolvedModule> modules(): Gibt ein unveränderliches Set der aufgelösten Module in dieser Konfiguration zurück.

- Configuration resolve(ModuleFinder before, ModuleFinder after, Collection<String> roots): Erstellt eine neue Konfiguration, indem eine Sammlung von Root-Modulen mit dieser Konfiguration als Elternteil aufgelöst wird. Der erste Parameter stellt den Hauptmodulfinder dar, um Module zu finden. Wenn keine Module gefunden werden können, werden die Module mit dem als zweiten Parameter übergebenen Modulfinder gesucht. Der dritte Parameter stellt eine Sammlung von Modulnamen der zu lösenden Module dar. Die Sammlung kann auch leer sein.

- `Optional<ResolvedModule> findModule(String name)`: Findet ein aufgelöstes Modul in dieser Konfiguration. Es erhält als Parameter den Namen des Moduls, für das wir sein `ResolvedModule`-Objekt finden wollen.

- `List<Configuration> parents()`: Gibt eine Liste der Eltern dieser Konfiguration zurück.

- `Configuration resolveAndBind(ModuleFinder finder, Collection<String> roots, boolean check, PrintStream output)`: Löst eine Sammlung von Root-Modulen mit Servicebindung auf. Es wird verwendet, um die Konfiguration für die Boot-Schicht zu erstellen.

Erstellen einer Konfiguration

Um eine neue Konfiguration zu erstellen, nehmen wir normalerweise die Konfiguration der Boot-Schicht als Elternteil. Um die Konfiguration der Boot-Schicht zu erhalten, rufen wir die Methode `configuration()` auf der Boot-Schicht auf:

```
Configuration configuration = ModuleLayer.boot().configuration()
```

Hinweis   In der JVM wird jede Schicht von Modulen aus einer Konfiguration erstellt.

Als Nächstes zeigen wir, wie man ein Modul mit einer Konfiguration auflöst.

Auflösen eines Moduls mit einer Konfiguration

Um ein Modul mit einer Konfiguration aufzulösen, müssen wir die zuvor beschriebene Methode `resolve()` verwenden. Im folgenden Beispiel lösen wir unseren Modulnamen namens com.apress.myModule auf. Dafür verwenden wir die Konfiguration der Boot-Schicht als Elternteil, wie in Auflistung 10-2 dargestellt.

Auflistung 10-2. Auflösen des Moduls com.apress.myModule mit einer Konfiguration

```
Path ourDirectory = …;
ModuleFinder finder = ModuleFinder.of(ourDirectory);
Configuration parentConfiguration = ModuleLayer.boot().configuration();
Configuration configuration = parentConfiguration.resolve(finder, Module-
Finder.of(), Set.of("com.apress.myModule"));
```

Schichten erstellen

In diesem Abschnitt sehen wir, wie man eine Schicht erstellt. Dies ist kein schwieriger Prozess. Die neue Modul-API bietet einige nützliche Methoden zur Erstellung einer Schicht innerhalb der ModuleLayer-Klasse, wie in der offiziellen JDK-9-API-Spezifikation angegeben:

- `ModuleLayer defineModules(Configuration cf, Function<String, Classloader> clf)`: Erstellt eine neue Modulschicht mit der aktuellen Schicht als Elternschicht, indem die Module in der gegebenen Konfiguration für die JVM definiert werden. Der zweite Parameter repräsentiert die Funktion, die einen Modulnamen auf einen Klassenlader abbildet. Es gibt die neu erstellte ModuleLayer zurück.

- `ModuleLayer defineModulesWithManyLoaders(Configuration cf, ClassLoader parentLoader)`: Erstellt eine neue Modulschicht mit der aktuellen Schicht als Elternschicht. Jedes Modul wird seinem eigenen Classloader zugewiesen, der von dieser Methode erstellt wird. Der zweite Parameter repräsentiert den Eltern-Klassenlader für jeden von dieser Methode erstellten Klassenlader.

- `ModuleLayer defineModulesWithOneLoader(Configuration cf, ClassLoader parentLoader)`: Ähnlich wie die oben beschriebene Methode. Der einzige Unterschied besteht darin, dass diese Methode einen Klassenlader erstellt und alle Module diesem Klassenlader zuweist.

Wie Sie sehen können, benötigen wir zur Erstellung einer Modulschicht ein Configuration-Objekt und ein ClassLoader-Objekt. Im vorherigen Abschnitt haben wir gelernt, wie man ein Configuration-Objekt erstellt, indem man ein Modul com.apress.myModule mit der Konfiguration für die Boot-Schicht als Elternkonfiguration auflöst. Jetzt, da wir wissen, wie wir die Konfiguration erhalten, können wir eine neue Schicht mit den Modulen in unserer Konfiguration erstellen, wie in Auflistung 10-3 gezeigt.

Auflistung 10-3. Erstellen einer Modulschicht

```
ModuleLayer parentLayer = ModuleLayer.boot();
ClassLoader classLoader = ClassLoader.getSystemClassLoader();
ModuleLayer   layer   =   parent.defineModulesWithOneLoader(configuration,
classLoader)
```

Wir haben das zuvor erstellte Configuration-Objekt verwendet und es an die Methode defineModuleWithOneLoader() übergeben. Wir haben auch den System-Klassenlader übergeben, der von der Methode getSystemClassLoader() abgerufen wurde.

Hinweis   Meistens ist die Boot-Schicht der Elternteil einer selbst erstellten Schicht.

Jigsaw muss Einschränkungen für den Modulgraphen durchsetzen, aufgrund einiger Klassenlader-Einschränkungen. Als Ergebnis können nur Modulgraphen, die keine Zyklen enthalten, in eine Schicht umgewandelt werden.

Die geladenen Module von einer Schicht abrufen

Die geladenen Module von einer Schicht abzurufen ist sehr einfach. Auf dem ModuleLayer-Objekt wird die Methode modules() aufgerufen, die eine Menge der in dieser Schicht geladenen Module zurückgibt. Auflistung 10-4 zeigt, wie man alle Module von der Boot-Schicht erhält und ihre Namen ausgibt.

Auflistung 10-4. *Die Namen der Module in der Boot-Schicht ausgeben*

```
ModuleLayer moduleLayer = ModuleLayer.boot();

    moduleLayer.modules().stream().forEach(module -> {
        String moduleName = module.getName();
        System.out.println("Name des Moduls ist: " + moduleName);
    });
```

Im Folgenden ein Auszug aus der erhaltenen Ausgabe. Wir zeigen sie nicht vollständig, da sie zu groß ist:

```
Name of the module is: jdk.javadoc
Name of the module is: jdk.deploy
Name of the module is: javafx.graphics
Name of the module is: java.security.jgss
Name of the module is: jdk.editpad
Name of the module is: java.compiler
Name of the module is: jdk.jdeps
Name of the module is: jdk.packager
Name of the module is: java.management.rmi
Name of the module is: javafx.swing
Name of the module is: jdk.attach
Name of the module is: java.desktop
Name of the module is: jdk.unsupported
Name of the module is: javafx.fxml
...
```

Hinweis   Den Quellcode für dieses Beispiel finden Sie im Verzeichnis /ch10/layers.

Das nächste Beispiel zeigt, wie man Informationen über alle Schichten ausgibt, die im System existieren.

Beschreiben der Schichten zur Laufzeit

Auflistung 10-5 zeigt die aktuelle Modulschicht und ihre übergeordneten Schichten.

Auflistung 10-5. *Beschreiben der aktuellen Modulschicht und ihrer übergeordneten Schichten*

```
Paket modulelayer;

import java.lang.ModuleLayer;
import java.util.List;

public class LayerUtil {

    public static void describeCurrentAndParentLayers() {

        // druckt die Schichtinformationen für die aktuelle Schicht
        ModuleLayer thisModuleLayer = LayerUtil.class.getModule().getLayer();
        printLayerInformation(thisModuleLayer);

        // erhält alle Eltern der Schicht
        List<ModuleLayer> parentModuleLayerList = thisModuleLayer.parents();

        if(parentModuleLayerList.isEmpty()) {
            System.out.println("Diese  Schicht  hat  keine  übergeordneten
            Schichten");
        }
        else {
            for(ModuleLayer moduleLayer : parentModuleLayerList) {
                printLayerInformation(moduleLayer);
            }
        }
    }

    private static void printLayerInformation(ModuleLayer moduleLayer) {
        System.out.println("Der Name der Module in dieser Schicht sind: " +
        moduleLayer.toString());
        System.out.println("Die Konfiguration für diese Schicht: " + module-
        Layer.configuration());
```

```
    }

    public static void main(String[] args) {
        describeCurrentAndParentLayers();
    }
}
```

Zuerst drucken wir die Informationen für die aktuelle Schicht. Wir holen sie, indem wir die Methode getLayer() auf dem aktuellen Modul aufrufen. Danach holen wir die Eltern der Schicht, indem wir die Methode parents() auf der aktuellen Schicht aufrufen. Wenn die resultierende Liste leer ist, dann haben wir keine Eltern für unsere Schicht. Andernfalls, wenn die resultierende Liste nur ein Element hat und dieses Element die leere Schicht ist, dann hat unsere Schicht keine übergeordneten Schichten, also drucken wir eine entsprechende Nachricht. Schließlich iterieren wir über die Liste der übergeordneten Schichten und drucken die Namen der Module, die sie enthalten, zusammen mit der Konfiguration.

Hinweis   Die leere Schicht besteht aus keinen Modulen. Das Java-Platform-Module-System kann nicht zwei Module in die gleiche Schicht laden, wenn die beiden Module den gleichen Paketnamen haben. Dies gilt auch, wenn das Paket privat ist.

Wir haben die Grundlagen der Schichten abgedeckt. Es ist Zeit, voranzukommen und das Konzept der aufrüstbaren Module vorzustellen.

Aufrüstbare Module

Ein Modul ist *aufrüstbar,* wenn es durch Bereitstellung auf dem Upgrade-Modulpfad aufgerüstet werden kann. Das JPMS führt zur Verknüpfungszeit und zur Laufzeit eine Überprüfung durch, um sicherzustellen, dass nur die aufrüstbaren Module aufgerüstet werden dürfen.

Von den Java-SE-Modulen sind die einzigen aufrüstbaren Module diejenigen aus dem Modul java.se.ee. Die aufrüstbaren Module sind java.activation, java.compiler, java.corba, java.transaction, java.xml.bind, java.xml.ws, java.xml.ws.annotation und jdk.internal.vm.compiler. Ein paar Standardmodule aus dem JDK sind aufrüstbar.

javac und java bieten eine Befehlszeilenoption namens --upgrade-module-path, die eine Liste von Verzeichnissen akzeptiert. Diese Verzeichnisse enthalten Module, die die vorhandenen Module im Laufzeitbild ersetzen. Zum Beispiel, um JAXB zu aktualisieren, können wir den folgenden Befehl ausführen:

```
java --upgrade-module-path myDirectory --add-modules java.xml.bind
```

Hier stellt myDirectory ein Verzeichnis dar, das die Module enthält, die die vorhandenen Module ersetzen werden.

Hinweis   Nicht aufrüstbare Module können nicht aufgerüstet werden, auch nicht mit der Befehlszeilenoption --patch-module. Nicht aufrüstbare Module sind Module, die in ein Laufzeitbild verlinkt sind.

Um ein Modul im Laufzeitbild aufzurüsten, kann ein Modul auf dem Upgrade-Modulpfad bereitgestellt werden. Ein automatisches Modul kann auch auf dem Upgrade-Modulpfad bereitgestellt werden. Aber ein automatisches Modul kann nicht aufgerüstet werden, weil ein aufrüstbares Modul in ein Laufzeitbild verlinkt ist, während ein automatisches Modul nicht in ein Laufzeitbild verlinkt ist.

Hinweis   Die aufrüstbaren Module ersetzen den alten Endorsed-Standard-Mechanismus in JDK 9.

Eigenschaften, die in den nächsten Versionen kommen

Einige Funktionen werden in den nächsten Versionen von JDK kommen. Das JCP-Team hat angekündigt, dass die nächsten Versionen zwei Probleme, die wir jetzt haben, lösen und auch zwei neue Funktionen hinzufügen werden. Die neuen Funktionen, die in den nächsten Versionen kommen werden, sind die folgenden:

- *Multi-Modul-JAR-Dateien:* Jetzt kann eine modulare JAR-Datei nur ein einzelnes Modul enthalten. Es ist nicht erlaubt, mehr als ein Modul zu enthalten. In der Praxis können wir große JAR-Dateien haben, die verschiedene Funktionsstücke enthalten, die nicht in ein einzelnes Modul passen. Daher wäre es besser, mehrere Module in einer einzigen modularen JAR-Datei zu haben.

- *Zusätzliche Modulschicht-Operationen:* Die ModuleLayer.Controller API wird mit neuen Methoden erweitert, wie `addUses()` und `addPackage()`.

Die Probleme, die in den nächsten Versionen gelöst werden, sind die folgenden:

- *Verdeckte Paketkonflikte:* Dieses Problem wurde in Kap. 8 behandelt. Das Problem besteht darin, dass zwei verschiedene Module nicht den gleichen Namen eines Pakets teilen können. Der Vorschlag des JCP-Teams besteht darin, verdeckte Paketkonflikte durch eine Neugestaltung zu vermeiden, so dass Module, die konfliktträchtige Pakete enthalten, in ihren eigenen Klassenladern geladen werden.

- *Zyklische Modulbeziehungen:* Dieses Problem wurde ebenfalls in Kap. 8 behandelt. Der Vorschlag für die nächsten JDK-Versionen besteht darin, zyklische Beziehungen zwischen Modulen zur Laufzeit zu erlauben.

Zusammenfassung

Wir haben dieses Kapitel damit begonnen, die neuen JMOD-Dateien zusammen mit dem JMOD-Tool zu betrachten. Dann sprachen wir über Multi-Release-JAR-Dateien, die eine einzige JAR-Datei darstellen. Daher sind sie nur eine Einheit der Veröffentlichung und können beispielsweise zum Ersetzen von JDK-internen APIs verwendet werden. Wenn wir eine JDK-interne API in Java 8 verwenden, können wir eine neue Klasse mit einem Ersatz dafür in JDK 9 bereitstellen und beide Klassendateien in einer Multi-Release-JAR-Datei platzieren. Multi-Release-JAR-Dateien wurden eingeführt, um eine spezifische Version des JDK verwenden zu können, auch wenn einige

Drittanbieter-Bibliotheken noch nicht auf die letzte Version aktualisiert wurden. Sie helfen Drittanbieter-Bibliotheken, API-Funktionen aus neueren Java-Versionen zu nutzen.

Darüber hinaus erklärten wir den neuen Begriff der Schicht im Kontext des Java-Platform-Module-Systems. Ich erklärte, was Schichten sind, warum sie nützlich sind und wie wir unsere eigenen Schichten erstellen können. Wenn eine Anwendung Schichten verwendet, wird sie wahrscheinlich nur die Boot-Schicht verwenden. Ich habe den Klassenlademechanismus in JDK 9 behandelt und erklärt, wie er mit dem neuen Modulsystem zusammenpasst. Wir haben gelernt, dass es keine Beziehung zwischen Klassenladern und Modulen gibt, die von Jigsaw erzwungen wird.

Das Kapitel schloss mit einer Diskussion über aufrüstbare Module und einige Funktionen, die in den nächsten JDK-Versionen kommen werden.

In Kap. 11 lernen Sie, wie man modulare Anwendungen testet.

KAPITEL 11

Testen modularer Anwendungen

Bis jetzt sollten Sie einen tiefen Überblick über Project Jigsaw haben und in der Lage sein, es in Ihren Projekten zu verwenden. Aber es gibt ein wichtiges Thema, das wir noch nicht erwähnt haben: Unit-Tests. Dieses Kapitel konzentriert sich auf das Unit Testing modularer Anwendungen in Java 9 und die verschiedenen Ansätze, die Sie dazu nehmen können. In diesem Kapitel zeigen wir Ihnen einige Best Practices für das Durchführen von Unit-Tests in Java 9 im Kontext einer modularen Anwendung.

Angenommen, wir haben ein Modul mit Klassen, die getestet werden müssen. Wenn wir die Unit-Testklassen in einem anderen Modul unterbringen, dann müssen wir die Unit-Tests in die Lage versetzen, auf Typen aus dem zu testenden Modul zuzugreifen. Dies bringt den in JDK 9 eingeführten starken Kapselungsmechanismus ins Spiel. Eine Lösung wäre, --add-exports-Flags hinzuzufügen, um die Typen aus dem zu testenden Modul für die Unit-Tests verfügbar zu machen. Aber das ist nicht ausreichend, weil es auch zwingend erforderlich ist, dass die Typen aus dem zu testenden Modul öffentlich sind. Wenn sie es nicht sind, dann gibt uns der Export von Paketen nicht das notwendige Maß an Zugänglichkeit. Dies ist nur eine der vielen Herausforderungen, die wir lösen müssen, bevor wir Unit-Tests in Java 9 durchführen können.

Das Durchführen von Unit-Tests in einer modularen Anwendung ist notwendig, um das gewünschte Qualitätsniveau der Software zu erreichen, und es ist hier sogar noch kritischer als beim Testen nicht-modularer Anwendungen. Unit-Tests in Java 9 sind etwas komplizierter als Unit-Tests in Versionen vor Java 9, weil wir in Java 9 die Lesbarkeit zwischen den Junit-Testklassen und den zu testenden Objekten sicherstellen müssen. Es kann verschiedene Kombinationen für die Standorte der Junit-Testklassen für die zu testenden Klassen geben. Sie können im selben Modul, in verschiedenen

A. Jecan, *Die Modularität von Java 9*, https://doi.org/10.1007/978-3-662-68877-9_11

Modulen, auf dem Klassenpfad oder teilweise auf dem Modulpfad und auf dem Klassenpfad liegen. Der nächste Abschnitt geht detaillierter auf diese Szenarien ein.

Szenarien für Unit-Tests in Java 9

Wie bereits erwähnt, können wir verschiedene Szenarien für Unit-Tests in JDK 9 haben, abhängig von der Position der Junit-Testklassen und den zu testenden Objekten. Die folgenden gängigen Szenarien können während der Unit-Tests in JDK 9 auftreten:

- Die Junit-Testklassen und die Testobjekte befinden sich in verschiedenen Modulen.

- Die Junit-Testklassen befinden sich nicht in einem Modul, aber die Testobjekte schon.

- Sowohl die Junit-Testklassen als auch die Testobjekte befinden sich im selben Modul.

Jedes der drei Szenarien muss unterschiedlich behandelt werden und erfordert einen anderen Ansatz, um die Lesbarkeit zwischen den Junit-Testfällen und den zu testenden Objekten zu gewährleisten. Die folgenden Unterabschnitte betrachten jedes von ihnen im Detail.

Szenario 1: Junit-Testklassen und zu testende Typen befinden sich in verschiedenen Modulen

Angenommen, die zu testenden Typen befinden sich im Modul A und die Junit-Testklassen im Modul B. Dieses Szenario ist eines der einfachsten. Abb. 11-1 veranschaulicht es.

Zunächst müssen wir die Lesbarkeit zwischen den beiden Modulen sicherstellen. Modul A sollte seine Pakete exportieren. Modul B sollte Modul A benötigen und ebenfalls seine Pakete exportieren. Auf diese Weise kann Modul B auf die öffentlichen Typen von Modul A zugreifen. Modul B sollte in seiner Moduldeklaration weiterhin das Junit-Automatikmodul benötigen, da es davon Gebrauch macht.

Um dieses Szenario zum Laufen zu bringen, muss man sich noch einer weiteren wichtigen Sache bewusst sein. Wenn wir die Junit-Testfälle aus Modul B ausführen,

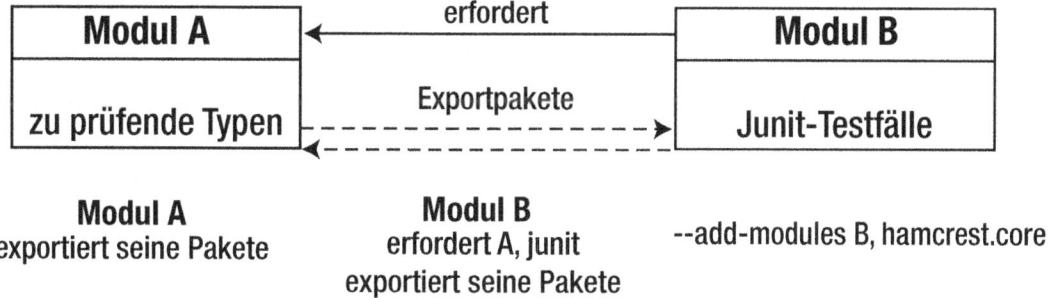

Abb. 11-1. *Junit-Testklassen und zu testende Klassen befinden sich in verschiedenen Modulen*

müssen wir auch alle vorhandenen Module (einschließlich der automatischen Module) mit dem --add-modules-Flag des Java Launcher hinzufügen. In unserem Fall müssen wir das Modul B und das automatische Modul hamcrest.core hinzufügen, das eine Abhängigkeit von Junit ist. Das ist im Grunde alles, was wir tun müssen, um dieses Szenario zum Laufen zu bringen. Später in diesem Kapitel werden wir ein Beispiel mit diesem Szenario zeigen.

Szenario 2: Nur die zu testenden Typen befinden sich in einem Modul

Dieses zweite Szenario ist das schwierigste. In diesem Szenario haben wir die zu testenden Typen im Modul A, aber die Junit-Testklassen befinden sich in keinem Modul – sie befinden sich auf dem Klassenpfad. Dafür müssen wir die beiden Befehlszeilenoptionen javac -Xmodule und java Launcher --patch-module verwenden. Beide Optionen werden später in diesem Kapitel ausführlich beschrieben. Abb. 11-2 veranschaulicht dieses Szenario.

Zuerst müssen wir die Junit-Testklassen so kompilieren, als ob sie Teil des Moduls A wären (mit der Option javac -Xmodule). Auf diese Weise machen wir die Junit-Testklassen zu einem Teil des Moduls A. Zweitens müssen wir die Befehlszeilenoption javac --add-reads verwenden, um die Lesekanten zu Junit hinzuzufügen. Dies ist obligatorisch, da Modul A nun eine Abhängigkeit von Junit hat. Da Modul A Junit nicht liest, müssen wir die Befehlszeilenoption --add-reads verwenden, um ihm zu sagen,

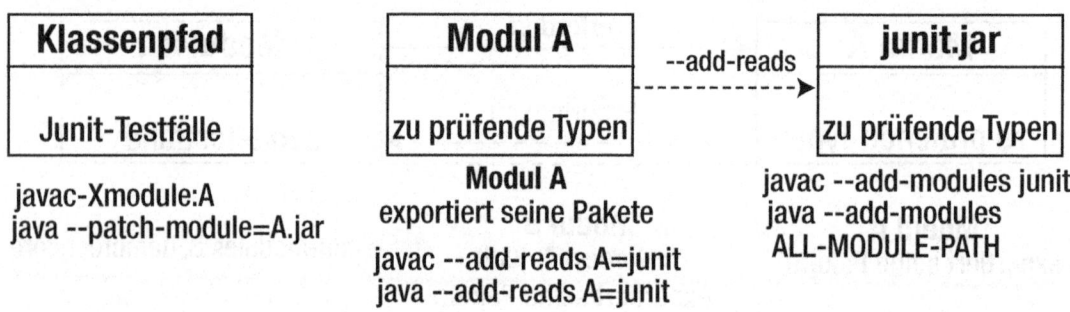

Abb. 11-2. *Die zu testenden Typen befinden sich in einem Modul und die Junit-Testfälle sind auf dem Klassenpfad*

dass es Junit lesen soll. Gleichzeitig müssen wir auch das Junit-Automatikmodul mit der Option `javac --add-modules` hinzufügen.

Um dieses Szenario zum Laufen zu bringen, müssen wir beim Ausführen der Junit-Testklassen die Befehlszeilenoption `java` Launcher `--patch-module` verwenden, damit wir Modul A patchen können. Daher machen wir die Junit-Testklasse zur Laufzeit mit der Konstante `ALL-MODULE-PATH` zu einem Teil von Modul A. Machen Sie sich keine Sorgen, wenn noch nicht klar ist, wie dieses Szenario funktioniert. Später in diesem Kapitel werden Sie dieses Szenario in Aktion sehen und wir werden die neuen Befehlszeilenoptionen erklären, die verwendet werden.

Szenario 3: Sowohl Junit-Testklassen als auch zu testende Typen befinden sich im selben Modul

In diesem Szenario haben wir eine implizite Lesbarkeit zwischen den Typen. Der Nachteil in diesem Fall hängt damit zusammen, dass unser Modul alle Testabhängigkeiten benötigt. Die Einführung von Abhängigkeiten zu Testbibliotheken für jedes Modul, das Unit-Tests benötigt, ist definitiv nicht die beste Lösung. Wenn wir zehn Module haben, die getestet werden müssen, dann müssten alle von ihnen die Testabhängigkeit separat hinzufügen.

Jetzt, da wir die gängigsten Szenarien kennen, die auftreten können, wenn wir Unit-Tests in Java 9 durchführen, gehen wir weiter zur -Xmodule-Befehlszeilenoption des Java-Compilers und zur --patch-module-Befehlszeilenoption, die bereits im zweiten Szenario erwähnt wurden. Sie werden verwendet, um Module mit Klassen zu patchen.

-Xmodule:<Modulname>

Abb. 11-3. *Syntax der Befehlszeilenoption javac -Xmodule*

Die -Xmodule-Option

Die Java-Compiler-Befehlszeilenoption -Xmodule wird verwendet, um Klassen für ein Modul zu kompilieren. Abb. 11-3 beschreibt ihre Syntax.

Die -Xmodule-Option gibt an, dass wir die Klassen kompilieren sollten, als ob sie Teil des Moduls <module_name> wären. Diese Option wird zur Kompilierzeit verwendet, um eine Klasse in ein Modul zu injizieren. Sie kann nicht zur Laufzeit verwendet werden. Mit der -Xmodule-Option können wir Klassen zu einem bestimmten Modul machen. Wenn das Modul, das wir als Argument übergeben, nicht existiert, wird ein Fehler „Modul nicht gefunden" ausgelöst:

```
error: module not found: <module_name>
```

Hinweis   Es ist nicht möglich, mehr als ein Modul aufzulisten. Sie können der -Xmodule-Befehlszeilenoption nicht mehrere Modulnamen angeben.

Die --patch-module-Option

Die JDK-9-Spezifikation besagt: „Beim Testen oder Debuggen ist es manchmal nützlich, ausgewählte Klassendateien oder Ressourcen bestimmter Module durch alternative oder experimentelle Versionen zu ersetzen oder völlig neue Klassendateien, Ressourcen und sogar Pakete bereitzustellen. Dies kann über die --patch-module-Option erfolgen."

Die --patch-module-Option wird sowohl zur Kompilierzeit als auch zur Laufzeit verwendet, um die Klassendateien eines Moduls durch andere klassenspezifische Klassendateien zu ersetzen. Sie kann vom Java-Compiler sowie vom Java Launcher verwendet werden. Die Rolle der --patch-module-Option besteht darin, Klassen innerhalb eines Moduls zu überschreiben. Diese Option hat die alte Option -Xbootclasspath/p ersetzt, die in Java 9 entfernt wurde.

--patch-module <Modulname>=<Datei>(<pfad_separator<>Datei>)*

Abb. 11-4. *Syntax der Option --patch-module*

Abb. 11-4 zeigt die Syntax der Befehlszeilenoption --patch-module.

- <module_name> repräsentiert den Modulnamen.

- <file> repräsentiert den Dateisystempfadnamen einer Moduldefinition.

- <path_separator> repräsentiert das Pfadtrennzeichen der Host-Plattform.

Das durch <module_name> angegebene Modul wird mit den Klassendateien gepatcht, die sich innerhalb des Verzeichnisses <file> befinden. Wir können auch ein normales JAR (kein modulares) anstelle des Verzeichnisses angeben, das die Klassendateien enthält.

Hinweis Die Option --patch-module kann verwendet werden, um die Test-klassen zur Laufzeit zu einem Teil des Moduls zu machen. Das JCP-Team gibt an, dass sie „nur zum Testen und Debuggen vorgesehen ist. Von ihrem Einsatz in Produktionsumgebungen wird dringend abgeraten."

Die Befehlszeilenoption --patch-module kann auch verwendet werden, um automatische Module zu patchen, aber sie kann nicht verwendet werden, um module-info.class-Dateien zu ersetzen, wie das JCP-Team in der Spezifikation angibt: „Die --patch-module-Option kann nicht verwendet werden, um module-info.class-Dateien zu ersetzen. Wenn eine module-info.class-Datei in einer Moduldefinition auf einem Patch-Pfad gefunden wird, wird eine Warnung ausgegeben und die Datei wird ignoriert." Das JCP-Team teilt uns auch mit, was mit den Paketen passiert, die nicht exportiert werden: „Wenn ein Paket in einer Moduldefinition auf einem Patch-Pfad gefunden wird, das von diesem Modul nicht bereits exportiert wird, dann wird es trotzdem nicht exportiert. Es kann explizit entweder über die Reflection API oder die --add-exports-Option exportiert werden."

Ein Modul patchen

Das folgende Beispiel zeigt, wie man eine Klasse innerhalb eines Moduls patcht. Das bedeutet, dass wir eine Java-Klassendatei innerhalb eines Moduls durch eine andere ersetzen. Dafür verwenden wir die `javac`-Befehlszeilenoption `-Xmodule` und die `java`-Befehlszeilenoption `--patch-module`. Wir werden ein bestehendes Modul mit der `--patch-module`-Option patchen, und Sie werden zwei Möglichkeiten dafür sehen. Daher erstellen wir vier Ordner:

- Der Ordner modules
- Der Ordner modulesLibrary
- Der Ordner patchModules
- Der Ordner patchModulesLibrary

Wir haben ein Modul com.apress.moduleA, das eine POJO-Klasse namens `Employee.java` und eine weitere Klasse namens `EmployeeImpl.java` enthält, die ein Objekt vom Typ `Employee` erstellt und einige Eigenschaften darauf setzt. Es gibt auch ein Modul com.apress.moduleB, das die öffentliche statische Methode void `main(String[] args)` enthält. Dieses Modul erstellt einfach ein Objekt vom Typ `EmployeeImpl` und ruft dann einige Methoden auf diesem Objekt auf. Weiterhin definieren wir eine weitere Java-Klasse namens `EmployeeImpl.java`, die denselben Paketnamen hat wie der Paketname der früheren `EmployeeImpl.java` Klasse. Diese neue Klasse ist kein Teil eines Moduls. Unsere Absicht ist es, die neue Klasse mit der älteren innerhalb des Moduls com.apress.moduleA mit den Befehlszeilenoptionen `-Xmodule` und `--patch-module` zu ersetzen, die zuvor beschrieben wurden.

Auflistung 11-1 zeigt die Klassen `Employee.java` und `EmployeeImpl.java` des Moduls com.apress.moduleA. Die Klasse `Employee.java` befindet sich im Paket com.apress.moduleA.entity.

Auflistung 11-1. Die Klassen Employee.java und EmployeeImpl.java aus dem Modul com.apress.moduleA

```
// Employee.java

package com.apress.moduleA.entity;

public class Employee {
```

```java
    private String firstName;
    private String lastName;
    private String department;

    public Employee() {
    }

    public String getFirstName() {
        return firstName;
    }

    public void setFirstName(String firstName) {
        this.firstName = firstName;
    }

    public String getLastName() {
        return lastName;
    }

    public void setLastName(String lastName) {
        this.lastName = lastName;
    }

    public String getDepartment() {
        return department;
    }

    public void setDepartment(String department) {
        this.department = department;
    }

}

// EmployeeImpl.java

package com.apress.moduleA;

import com.apress.moduleA.entity.Employee;

public class EmployeeImpl {
```

```java
    public Employee employee;

    public EmployeeImpl() {
    }

    public Employee createNewEmployee() {
        employee = new Employee();
        return employee;
    }

    public Employee setEmployeeInfo() {
        employee = createNewEmployee();
        employee.setFirstName("John");
        employee.setLastName("Anderson");
        employee.setDepartment("IT");
        return employee;
    }

    public void getEmployeeInfo() {
        System.out.println("Der Vorname des Mitarbeiters ist: " + employee.
        getFirstName());
        System.out.println("Der Nachname des Mitarbeiters ist: " + employee.
        getLastName());
        System.out.println("Die Abteilung des Mitarbeiters ist: " + employee.
        getDepartment());
    }

}
```

Auflistung 11-2 zeigt den Moduldeskriptor des Moduls com.apress.moduleA, das das Paket exportiert.

Auflistung 11-2. Die module-info.java-Datei des Moduls com.apress.moduleA

```java
module com.apress.moduleA {
  exports com.apress.moduleA;
}
```

Das Modul com.apress.moduleB importiert Typen aus dem Modul com.apress. moduleA und ruft Methoden auf einem `EmployeeImpl`-Objekt auf, wie in Auflistung 11-3 gezeigt.

Auflistung 11-3. Die MainClass.java-Datei des Moduls com.apress.moduleB

```java
package com.apress.moduleB;

import com.apress.moduleA.*;

public class MainClass {

    public static void main(String[] args) {
        EmployeeImpl employeeImpl = new EmployeeImpl();
        employeeImpl.createNewEmployee();
        employeeImpl.setEmployeeInfo();
        employeeImpl.getEmployeeInfo();
    }
}
```

Auflistung 11-4 stellt den Moduldeskriptor des Moduls com.apress.moduleB dar.

Auflistung 11-4. Die module-info.java des Moduls com.apress.moduleB

```java
module com.apress.moduleB {
        benötigt com.apress.moduleA;
}
```

Im neuen Verzeichnis com.apress.moduleA2 definieren wir eine weitere Version der `EmployeeImpl.java`-Klasse, die keinem Modul zugeordnet ist. Auflistung 11-5 zeigt die neue Klasse mit dem gleichen Paketnamen wie die alte, also com.apress. moduleA.

Auflistung 11-5. Klasse EmployeeImpl

```java
package com.apress.moduleA;

import com.apress.moduleA.entity.Employee;

public class EmployeeImpl {
```

```
public Employee employee;

public EmployeeImpl() {
}

public Employee createNewEmployee() {
    employee = new Employee();
    return employee;
}

public Employee setEmployeeInfo() {
    employee = createNewEmployee();
    employee.setFirstName("Andrew");
    employee.setLastName("Lopez");
    employee.setDepartment("Big Data");
    return employee;
}

public void getEmployeeInfo() {
    System.out.println("Der Vorname des Mitarbeiters ist: " + employee.
    getFirstName());
    System.out.println("Der Nachname des Mitarbeiters ist: " + employee.
    getLastName());
    System.out.println("Die Abteilung des Mitarbeiters ist: " + emp-
    loyee.getDepartment());
    }
}
```

Wir haben nur den Vornamen, Nachnamen und die Abteilung in diesem letzten Beispiel geändert. Jetzt, da wir den Code haben, beginnen wir den Prozess, die EmployeeImpl.java aus der letzten Auflistung durch die aus dem Modul com.apress. moduleA zu ersetzen. Zuerst kompilieren wir beide bestehenden Module, schließen aber das Verzeichnis com.apress.moduleA2 aus, da es kein Modul ist. Der folgende Befehl macht dies, indem er den Befehl grep -v verwendet, um das Verzeichnis com. apress.moduleA2 von der Kompilierung auszuschließen:

```
$ javac -d modules --module-path modulesLibrary --module-source-path src
$(find src -name "*.java" | grep -v com.apress.moduleA2)
```

Hinweis   Die Rolle von `grep -v` oder `grep -invert-match` besteht darin, den Sinn der Übereinstimmung umzukehren. In unserem Fall schließt es die Dateien aus dem Verzeichnis com.apress.moduleA2 aus und wählt diejenigen aus, die nicht übereinstimmen.

Als Ergebnis werden sowohl das Modul com.apress.moduleA als auch com.apress.moduleB kompiliert und die Klassendateien befinden sich nun im Verzeichnis modules. Als Nächstes erstellen wir modulare JAR-Dateien für jedes der zuvor kompilierten Module. Dafür gehen wir in das Verzeichnis modules und erstellen zwei modulare JAR-Dateien für jedes Modul. Als Eingabe nehmen wir die Klassendateien aus dem Verzeichnis modules:

```
cd modules
$ jar --create --file=../modulesLibrary/com.apress.moduleA.jar -C com.apress.
moduleA.
$ jar --create --file=../modulesLibrary/com.apress.moduleB.jar -C com.apress.
moduleB.
```

Beide modularen JAR-Dateien wurden im Verzeichnis modulesLibrary erstellt. Weiter versuchen wir, den Patch als Klasse zu kompilieren. Wir kompilieren die EmployeeImpl.java-Datei aus dem Paket com.apress.moduleA, das sich im Verzeichnis com.apress.moduleA2 befindet:

```
cd ..
$ javac -Xmodule:com.apress.modulcA --module-path modules -d patchModules/
com.apress.moduleA src/com.apress.moduleA2/com/apress/moduleA/EmployeeImpl.
java
```

Hier werden folgende Befehlszeilenoptionen verwendet:

- `-Xmodule:com.apress.moduleA` gibt an, dass die Klasse `EmployeeImpl.java` so kompiliert werden soll, als ob sie tatsächlich Teil des Moduls com.apress.moduleA ist.

- `-d patchModules/com.apress.moduleA` gibt das Ausgabeverzeichnis an, in dem die Klasse `EmployeeImpl.java` kompiliert werden soll.

Wir übergeben den Pfad zur Klasse `EmployeeImpl.java,` die kompiliert wird. Als Ergebnis wurde die EmployeeImpl-Datei aus dem Verzeichnis com.apress.moduleA2 in das Verzeichnis patchModules kompiliert. Weiterhin erstellen wir eine JAR-Datei für die Klasse, die wir zuvor gepatcht haben. In diesem Fall erstellen wir eine normale JAR, keine modulare. Daher gehen wir in das Verzeichnis patchModules und geben Folgendes ein:

```
jar --create -file=../patchModulesLibrary/com.apress.moduleA.jar -C com.
apress.moduleA.
```

Als Ergebnis wird im Verzeichnis patchModulesLibrary eine neue JAR namens com.apress.moduleA.jar erstellt.

Wir können dieses Beispiel auf zwei verschiedene Arten ausführen: indem wir das Modul com.apress.moduleA mit Klassen patchen oder indem wir es mit einer JAR patchen.

Zuerst führen wir es aus, indem wir es mit Klassen patchen. In diesem Beispiel verwenden wir die Befehlszeilenoption `--patch-module`, um auszudrücken, dass wir das Modul com.apress.moduleA mit der Klasse patchen möchten, die im Verzeichnis patchModules existiert. Zur Erinnerung, im Verzeichnis patchModules befindet sich unsere `EmployeeImpl.class`, die der neuen `EmployeeImpl`-Klasse entspricht, die wir verwenden möchten, um die alte zu ersetzen:

```
cd ..
$ java --patch-module com.apress.moduleA=patchModules/com.apress.moduleA
--module-path modulesLibrary -m com.apress.moduleB/com.apress.moduleB.
MainClass
```

Wir haben auch die Main-Klasse an das Flag -m übergeben. Die folgende Ausgabe wird auf der Konsole gedruckt:

```
Der Vorname des Mitarbeiters ist: Andrew
Der Nachname des Mitarbeiters ist: Lopez
Die Abteilung des Mitarbeiters ist: Big Data
```

Wie wir in dieser Ausgabe sehen können, hat die neue `EmployeeImpl`-Klasse die bestehende ersetzt. In der `MainClass` haben wir ein Objekt vom Typ `EmployeeImpl` erstellt, das die neue `EmployeeImpl`-Klasse darstellt.

Im vorherigen Beispiel haben wir den Ort der .class-Dateien für die Option --patch-module angegeben. Alternativ können wir auch den Ort der JAR-Datei angeben, die wir zuvor im Verzeichnis patchModulesLibrary erstellt haben. Daher führen wir den Java Launcher aus und patchen das Modul com.apress.moduleA mit der JAR com.apress.moduleA.jar:

```
$ java --patch-module com.apress.moduleA=patchModulesLibrary/com.apress.mo-
duleA.jar --module-path modulesLibrary -m com.apress.moduleB/com.apress.mo-
duleB.MainClass
```

Das Ergebnis ist das gleiche wie das, das wir zuvor hatten. In diesem Beispiel haben wir gezeigt, wie wir ein Modul mit der Befehlszeilenoption --patch-module zuerst patchen können.

Jetzt, da wir wissen, wie man ein Modul patcht, sehen wir uns an, wie wir dieses Wissen anwenden können, um Junit-Testfälle in einem modularen Kontext auszuführen.

Hinweis   Den Quellcode für dieses Beispiel finden Sie im Verzeichnis /ch11/patchingAModule.

Früher in diesem Kapitel haben Sie drei Szenarien für Unit-Tests in Java 9 gesehen. Lassen Sie uns praktische Codebeispiele für Szenario 1 (Junit-Testklassen und zu testende Typen befinden sich in separaten Modulen) und Szenario 2 (zu testende Typen befinden sich in einem Modul und die Junit-Testklassen sind auf dem Klassenpfad) betrachten.

Ausführen eines Junit-Tests, bei dem sich die Junit-Testklasse und die zu testenden Typen in getrennten Modulen

Das Folgende zeigt ein sehr einfaches Beispiel für das Ausführen eines Junit-Tests in Java 9. In unserem Fall befinden sich der Junit-Test und die zu testenden Klassen in verschiedenen Modulen. Dieses Szenario entspricht Szenario 1, das früher in diesem Kapitel beschrieben wurde. Wir ändern das vorherige Beispiel (das Beispiel, das ein Modul gepatcht hat), um es für Tests mit Junit geeignet zu machen.

Wir fügen die folgende Methode in die Employee.java-Klasse des Moduls com.apress.moduleA ein:

```java
public String getEmployeeFullData() {
        return getFirstName() + ", " + getLastName() + ", " + getDepartment();
 }
```

Wir müssen auch einen Junit-Testfall hinzufügen. Er wird im Modul com.apress. moduleB liegen und einfach die Methode getEmployeeFullData() aus dem Modul com. apress.moduleA aufrufen.

Auflistung 11-6 zeigt die Klasse EmployeeTest.

Auflistung 11-6. Die EmployeeTest-Klasse

```java
package com.apress.moduleB;

import org.junit.Assert;
import org.junit.Test;
import org.junit.Before;

import com.apress.moduleA.entity.Employee;

public class EmployeeTest {

    Employee employee;

    @Before
    public void setEmployeeData() {
        employee = new Employee();
        employee.setFirstName("Alexandru");
        employee.setLastName("Jecan");
        employee.setDepartment("IT");
    }

    @Test
    public void employeeDataTest() {
        Assert.assertEquals("Alexandru, Jecan, IT", employee.getEmployee-
        FullData());
    }
}
```

Diese Klasse importiert die Employee-Klasse aus dem Modul com.apress.moduleA, instanziiert ein Objekt vom Typ Employee und ruft eine Methode darauf auf. Auflistung 11-7 zeigt den Moduldeskriptor des Moduls com.apress.moduleB.

Auflistung 11-7. Die module-info.java des Moduls com.apress.moduleB

```
module com.apress.moduleB {
      requires junit;
      requires com.apress.moduleA;
      exports com.apress.moduleB;
}
```

Das Modul com.apress.moduleB benötigt das Modul com.apress.moduleA, da es Typen daraus verwendet. Es benötigt auch das Modul junit, da wir das Junit-Testframework verwenden. In diesem Beispiel ist junit ein automatisches Modul.

Wir definieren einen Ordner namens automaticModules, in dem wir die beiden notwendigen JARs ablegen, die benötigt werden, um einen Junit-Test auszuführen: Junit und Hamcrest-core.

Hinweis   Die Junit- und Hamcrest-core-JAR-Dateien können aus dem Maven-Repository unter https://mvnrepository.com/ heruntergeladen werden. Sie können sie mit Ihrem Webbrowser herunterladen, indem Sie auf den Download-(JAR)-Link klicken. Sie müssen dafür nicht Maven verwenden.

Auflistung 11-8 zeigt den Inhalt des Ordners automaticModules.

Auflistung 11-8. Der Ordner automaticModules

```
hamcrest-core-1.3jar
junit-4.12.jar
```

Wir kompilieren die beiden Module com.apress.moduleA und com.apress.moduleB:

```
javac -d modules --module-path "automaticModules;modulesLibrary" --module-
source-path src $(find src -name "*.java")
```

Der Ordner automaticModules, der beide zuvor beschriebenen JAR-Dateien enthält, wird an die Befehlszeilenoption `--module-path` übergeben. Auf diese Weise werden die JAR-Dateien zu automatischen Modulen. Als Nächstes wechseln wir in den Ordner modules und erstellen zwei JARs für die beiden Module com.apress.moduleA und com.apress.moduleB:

```
cd modules
jar --create --file=../modulesLibrary/com.apress.moduleA.jar -C com.apress.
moduleA.
jar --create --file=../modulesLibrary/com.apress.moduleB.jar -C com.apress.
moduleB.
```

Wir können nun unseren Unit-Test ausführen. Dafür müssen wir alle Module, die wir auf dem Modulpfad haben, einschließlich der automatischen Module, übergeben. Wir können die Konstante `ALL-MODULE-PATH` verwenden. Wie in der JDK-Dokumentation angegeben, steht diese Variable für alle Module auf dem Modulpfad. Es ist viel einfacher, diese Konstante anzugeben, anstatt jedes Modul einzeln zu spezifizieren:

```
cd ..
java --module-path "automaticModules;modulesLibrary" --add-modules ALL-MODULE-
PATH -m junit/org.junit.runner.JUnitCore com.apress.moduleB.EmployeeTest
```

Die Befehlszeilenoption `--module-path` zeigt auf den Ordner automaticModules, der die Hamcrest- und Junit-JAR-Dateien enthält, und auf den Ordner modulesLibrary, der die Dateien com.apress.moduleA.jar und com.apress.moduleB.jar enthält. Die Option `-m` erhält den Parameter `junit/org.junit.runner.JunitCore com.apress.moduleB.EmployeeTest`. Auf diese Weise geben wir an, dass wir `JunitCore` aus dem Modul junit verwenden möchten, um die Tests aus der Klasse `EmployeeTest` auszuführen, die sich im Paket com.apress.moduleB befindet.

Anstelle der Konstante `ALL-MODULE-PATH` wäre es auch möglich gewesen, die Module, die wir benötigen, mit Komma aufzulisten. In diesem Fall hätten wir dies gehabt:

```
--add-modules com.apress.moduleB,hamcrest.core
```

Das Ergebnis dieses Tests ist OK, was bedeutet, dass der Test erfolgreich war und wir es erfolgreich geschafft haben, den Testfall durch Zugriff auf das andere Modul und durch Lesen der Dateien junit-4.12.jar und hamcrest-core-1.3.jar als automatische Module auszuführen.

Hinweis   Sie können den Quellcode für dieses Beispiel im Verzeichnis /ch11/junitSeparateModules finden.

Ausführen eines Junit-Tests, bei dem die Junit-Testklasse nicht in einem ist Modul

So weit, so gut. Im vorherigen Beispiel war unser Junit-Test in einem Modul und das Testobjekt war in einem anderen Modul. Wir haben es geschafft, sie zu verbinden und sie zum Laufen zu bringen. Aber was passiert, wenn der Junit-Test kein Teil eines Moduls ist und stattdessen auf dem Klassenpfad liegt? In diesem Fall wird es etwas komplizierter, was dem Szenario 2 vom Anfang des Kapitels entspricht.

Im nächsten Beispiel haben wir unsere EmployeeTest-Klasse, aber diese ist nicht mehr Teil eines Moduls. Wir ändern auch den Paketnamen der EmployeeTest-Klasse. Ihr neuer Name ist com.apress.moduleA. Wir tun dies, weil während des Patchens der Paketname der gleiche sein muss wie der des Moduls com.apress.moduleA.

In diesem Beispiel haben wir kein Modul com.apress.moduleB mehr, also löschen wir die Datei module-info.java daraus. Auflistung 11-9 zeigt den Moduldeskriptor des Moduls com.apress.moduleA.

Auflistung 11-9.   Die module-info.java-Datei des Moduls com.apress.moduleA

```
module com.apress.moduleA {
    exports com.apress.moduleA.entity;
    exports com.apress.moduleA;
}
```

Wir beginnen mit der Kompilierung des Moduls com.apress.moduleA und erstellen danach ein modulares JAR daraus:

```
javac -d modules --module-path "automaticModules;modulesLibrary" --module-source-path src $(find src -name "*.java" | grep -v com.apress.moduleB)
cd modules
```

```
jar --create --file=../modulesLibrary/com.apress.moduleA.jar -C com.apress.
moduleA.
```

Als Nächstes kompilieren wir die EmployeeTest.java-Datei

```
cd ..
javac -d patchModules/com.apress.moduleA -Xmodule:com.apress.moduleA --add-
reads com.apress.moduleA=junit --add-modules junit --module-path "modulesLi-
brary;automaticModules" src/com.apress.moduleB/com/apress/moduleA/Employee-
Test.java
```

Während der Kompilierung haben wir die Option -Xmodule:com.apress.moduleA verwendet, um die Java-Klasse EmployeeTest so zu kompilieren, als ob sie Teil des Moduls com.apress.moduleA wäre. Die Befehlszeilenoption --add-reads com.apress.moduleA=junit ist obligatorisch, weil Junit vom Modul com.apress.moduleA verwendet wird, so dass als Ergebnis eine Leseabhängigkeit zu Junit vom Modul com.apress.moduleA benötigt wird. Die Option --add-modules junit ist ebenfalls obligatorisch. Wir verwenden Junit und daher fügen wir das automatische Modul junit hinzu, das automatisch erstellt wird, nachdem die junit.jar auf dem Modulpfad platziert wurde.

Nach der Kompilierung der gerade erwähnten Anweisung enthält der Ordner patchModules die Datei EmployeeTest.class. Weiterhin erstellen wir ein JAR, das diese Klassendatei enthält:

```
cd patchModules
jar --create --file=../patchModulesLibrary/com.apress.moduleA.jar -C com.
apress.moduleA.
```

Wir führen den Junit-Test aus, indem wir das Modul com.apress.moduleA patchen:

```
cd ..
java --patch-module com.apress.moduleA=patchModules/com.apress.moduleA --mo-
dule-path "automaticModules;modulesLibrary" --add-reads com.apress.modu-
leA=junit --add-modules ALL-MODULE-PATH -m junit/org.junit.runner.JUnitCore
com.apress.moduleA.EmployeeTest
```

Hier haben wir das Modul mit der Datei EmployeeTest.class gepatcht, die sich im Ordner patchModules befindet. Wir haben auch die Leseabhängigkeit zu Junit hinzugefügt und alle Module vom Modulpfad hinzugefügt, indem wir die Konstante

ALL-MODULE-PATH verwendet haben, die natürlich auch die automatischen Module einschließt. Auf diese Weise konnten wir erfolgreich einen Junit-Test ausführen, der außerhalb eines Moduls liegt und Testobjekte aus einem Modul verwendet.

Wir könnten auch die JAR-Datei com.apress.moduleA.jar verwenden, um das Modul com.apress.moduleA zu patchen (anstatt der Klassendateien wie im vorherigen Beispiel). Dieser java-Befehl gibt das gleiche Ergebnis wie das vorherige Beispiel:

```
$ java --patch-module com.apress.moduleA=patchModulesLibrary/com.apress.mo-
duleA.jar --module-path "automaticModules;modulesLibrary" --add-reads com.
apress.moduleA=junit --add-modules ALL-MODULE-PATH -m junit/org.junit.run-
ner.JUnitCore com.apress.moduleA.EmployeeTest
```

Hinweis Sie können den Quellcode für dieses Beispiel im Verzeichnis /ch11/ju-nitTestNotInModule finden.

Testen mit Maven

Maven und andere Build-Automatisierungstools erleichtern uns das Leben erheblich, da wir nicht so viele Befehlszeilenflags schreiben müssen. Wir müssen -Xmodule und --patch-module beim Ausführen von Tests mit Maven nicht schreiben, da Maven dies im Hintergrund für uns erledigt.

Hinweis Das Maven Compiler Plugin unterstützt ab Version 3.6.0 Jigsaw.

Es ist viel einfacher, unsere Anwendung mit Maven zu kompilieren und unsere Tests auszuführen, als unsere gesamten Befehle mit Flags auf der Befehlszeile zu schreiben. Die in Maven integrierte Jigsaw-Unterstützung hilft uns, die Arbeitsmenge erheblich zu reduzieren.

Wir nehmen unser letztes Beispiel (aus Szenario 2), das die Junit-Testklasse außerhalb des Moduls hat. Wir müssen die Struktur unseres Projekts ein wenig ändern, um es mit Maven zu verwenden. Daher muss das Modul com.apress.moduleA im Verzeichnis src/main/java liegen. Auch die EmployeeTest.java wird im Verzeichnis src/test liegen.

Eine pom.xml-Datei ist die wesentliche Arbeitseinheit in Maven. Sie enthält Informationen über das Projekt und die Konfigurationsdaten, die zum Erstellen des Projekts verwendet werden. Auflistung 11-10 zeigt die pom.xml-Datei, die wir im Stammverzeichnis unseres Projekts hinzufügen.

Auflistung 11-10. Die pom.xml-Datei

```xml
<project xmlns:xsi="http://www.w3.org/2001/XMLSchema-instance" xmlns="http://
maven.apache.org/POM/4.0.0"
        xsi:schemaLocation="http://maven.apache.org/POM/4.0.0http://maven.
        apache.org/xsd/maven-4.0.0.xsd">
  <modelVersion>4.0.0</modelVersion>

  <groupId>com.apress.junit</groupId>
  <artifactId>junit-testing</artifactId>
  <version>0.0.1</version>

  <properties>
      <maven.compiler.source>9</maven.compiler.source>
      <maven.compiler.target>9</maven.compiler.target>
  </properties>

  <dependencies>
      <dependency>
          <groupId>junit</groupId>
          <artifactId>junit</artifactId>
          <version>4.12</version>
          <scope>test</scope>
      </dependency>
  </dependencies>
  <build>
      <plugins>
          <plugin>
              <groupId>org.apache.maven.plugins</groupId>
              <artifactId>maven-compiler-plugin</artifactId>
              <version>3.6.1</version>
```

307

```
        </plugin>
        <plugin>
            <groupId>org.apache.maven.plugins</groupId>
            <artifactId>maven-dependency-plugin</artifactId>
            <executions>
                <execution>
                    <id>copy-dependencies</id>
                    <phase>package</phase>
                    <goals>
                        <goal>copy-dependencies</goal>
                    </goals>
                    <configuration>
                        <outputDirectory> ${project.build.directory}/lib
                        </outputDirectory>
                    </configuration>
                </execution>
            </executions>
        </plugin>
    </plugins>
  </build>
</project>
```

Mit den Tags `<maven.compiler.source>` und `<maven.compiler.target>` setzen wir die Quelle und das Ziel auf 9, da wir JDK 9 zum Kompilieren unseres Projekts verwenden möchten. Wir verwenden die Version 3.6.1 des Maven Compiler Plugins, die Jigsaw unterstützt. Wir verwenden auch das Maven Dependency Plugin, um die Abhängigkeiten im Verzeichnis target/lib zu kopieren. Wir können nun `mvn clean package` ausführen, um das Projekt zu erstellen. Durch das Erstellen des Projekts werden auch unsere Tests ausgeführt. Wir erhalten eine `BUILD-SUCCESS`-Nachricht, daher waren die Tests erfolgreich.

Im neu erstellten Zielverzeichnis haben wir einen Ordner classes, der unsere Klassendateien (einschließlich der Datei module-info.class) enthält, die mit dem Maven Compiler Plugin kompiliert wurden. Im Ordner lib finden wir die Testabhängigkeiten hamcrest-core-1.3.jar und junit-4.12.jar.

Mit Maven mussten wir das Flag -Xmodule oder das Flag --add-modules nicht verwenden, da alles im Hintergrund vom Maven Compiler Plugin erledigt wurde.

Hinweis   Den Quellcode für dieses Beispiel finden Sie im Verzeichnis /ch11/junit-TestNotInModuleMaven.

Zusammenfassung

In diesem Kapitel wurden die wichtigsten Aspekte von Unit-Tests modularer Anwendungen in Java 9 diskutiert. Wir haben die Java-Compiler-Befehlszeilenoption -Xmodule kennengelernt, die zum Kompilieren von Klassen für ein Modul verwendet wird. Wir haben auch die Befehlszeilenoption --patch-module kennengelernt, die zum Überschreiben von Klassen innerhalb eines Moduls verwendet wird. Mit diesen praktischen Flags haben wir gezeigt, wie man eine Anwendung testet, bei der die zu testenden Typen innerhalb eines Moduls liegen, die Junit-Testklassen jedoch nicht. Wir haben uns auch ein Beispiel angesehen, bei dem die zu testenden Typen und die Junit-Testklassen in verschiedenen Modulen liegen. Am Ende des Kapitels haben wir demonstriert, wie man Maven mit seinem Maven Compiler Plugin verwendet, um Unit-Tests in JDK 9 zu kompilieren und auszuführen.

Kap. 12 behandelt die Integration von Jigsaw mit integrierten Entwicklungsumgebungen (IDEs) wie Intellij IDEA und Eclipse. Es spricht auch darüber, wie Jigsaw mit Build-Tools wie Maven zusammenarbeitet.

KAPITEL 12

Integration mit Werkzeugen

Damit Java 9 so einfach und schnell wie möglich von der Entwicklergemeinschaft übernommen werden kann, ist es sehr wichtig, dass die integrierten Entwicklungsumgebungen (IDEs) und Build-Tools so umfangreich wie möglich Unterstützung für Java 9 bieten – das ist so wichtig, dass wir dieses gesamte Kapitel diesem Thema widmen.

Dieses letzte Kapitel zeigt, wie JDK 9 im Allgemeinen und das Java-Platform-Module-System im Besonderen mit den folgenden IDEs und Tools zusammenarbeiten:

- IDEs wie Intellij IDE, Eclipse und NetBeans

- Build-Tools wie Apache Maven

Wir werden entdecken, welche Art von Unterstützung diese Tools für Jigsaw bieten.

Integration mit IDEs

Jigsaw ist bereits in IDEs wie Intellij IDEA, Eclipse und Netbeans integriert. Die nächsten drei Unterabschnitte behandeln, welche Art von Unterstützung diese IDEs bieten, um die Arbeit mit Jigsaw für Entwickler zu erleichtern. Wir beginnen mit Intellij IDEA.

Hinweis Intellij IDEA, Eclipse und NetBeans gehören laut einem Artikel, der im Juli 2017 auf www.keycdn.com/blog/best-ide/ veröffentlicht wurde, zu den beliebtesten IDEs für die Java-Programmierung. Daher haben wir uns entschieden, uns in diesem Kapitel auf diese drei IDEs zu konzentrieren, anstatt auf andere IDEs, die sich nicht besonders auf die Java-Programmiersprache konzentrieren.

311

© Der/die Autor(en), exklusiv lizenziert an APress Media, LLC, ein Teil von Springer Nature 2024
A. Jecan, *Die Modularität von Java 9*, https://doi.org/10.1007/978-3-662-68877-9_12

Integration mit Intellij IDEA

Intellij IDEA, entwickelt von JetBrains, ist eine Java IDE, die sowohl eine Community Edition als auch eine kommerzielle Edition hat. Es bietet Unterstützung für Project Jigsaw ab Version 2017.1, die im März 2017 veröffentlicht wurde. Unter seinen vielen Funktionen unterstützt IDEA die Codevervollständigung in der Modulbeschreibungsdatei module-info.java.

Abb. 12-1 zeigt, wie wir eine module-info.java-Datei in Intellij IDEA erstellen können, indem wir New ➤ module-info.java auswählen.

IDEA erstellt eine leere module-info.java-Datei, die nur das Modul-Schlüsselwort und einen Namen für das Modul enthält.

Wenn wir einen neuen Import in eine Java-Datei hinzufügen, kann Intellij IDEA automatisch die notwendige `requires`-Klausel in die module-info.java einfügen. Zum

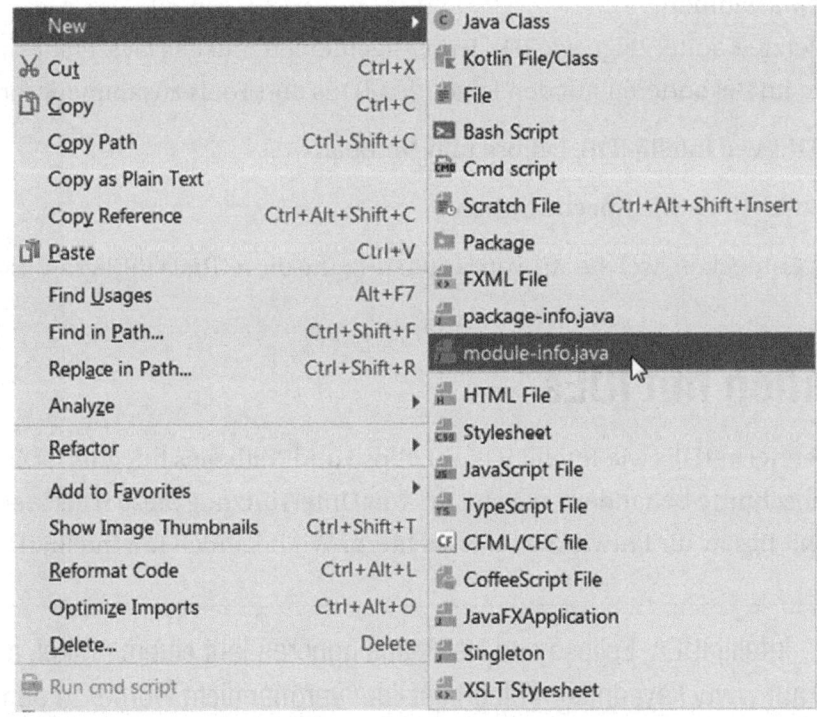

Abb. 12-1. *Hinzufügen einer module-info.java in Intellij IDEA*

Beispiel, wenn wir die `java.sql.DriverManager`-Klasse in unserem Code importieren, kann Intellij IDEA den Namen des Moduls herausfinden, in dem diese Klasse sich befindet. Als Ergebnis kann es uns darauf hinweisen, die Klausel `requires java.sql` in den Modulbeschreiber einzufügen, wie in Abb. 12-2 dargestellt.

Intellij IDEA bietet auch eine Code-Autocomplete-Funktion innerhalb der module-info.java-Datei. Wenn wir anfangen, den Namen eines Moduls zu tippen, wird IDEA die verfügbaren Vorschläge berechnen und diese, wie in Abb. 12-3 gezeigt, zur Auswahl stellen.

Intellij IDEA kann auch eine Autocomplete-Funktion für die Pakete, die wir exportieren möchten, bereitstellen. Abb. 12-4 zeigt ein Beispiel für die Bereitstellung der Autocomplete-Funktion für die `exports`-Klausel. Wenn wir anfangen, den Namen des Pakets, das wir exportieren möchten, zu tippen, kann Intellij IDEA wahrscheinliche Vorschläge anzeigen, so dass wir nicht den gesamten Namen tippen müssen.

Neben anderen Funktionen, die im Zusammenhang mit Jigsaw stehen und die Intellij IDEA bietet, möchten wir diese erwähnen:

- *Visualisierung von Moduldiagrammen:* Moduldiagramme ermöglichen es uns, die Abhängigkeiten zwischen unseren Modulen zu visualisieren. Diese können visualisiert werden, indem Diagrams ➤ Show Diagrams ➤ Java Modules Diagram ausgewählt wird.

- *Visualisierung von Modulnutzungen:* Zeigt, wo ein Modul verwendet wird.

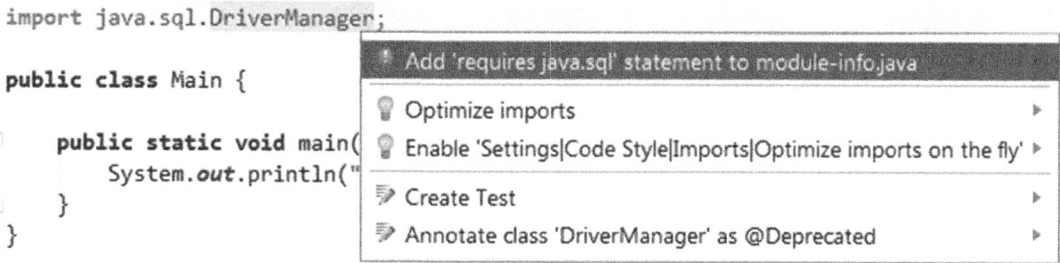

Abb. 12-2. *Autocomplete-Funktion zum Hinzufügen einer requires-Anweisung in die module-info.java*

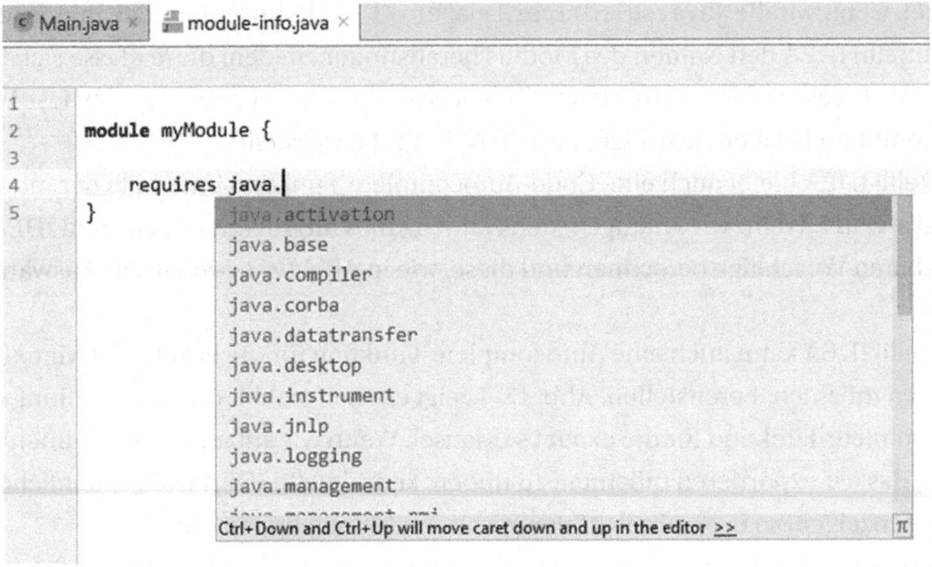

Abb. 12-3. *Autocomplete für die Modulnamen*

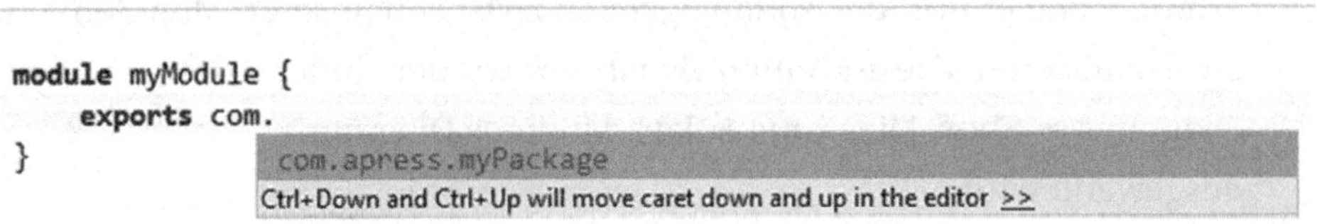

Abb. 12-4. *Autocomplete-Funktion für die Namen der Pakete in der module-info.*
java Datei

Intellij IDEA bietet viele weitere Funktionen, die in diesem Kapitel nicht behandelt werden. Alle Funktionen zu behandeln, geht über den Rahmen dieses Buches hinaus. Für mehr Informationen über die Unterstützung von Jigsaw in Intellij IDEA, schauen Sie sich die Dokumentation auf dem offiziellen JetBrains Blog an, unter https://blog.jetbrains.com/idea/?s=java+9. Suchen Sie nach den Schlüsselwörtern *Java 9* oder *Module*.

Der nächste Abschnitt untersucht eine weitere beliebte IDE: Eclipse.

Integration mit Eclipse

Eclipse ist eine kostenlose IDE. Seit JDK 9 Build 178 (Juli 2017) bietet Eclipse ein nützliches Tool namens Java 9 Support für Oxygen, das nur mit Eclipse Oxygen (4.7) funktioniert.

Es ist jedoch möglich, jede Version von Eclipse mit JDK 9 zu starten, und es gibt zwei Möglichkeiten, dies zu tun. Die erste besteht darin, JDK 9 im Systempfad zu haben, und die zweite besteht darin, den Pfad zu JDK 9 in der Datei eclipse.ini hinzuzufügen, wie im folgenden Beispiel:

```
--launcher.appendVmargs
-vm
C:\Program Files\Java\jdk-9\bin\javaw.exe
```

Eclipse kann mit JDK gestartet werden, wenn Sie eine Version verwenden, die gleich oder größer als Eclipse 4.7 ist. Wenn Sie eine Version vor Eclipse 4.7 verwenden, müssen Sie das Flag `--add-modules=ALL-SYSTEM` in die Datei eclipse.ini einfügen. Dieses Flag wurde in Eclipse 4.7 in eclipse.ini hinzugefügt, daher müssen Sie es nicht mehr hinzufügen, wenn Sie Eclipse 4.7 oder höher verwenden. Das Flag `ALL-SYSTEM` wird verwendet, weil nicht alle von Eclipse verwendeten Typen im Modul java.base vorhanden sind.

Was das Tool Java 9 Support für Oxygen betrifft, so heißt es in der Eclipse-Dokumentation: „Eclipse Java 9 Support enthält Folgendes: Möglichkeit, JRE und JDK 9 als instaliertes JRE hinzuzufügen, Unterstützung für die Ausführungsumgebung JavaSE-9, Möglichkeit, Java- und Plug-in-Projekte zu erstellen, die ein JRE oder JDK 9 verwenden, Möglichkeit, Module zu kompilieren, die Teil eines Java-Projekts sind."

Die Unterstützung von Java 9 für Eclipse ist noch in Arbeit, Stand August 2017. Weitere Informationen zur Unterstützung von Jigsaw in Eclipse finden Sie in der Dokumentation auf dem offiziellen Eclipse-Wiki unter `https://wiki.eclipse.org/Java_9_Readiness`.

Integration mit NetBeans

Netbeans ist eine plattformübergreifende IDE, die von Oracle entwickelt wurde. Sie bietet Unterstützung für JDK 9 ab der NetBeans-Version 9. Seit August 2017 lässt NetBeans uns nur ein einziges Modul innerhalb eines NetBeans-Projekts erstellen – wir können nicht mehr als ein Modul in ein einziges NetBeans-Projekt einfügen. Wenn wir mehr als ein Jigsaw-Modul haben, müssen wir für jedes Modul ein separates NetBeans-Projekt erstellen.

NetBeans 9 befindet sich noch in der Entwicklung, Stand August 2017. Sie können es von `http://bits.netbeans.org/download/trunk/nightly/latest/` herunterladen.

Wenn wir nur JDK 9 auf unserem System installiert haben, dann ist das für NetBeans 9 in Ordnung, aber wenn wir JDK 9 *und* eine andere JDK-Version <9 auf unserem System installiert haben, müssen wir während der Installation von NetBeans explizit angeben, dass wir JDK 9 verwenden wollen.

Laut der offiziellen NetBeans-Website sind hier die wichtigsten Bereiche, in denen NetBeans JDK 9 Unterstützung bietet:

- Maven-Projekte

- Unterstützung für module-info.java

- Kompilierung

- Ausführen und Debuggen

- Modulabhängigkeitsdiagramm

Hinweis   Weitere Informationen zur Integration von JDK 9 mit NetBeans finden Sie unter http://wiki.netbeans.org/JDK9Support.

Sie haben gerade einen Überblick über die Unterstützung erhalten, die drei der beliebtesten Java-bezogenen IDEs für das Project Jigsaw bieten. Der nächste Abschnitt behandelt die Integration von Jigsaw mit Build-Tools wie Apache Maven.

Integration mit Build-Tools

Apache Maven hat seit der ersten Hälfte des Jahres 2016 eine sehr gute Integration für Jigsaw bereitgestellt. Es begann sehr früh mit der Integration von Jigsaw und sammelte wertvolles Feedback aus der Entwicklergemeinschaft. Das Maven-Team hat auch ein großartiges Apache Maven JDeps Plugin für die Ausführung von JDeps aus Maven entwickelt.

Integration mit Apache Maven

Eines der primären Ziele von Maven war es, nur seine Plugins zu aktualisieren, um Unterstützung für Java 9 zu bieten. Es waren keine Änderungen im Maven Core notwendig, um Maven auf Java 9 laufen zu lassen. Ein weiteres primäres Ziel war es, Unterstützung für Java 9 ab Maven 3.0 zu bieten.

Um Maven mit Java 9 zu verwenden, müssen zwei Bedingungen gleichzeitig erfüllt sein:

- Die JAVA_HOME-Variable für Maven muss so eingestellt sein, dass sie auf eine JDK-9-Installation zeigt.

- Die source und target des Maven Compiler Plugins sollten größer oder gleich 6 sein.

Das Maven Compiler Plugin definiert einen Parameter für source und einen Parameter für target, die der Version des JDK entsprechen. Die minimale unterstützte Version für source und target für JDK 9 ist 6. Die Version des JDK, mit der Maven ausgeführt wird, muss nicht unbedingt die gleiche sein wie die Version des JDK, mit der das Maven Compiler Plugin ausgeführt wird.

Maven benötigte Anpassungen für einige der in Java 9 implementierten JEPs. Neben den JEPs, die sich auf Jigsaw beziehen, musste Maven auch angepasst werden, um den folgenden JEPs zu entsprechen: JEP 223 – Neues Version-String-Schema, JEP 226 – UTF-8-Eigenschaftsdateien, JEP 238 – Mehrfachfreigabe JAR Dateien, JEP 247 – Kompilieren für ältere Plattformversionen und JEP 285 – Modulare Java-Anwendungspaketierung.

Auch wenn es nicht Teil von Jigsaw ist, sollten wir etwas über den JEP 223 – Neues Version-String-Schema sagen, da es großen Einfluss auf Maven hat. Maven stützt sich stark auf die Systemeigenschaften. Da der Versionsstring in Java 9 geändert wurde, wirft Maven eine ArrayIndexOutOfBoundsException, da es intern versucht, die Version zu berechnen. Glücklicherweise wurde das Problem ab den folgenden Versionen der folgenden Plugins behoben:

- maven-archiver-3.0.1

- maven-jar-plugin-3.0.0

- maven-war-plugin-3.0.0

- maven-ear-plugin-xxx

- maven-javadoc-plugin-2.10.4

Wenn Sie diese Plugins in Java 9 verwenden, stellen Sie sicher, dass Sie sie auf mindestens eine dieser Versionen aktualisieren.

Tab. 12-1 zeigt die von der Einführung von Java 9 betroffenen Maven Plugins.

Erinnern Sie sich an das in Kap. 8 beschriebene JDeps-Tool? Maven integriert dieses Tool in ein neues Plugin, das Apache Maven JDeps Plugin.

Apache Maven JDeps Plugin

Dieses Plugin nutzt das JDeps-Tool, um interne API-Aufrufe in unseren Klassen zu analysieren. Es kann eine Analyse durchführen, wenn ein Projekt gebaut wird.

Hinweis   Die erste Version des Maven JDeps Plugin ist 3.0. Diese Version wurde von Maven bewusst gewählt, um zu zeigen, dass Maven 3.0 oder höher verwendet werden sollte.

Das Plugin besteht aus zwei Zielen:

- Ein Ziel namens jdeps:jdkinternals, das überprüft, ob die Hauptklassen von internen JDK-Klassen abhängen

- Ein Ziel namens jdeps:test-jdkinternals, das überprüft, ob die Testklassen von internen JDK-Klassen abhängen

Tab. 12-1. Von Java 9 betroffene Maven Plugins

Plugin-Name	Minimale kompatible Version	Betroffenes Ziel und Status
Maven Compiler Plugin	3.6.1	**compile** => neue Funktion
		testCompile => neue Funktion
Maven Javadoc Plugin	2.10.4	**jar** => Fehler
		javadoc => Warnung
		aggregate => Fehler
Maven Plugin Plugin	3.5	**descriptor**
Maven War Plugin		**war** => Fehler
Plexus :: Komponenten-Metadaten	1.7	**generate-metadata** => neue Funktion

Tab. 12-2. *Optionen für das Maven JDeps Plugin*

Plugin Name	Beschreibung	Beispiel

`failOnWarning`	Gibt an, ob der Build fortgesetzt wird, wenn es spezifische JDeps-Warnungen gibt. Standard ist wahr	`<failOnWarning>`
		falsch
		`</failOnWarning>`

`dependencies-ToAnalyzeIncludes`	Gibt zusätzliche Abhängigkeiten an, die analysiert werden sollen. Das Format ist `<include>` groupId:artifactId `</include>`. Muster sind erlaubt	`<dependenciesToAnalyzeIncludes>`
		  `<include>`*:*`</include>`
		  `<include>`
		    com.apress.*:*
		  `</include>`
		  `<include>`
		    com.apress.book:*
		  `</include>`
		  `<include>`
		    com.apress.book:utils
		  `</include>`
		`</dependenciesToAnalyzeIncludes>`

`dependencies-ToAnalyzeExcludes`	Gibt Abhängigkeiten an, die nicht analysiert werden sollen. Das Format ist `<exclude>` groupId:artifactId `</exclude>`. Muster sind erlaubt	`<dependenciesToAnalyzeExcludes>`
		  `<exclude>`
		    com.apress.book:*
		  `</exclude>`
		`</dependenciesToAnalyzeExcludes>`

`jdeps.include`	Beschränkt die Analyse auf Klassen, die dem Muster entsprechen. Es filtert die Liste der zu analysierenden Klassen	
`jdeps.profile`	Zeigt das Profil oder die Datei, die ein Paket enthält	
`jdeps.recursive`	Durchläuft alle Abhängigkeiten rekursiv	
`jdeps.module`	Zeigt das Modul, das das Paket enthält	

Tab. 12-2 zeigt einige der wichtigsten Optionen, die innerhalb des `<configuration>`-Tags des Maven JDeps Plugins verwendet werden können, wie in der Oracle-Dokumentation für Java SE aufgezeichnet.

Die Ausführung mit der Option `-R` führt dazu, dass Warnungen angezeigt werden, wenn es transitive Abhängigkeiten gibt, die JDK-interne APIs verwenden.

Hinweis   Wenn die Option `<failOnWarning>` auf true gesetzt wird, schlägt der Build sofort fehl, wenn es Warnungen gibt.

Wenn wir eine Anwendung haben, die Drittanbieter-Bibliotheken verwendet, wäre es sinnvoll, zuerst die JDK-internen APIs in unserem Anwendungscode mit dem Maven JDeps Plugin und der Option `<failOnWarning>` auf true zu suchen, damit der Build fehlschlägt, wenn JDK-interne APIs gefunden werden. Im nächsten Schritt könnten wir das Maven JDeps Plugin nur auf unseren Drittanbieter-Bibliotheken ausführen, aber dieses Mal setzen wir `<failOnWarning>` auf false, damit unser Build nicht fehlschlägt, wenn die Drittanbieter-Bibliotheken JDK-interne APIs verwenden. Dies ist sinnvoll, weil wir nicht in die Drittanbieter-Bibliotheken hineinschauen können, um sie zu reparieren, aber wir können dies in unserem eigenen Anwendungscode tun.

Die Auflistung 12-1 zeigt ein Beispiel für die Verwendung des Maven JDeps Plugins, um diesen speziellen Anwendungsfall zu implementieren.

Auflistung 12-1. Beispiel für die Verwendung des Maven JDeps Plugins

```
<plugin>
    <groupId>org.apache.maven.plugins</groupId>
    <artifactId>maven-jdeps-plugin</artifactId>
    <version>3.0.0</version>
        <executions>
            <execution>
                <id>testOnClasses</id>
                <goals>
                    <goal>jdkinternals</goal>
```

```
            <goal>test-jdkinternals</goal>
         </goals>
      </execution>
      <execution>
         <id>testOnDependencies</id>
         <goals>
            <goal>jdkinternals</goal>
            <goal>test-jdkinternals</goal>
         </goals>
         <configuration>
            <failOnWarning>false</failOnWarning>
            <recursive>true</recursive>
         </configuration>
      </execution>
   </executions>
</plugin>
```

Wir suchen nach JDK-internen APIs in unserem Anwendungscode im Ausführungsblock, den wir testOnClasses genannt haben. Wir haben beide Ziele, jdkinternals und
test-jdkinternals, angegeben, damit sowohl Main- als auch Test-Klassen überprüft
werden. Wir haben das Attribut <failOnWarning> hier nicht angegeben, daher wird es
standardmäßig auf true gesetzt. Danach geben wir einen weiteren Ausführungsblock an,
um unsere Drittanbieter-Bibliotheken zu durchsuchen, die an unsere Anwendung an-
gehängt sind. Dafür geben wir das <recursive>-Tag als true an. failOnWarning wird auf
false gesetzt, damit der Build nicht fehlschlägt, falls wir eine JDK-interne API finden.

Der nächste Abschnitt untersucht die Unterstützung, die das Maven Compiler Plugin
für Jigsaw bietet.

Apache Maven Compiler Plugin

Das Apache Maven Compiler Plugin bietet Unterstützung für das neue Java-Platform-
Module-System ab Version 3.6.0, veröffentlicht im Oktober 2016.

Die Version des Apache Maven Compiler Plugins kann direkt in der Konfiguration
des Plugins angegeben werden:

```
<plugin>
    <groupId>org.apache.maven.plugins</groupId>
    <artifactId>maven-compiler-plugin</artifactId>
    <version>3.6.0</version>
</plugin>
```

Version 3.6.0 des Apache Maven Compiler Plugins hat Unterstützung für den Modul-pfad hinzugefügt. Wie wir bereits wissen, hat das Maven Compiler Plugin zwei Ziele: compile und test-compile. Während der Compile-Phase, wenn eine module-info.java-Datei gefunden wird, wechselt das Plugin automatisch zum Modulpfad. Während der test-compile-Phase wechselt das Plugin zum Modulpfad für die Hauptquellen und zum Klassenpfad für die Testquellen.

Hinweis   Das Maven-Team hat auch Unterstützung für die Angabe von Flags wie --add-modules oder --add-exports direkt in der pom.xml-Konfiguration hinzugefügt.

Wenn wir beispielsweise das Flag --add-modules verwenden möchten, um das Modul java.xml.bind mit dem Maven Compiler Plugin hinzuzufügen, könnten wir dies in der Konfiguration des Maven Compiler Plugins definieren:

```
<compilerArgs>
    <arg>--add-modules</arg>
    <arg>java.xml.bind</arg>
</compilerArgs>
```

Wir könnten auch Maven verwenden, um das Paket sun.net aus dem Modul java.base für unser Modul com.apress.myModule verfügbar zu machen:

```
<compilerArgs>
    <arg>--add-exports</arg>
    <arg>java.base/sun.net=com.apress.myModule</arg>
</compilerArgs>
```

Auflistung 12-2 zeigt die gesamte Konfiguration des Plugins für die beiden zuvor er-wähnten Anwendungsfälle:

Auflistung 12-2. Hinzufügen von Compiler-Argumenten zum Maven Compiler Plugin

```xml
<plugin>
    <artifactId>maven-compiler-plugin</artifactId>
    <version>3.6.0</version>
    <executions>
      <execution>
        <id>example</id>
        <goals>
            <goal>compile</goal>
        </goals>
        <configuration>
            <compilerArgs>
                <arg>--add-exports</arg>
                <arg>java.base/sun.net=com.apress.myModule</arg>

                <arg>--add-modules</arg>
                <arg>java.xml.bind</arg>
            </compilerArgs>
        </configuration>
      </execution>
    </executions>
</plugin>
```

In diesem Beispiel haben wir die Version des Maven Compiler Plugin auf 3.6.0 fest-gelegt. Innerhalb des `<compilerArgs>`-XML-Tags haben wir Argumente angegeben, die wir an den Compiler übergeben möchten. Jedes Argument wird innerhalb des `<arg>`-XML-Tag angegeben.

Rückwärtskompatibilität

Während der Migration zu Java 9 erhalten Projekte, die in einer Java-Version <8 geschrieben wurden, eine module-info.java-Datei. Mit Maven ist es möglich, diese Projekte in Java 9 zu kompilieren (unter Berücksichtigung der module-info.java-Datei) oder sie in Versionen vor Java 9 zu kompilieren.

Dafür müssen zwei Kompilierungen durchgeführt werden:

- Die erste Kompilierung wird vom Maven Compiler Plugin mit der Konfiguration `<release>9</release>` ausgeführt.

- Die zweite Kompilierung wird vom Maven Compiler Plugin mit einer Konfiguration unter 9 durchgeführt, zum Beispiel: `<source>1.8</source>` und `<target>8</target>`.

Dies kann leicht vom Maven Compiler in zwei verschiedenen Ausführungsblöcken ausgeführt werden. Wenn wir mit einer Version vor JDK 6 kompatibel sein wollen, müssen wir verschiedene JDKs verwenden. Das liegt daran, dass JDK 9 keine Kompilierung für Versionen vor JDK 6 unterstützt.

Das Maven Compiler Plugin bietet auch Unterstützung für JEP 247 – Kompilieren für ältere Plattformversionen. Es ermöglicht uns, eine module-info.java-Datei für Java-9-Projekte hinzuzufügen und auch mit früheren Versionen von Java kompatibel zu sein. Dafür müssen wir `javac` zweimal aufrufen. Zuerst müssen wir `javac` mit `release=9` aufrufen, um die module-info.java-Datei mit JDK 9 zu kompilieren. Dann müssen wir `source` und `target` auf eine niedrigere Java-Version setzen, um den Rest des Quellcodes mit einer niedrigeren Java-Version zu kompilieren. Wenn wir mindestens Maven-Version 3.3.1 verwenden, können wir Toolchains für diesen Anwendungsfall verwenden.

Zum Beispiel, wenn unsere `JAVA_HOME`-Umgebungsvariable kleiner oder gleich JDK 9 ist, können wir die Version der `jdkToolchain` auf 9 setzen, um alles, einschließlich der module-info.java-Datei, zu kompilieren:

```
<configuration>
    <jdkToolchain>
        <version>9</version>
    </jdkToolchain>
    <release>9</release>
</configuration>
```

Anschließend kompilieren wir die Dateien erneut und schließen die module-info. java-Datei aus:

```
<configuration>
    <excludes>
```

```
    <exclude>module-info.java</exclude>
  </excludes>
</configuration>
```

Auf der anderen Seite, wenn unsere JAVA_HOME-Umgebungs-Variable gleich JDK 9 ist, dann könnten wir die Version der <jdkToolchain> auf [1.5,9) setzen und die Dateien mit <source> und <target> = 1.5 kompilieren:

```
<jdkToolchain>
    <version>[1.5,9)</version>
</jdkToolchain>
    <source>1.5</source>
    <target>1.5</target>
```

Hinweis   Als Regel sollten wir mit der passenden JDK-Version kompilieren.

Um das Maven Toolchain Plugin zu konfigurieren, könnten wir die toolchains.xml-Datei im .m2-Ordner bearbeiten oder, wenn wir eine Version von Maven größer oder gleich 3.3.1 verwenden, könnten wir direkt die toolchains.xml-Datei im Maven conf-Verzeichnis bearbeiten.

Maven definiert auch eine neue Befehlszeilenoption --release, die es uns ermöglicht, die Version der JDK-Release, mit der wir kompilieren wollen, zu übergeben. Zum Beispiel ist die Option --release 8 gleichbedeutend mit -source 8 -target 8 -bootclasspath .... Das Maven Compiler Plugin ab Version 3.6.0 gibt die Release-Version so an:

```
<release>release_version</release>
```

Die <release>-Tag-Konfiguration hat Vorrang vor den <source>- und <target>-Tags. Als Ergebnis, wenn wir das <release>-Tag sowie die <source>- und <target>-Tags angeben, dann wird das <release>-Tag berücksichtigt.

Hinweis   Version 3.6.1 des Apache Maven Compiler Plugins wurde im Januar 2017 eingeführt.

Wir möchten auch einen interessanten Artikel von Robert Scholte, dem Vorsitzenden des Maven-Projekts, empfehlen, der erklärt, warum Maven nicht in der Lage ist, die module-info.java-Datei automatisch zu generieren. Sie können ihn unter `www.sitepoint.com/maven-cannot-generate-module-declaration/` lesen.

Zusammenfassung

In diesem Kapitel haben wir gesehen, welche Art von Unterstützung IDEs und Build-Tools für Jigsaw bieten. Wir haben kurz über drei IDEs gesprochen: Intellij IDEA, Eclipse und NetBeans.

Dann wechselten wir zu Build-Tools und betrachteten die Unterstützung, die Maven für JDK 9 bietet. Wir sprachen über die Rückwärtskompatibilität mit Maven und lernten, wie der Java-Compiler zweimal aufgerufen wird – einmal, weil die Datei module-info.java mit `--release 9` kompiliert werden muss, und noch einmal, damit alle Java-Quellen außer module-info.java mit `source` und target kleiner als 9 kompiliert werden. Wir haben auch über das Maven JDeps Plugin gelernt, das verwendet wird, um Verwendungen von JDK-internen APIs in unserem Code zu finden.

Made in United States
Orlando, FL
22 March 2026

79555451R00201